**61**

新知
文库

XINZHI

La douceur de
l'ombre
L'arbre, source d'émotions,
de l'Antiquité à nos jours

« LA DOUCEUR DE L'OMBRE » de Alain CORBIN
© LIBRAIRIE ARTHÈME FAYARD, 2013
CURRENT TRANSLATION RIGHTS ARRANGED THROUGH DIVAS
INTERNATIONAL, PARIS （巴黎迪法国际版权代理）

# 树荫的温柔
## 亘古人类激情之源

[法]阿兰·科尔班 著  苣 蓿 译

生活·讀書·新知 三联书店

Simplified Chinese Copyright © 2016 by SDX Joint Publishing Company.
All Rights Reserved.

本作品中文简体版权由生活·读书·新知三联书店所有。
未经许可，不得翻印。

**图书在版编目（CIP）数据**

树荫的温柔：亘古人类激情之源／（法）科尔班著；苜蓿译．—北京：生活·读书·新知三联书店，2016.4 （2019.7重印）
（新知文库）
ISBN 978 - 7 - 108 - 05537 - 8

Ⅰ．①树… Ⅱ．①科… ②苜… Ⅲ．①文化史－西方国家 Ⅳ．① K103

中国版本图书馆 CIP 数据核字（2015）第 221113 号

责任编辑　刘蓉林
装帧设计　陆智昌　朴　实　张　红
责任印制　董　欢
出版发行　生活·讀書·新知 三联书店
　　　　　（北京市东城区美术馆东街 22 号 100010）
网　　址　www.sdxjpc.com
图　　字　01-2019-1202
经　　销　新华书店
印　　刷　北京新华印刷有限公司
版　　次　2016 年 4 月北京第 1 版
　　　　　2019 年 7 月北京第 3 次印刷
开　　本　635 毫米 × 965 毫米　1/16　印张 19.5
字　　数　242 千字
印　　数　11,001 - 15,000 册
定　　价　39.00 元
（印装查询：01064002715；邮购查询：01084010542）

新知文库

# 出版说明

在今天三联书店的前身——生活书店、读书出版社和新知书店的出版史上，介绍新知识和新观念的图书曾占有很大比重。熟悉三联的读者也都会记得，20世纪80年代后期，我们曾以"新知文库"的名义，出版过一批译介西方现代人文社会科学知识的图书。今年是生活·读书·新知三联书店恢复独立建制20周年，我们再次推出"新知文库"，正是为了接续这一传统。

近半个世纪以来，无论在自然科学方面，还是在人文社会科学方面，知识都在以前所未有的速度更新。涉及自然环境、社会文化等领域的新发现、新探索和新成果层出不穷，并以同样前所未有的深度和广度影响人类的社会和生活。了解这种知识成果的内容，思考其与我们生活的关系，固然是明了社会变迁趋势的必需，但更为重要的，乃是通过知识演进的背景和过程，领悟和体会隐藏其中的理性精神和科学规律。

"新知文库"拟选编一些介绍人文社会科学和自然科学新知识及其如何被发现和传播的图书，陆续出版。希望读者能在愉悦的阅读中获取新知，开阔视野，启迪思维，激发好奇心和想象力。

生活·读书·新知三联书店<br>
2006 年 3 月

无我树亦存在。这种生命形式,毫不主观、毫无投射地讲,就是纯粹的我。在树面前,我的幸运就是直接与陌生者,与非我接触。

——伊夫·伯纳富瓦

# 目 录

1　引　言
1　第一章　在树上书写
13　第二章　"流逝年代的古老见证"
23　第三章　大地与天空间的过渡者
41　第四章　与树之神圣性相连的激情
73　第五章　树：从担忧到惊恐
93　第六章　神奇、梦幻、令人难以置信的树
103　第七章　树之魂
113　第八章　树：类比与个性化
133　第九章　树的感觉与人类移情
147　第十章　道德的树
153　第十一章　树作为对话者、密友和良师
185　第十二章　树与遥远记忆
193　第十三章　树与情色幻想
227　第十四章　树荫下的习俗汇编
269　致　谢
271　重要人物译名表
277　人名译名表

# 引 言

"他会看树……"[1]贝矶（Péguy）这样描写维克多·雨果（Victor Hugo），意指在去除了他觉得过于华丽的罗曼蒂克之后，这位伟大的民族诗人首先是位异教徒。这正是本书的主旨：追寻自古希腊罗马时期以来所有会"看树"的那些人。贺拉斯（Horace）和维吉尔（Virgile），同时还有阿里奥斯托（Arioste）、龙萨（Ronsard）、于尔费（d'Urfé）和拉封丹（La Fontaine），他们都会看树。然后是卢梭（Rousseau）、歌德（Goethe）、诺瓦利斯（Novalis），在法国，夏多布里昂（Chateaubriand）、塞南古（Senancour）\*、莫里斯·德盖兰（Maurice de Guérin），随后有维尔哈伦

---

[1] Charles Péguy, «Victor-Marie, comte Hugo», «*Solvuntur objecta*», in *Œuvres en prose,* 1909-1914, Paris, Gallimard, coll. «Bibliothèque de la Pléiade», 1961, p.746.

\* 加星号的人名在书后重要人物译名表中有简短介绍。

(Verhaeren)、普鲁斯特（Proust）、弗朗西斯·蓬热（Francis Ponge）和伊夫·伯纳富瓦（Yves Bonnefoy）。当然，这里只列举了作家，我们还会在这次漫步中遇到画家。

他们为树的存在而震惊，被这个天与地之间的过渡者的时间把戏攫住。他们懂得了欣赏，但同时也对这植物界王者心怀恐惧。他们几乎都懂得守候和倾听树的话语。有些人希望好好利用这些信息，使树成为自己的良师益友，甚而与它交谈。其他少数人，尝试与植物结合，对它表明自己的爱。

这类感觉和激情曾引发各种行为。躺在树荫下，在那里放松、静思，待在植物中，藏躲在里面，攀爬植物，这些同样构成了回应深层冲动的行为。

历史不是由对树感受到的愉快、顺从和激情的各种姿势构成的。但是，很多说出他们激情的人也同样指出他们曾拥抱大树，曾不吝对树的亲吻。近代，有些人尝试把自己的身体嵌入树身，希望植物令他们的痕迹长存。极端情况下，垂死者希望他们的DNA转移到坟场种植的树中。

本书邀请我们做一次长长的漫步，不是与森林相遇，因为森林隐去了树木，而更重要的是与田间树、篱笆树、孤独的野生树以及人工种植的树相遇。若干世纪以来，这些树都引发了强烈的激情，而对后者多样性的分析需要以量为基础。这一历史不应该与很多其他内容混为一谈，比如今天已非常完善的植物的历史、森林开发的历史、瞄准树的集体表现的民间历史，以及首先具有政治象征价值和哲学意义的历史。

这里只涉及个人激情的历史。众多世纪以来，这些人拥有话语权，能够表达激情，尤其是对于树的出现及存在所引发的惊愕。

实际上，在一切分析之前，树已令人惊愕，尤其是当这份激情源于某个场景。这一冲击自古代就已反复出现，就如泰奥弗拉斯特

（Théophraste）*和普林尼*的文字所印证的那样。¹ 他们的文字开启了若干世纪以来西方文学中不断出现的场景：人们在林中大快朵颐——一个特别令人惊愕的树的场景，有古老的橡树、栗树或者加利福尼亚的巨杉。到了中世纪后半期，令人惊叹的事物集中到旅行者和商人描写的大陆边缘的树。

现代之初，与热带树木的冲突则刷新和加剧了这种惊愕并令其蒙上快乐的氛围。凝视未遭砍伐的树、被当作有机建筑的树，会产生某种陶醉。² 出乎意料的植物、无法被归纳的新经验、人类面对不熟悉的奇异树种所产生的不友好，都会激起矛盾的感情。实际上，这种不友好的感受中还混杂了生命能量的神化及其最终的胜利。举个例子，在达尔文（Darwin）的著作里可以看到，他面对巴伊亚地区的树木就是这种情形。亚历山大·德·洪堡（Alexandre de Humboldt）则保证这就是他在柏林植物园的一个古塔里看到巨大的龙面树时所产生的惊愕，来自"对植物王国巨大形状的直视"，一下子在他身上引起无法预料的震惊，从此注定了他作为探索学者的使命。³

三种类型的目光投注到树身上，在它制造的惊奇感中却常常被混为一谈。被树木的出现震慑的人可以将之视为一场纯粹的演出，或者可以试图一瞬间在其生命原则中捕捉、想象事物的内在本质以及激发生命的力量，进而清晰显现出所有人的共同经验：树木构成难解之

---

1  Théophraste, *Recherches sur les plantes,* livre III et IV, Paris, Les Belles Lettres, coll. «Guillaume Budé», 2003, p. 72-73, et Pline l'Ancien, *Histoire naturelle,* Paris, Les Belles Lettres, coll. «Guillaume Budé», 2003, livre XII, p. 22, et livre XVI, p. 83 et 84. 为了方便查阅所举篇章，我们标注的是法国大学丛书中的页码，而不是原作中的段落和诗节。

2  上述内容，参见：Barbara Maria Stafford, *Voyage into Substance. Art, Science, Nature, and the Illustrated Travel Account,* 1760-1840, Cambridge Mass./Londres, MIT Press, 1984。

3  Charles Darwin, *Voyage d'un naturaliste autour du monde,* Paris, La Découverte, 2003, p. 31 et 27. trad.de *Journal of the Voyages of the Adventure and Beagle* et Alexandre de Humboldt, *Cosmos. Essai d'une description physique du monde,* Utz, 2000, t. I, p. 346-347.

引 言

谜，从而促使人类思考。[1]

更经常地，树木首先因其巨大的体量而令人惊愕，并且暗示着庄严——这是自以西结（Ézéchiel）或者维吉尔的古代以来不断重现的情感。有时，过度庄严令人担忧。如此，罗歇·卡约瓦（Roger Caillois）这样说："它的壮丽因太过轻易而可疑。"[2] 还有其他构成惊愕的感情：它极其自如的运动，以及由此产生的优美。牧师威廉·吉尔平（William Gilpin）*赞美桉木的轻盈，树叶随风而动，它的平衡、它以不同方式运动的能力，一言以蔽之，它的简单。其本质就是：树木之所以令人惊愕是因为其散发出力量和能量。关于这一点，我们将会看到其教益：它独一无二的出场就是促使人类更加直立。威廉·吉尔平还说过："没有比树木的枝干、枝条更能给人强力生命的幸福感了。"[3]

从这个视角来看，占据主导地位的是对树木的激情，保罗·加代纳（Paul Gadenne）写道："朝天喷涌，就像呐喊，就像箭矢，就像……一股恰当的力量，某种努力的完美达成。"[4] 加斯东·巴什拉（Gaston Bachelard）写道，在树引致的心醉神迷之中，能令人"从内心体验植物的飞跃"，"在整个宇宙中感受树木自身的力量"。[5] 这种成长的魅力可以归纳为对元气的确信，也就是对欲望的确信。这样一种

---

[1] 关于上述区别，参见：Dominique Château, «Les deux modèles de l, arbre en peinture», in Jean-Mottet (dir.), *L'Arbre dans le paysage,* Seyssel, Champ Vallon, coll. «Pays-Paysages», 2002, p. 16 sq。

[2] Roger Caillois, *Les Arbres de Lapa. Les impostures de la poésie,* Paris, Gallimard, 1943.

[3] William Gilpin, *Le Paysage de la forêt,* Saint-Maurice, Premières pierres, 2010, p. 27, traduction pan Joël Cornuault de *Remarks on Forest Sceney and other Woodland Views, relative chiefly to Picturesque Beauty,* Londres, 1791 (1781 撰写), p. 50.

[4] Paul Gadenne, *Siloé,* Paris, Le Seuil, 1974, p. 467-468 et 469.

[5] Gaston Bachelard, *L'Air et les songes. Essai sur l'imagination du mouvement,* Paris, José Corti, 1943 , Le Livre de poche, 2007, chap. X : «L'arbre aérien», p. 287.

感情成为米什莱（Michelet）作品的**母题**（topos）：在他看来，树木首先是冲动、欲望、朝向更高处的渴望。同样，凝视树木揭示了这样的情感：树是笔直的运动，树是直立的火焰。

在因树木产生的感受中，加入了面对它时的神秘感，并因它成长的谜一般的沉默而更加突出。这揭示了平和的情感。默默无闻、寂寂而生，刺激着宇宙的幻想。"杉树年轻的枝条，"塞南古写道，"就在我身旁，笔直而固定，它向空中伸展，好像既无生命也不移动；但是它生存下来了，如果它了解自己，它的秘密和生命就在自己身上；它甚至在寒冷的雪地里生长，在夏日的骄阳下生长；它和地球一起转动，它静止地转动，和整个世界一起静止地转动。"[1]"它们似乎什么也不等待，和人类相反，"亨利·戴维·梭罗（Henry David Thoreau）在谈到树时这样写道，"似乎现在就是元气在嫩芽里凝聚的黄金时刻。"[2]这些文字中充斥着存在于静寂和默默无闻中的缓慢。

这可能引起恐惧。这正是伊夫·伯纳富瓦在描写树木密集的纤维质时所强调的，他揭示了一种混合了冷酷心灵的傲慢。[3]后面我们还会谈到这些意外的启迪，这正是20世纪中期巴塔耶（Bataille）和萨特（Sartre），在存在的夜晚，因为与不可思议的陌生者相遇而产生的、因凝视树木而获得的情感。

但后者引起的真正惊愕事关其他，是能证明有机体的耐久性、树木顽强的存在和它战胜时间的一切。面对混杂的植物遗迹，产生了一种令人惊叹的特别方式：凹陷的树木、奇形怪状的垂死树木、只剩下匍匐的树桩或根的植物体，几乎没有叶子，遍体窟窿，不管怎样仍旧

---

1　Étienne Pivert de Senancour, *Oberman,* Paris, G. F. Flammarion, 2003, p. 245.

2　Henry David Thoreau, « Histoire naturelle du Massachusetts », 1842, in *Essai*, Michel Granger, Paris, Le Mot et le Reste, 2007, p. 55.

3　Yves Bonnefoy, « Aux arbres », *Du mouvement et de l'immortalité de Douve,* Paris, Gallimard, 1953.

继续生存。威廉·吉尔平由衷赞叹那些突起的树根，被蛀蚀的、孱弱的、濒死的树之美，被削去尖儿的树梢，赞美那些"也许已死去的、枝干下沉以及枝条枯萎的"塌陷的老树。[1]

在结束本引言之前，我们回想一下，树木经常如同有生命栖居的世界，如同夏多布里昂所说的"空中的城堡"。突然间，旁观者感觉树木是众多造物的庇护，促成了一场发声的、和谐的演出开始；谁不曾欣赏过动物的音乐会？动物们栖居在树下或者在它周围旋转。人们发现最愉悦的事就是孤独地坐在一棵家乡的老树下。[2]

时间一分一秒地过去，感受的和谐共鸣之中加入了来自透过枝条间的雾霭、阳光光线或者月亮清辉的情景。这一切来自大量洞察入微的分析，也不要忘记接触树木、带来光和寂静之感的雪；它们同样会令人产生惊愕的感觉。

落叶，仅仅是落叶本身，就能创造一系列情感，我们以后还会回到这个话题里。11月底回到巴黎，本人作为《探索》的讲述者，"对落叶真正入迷，甚至到了不能入眠的地步"[3]；一个月以来，我房门紧闭，这让我有了观看的愿望。我最终实现了一种成为需要的东西。一个早晨，天气晴好，我走过布洛涅森林，以便欣赏被光线穿越的树叶，"那美的极致"。

一旦迅速用笔勾勒出这个背景，就一定要画出由树木的出现勾起的强烈的、即时的感情，让我们开始以平常的和共同的经验描绘这幅激情的准确画面，内容就是描绘树木。

---

1 William Gilpin, *Le Paysage de la forêt, op. cit.*, p. 33.

2 Bernardin de Saint-Pierre, *Études de la nature*, Saint-Étienne, Publications de l'université de Saint-Étienne, 2007, p. 409 *sq* et 85.

3 Marcel Proust, *À la recherche du temps perdu*, t. I, : «Du côté de chez Swann», Paris, Gallimard, coll. «Bibliothèque de la Pléiade», 1954, p. 422.

第一章

# 在树上书写

树身上承载着书写。我们将会看到,它的痛苦、它怒放的形态都写入了它的存在。此外,它自然而然地作为载体出现,可以在其上嵌入、刻写、具体化和展示信息。割开树皮,尤其是最幼嫩的树皮,切下一块来,等待写下似乎与文字诞生连在一起的武功歌。古人,比如安德莱·科沃尔(Andrée Corvol),割下菩提树的硬皮和韧皮,得到柔韧的纤维,再切成细条。他们在这些细条上书写,再绑回树上。辽阔北方的桦树、菩提树因此被用于占卜;韧皮同时还被用于读出命运、收集心愿,还有"当心愿得到满足时,写下感谢"[1]。

普鲁塔克(Plutarque)曾记录过,写在一棵树的树皮上的文字救了刚出生的皮洛士

---

[1] Andrée Corvol, *Éloge des arbres*, Robert Laffont, 2004, p.193.

（Pyrrus）的命。小皮洛士被追杀逃亡，河流阻住了他们到达可以避难的迈加拉（Megare）的路。他的侍从想到剥下橡树皮，在上面书写求救内容，然后包在有分量的石头上，成功扔到了河对岸。[1]"在新鲜的树皮上，"老普林尼写道，"那些先锋用力写下给首领的文字，直到汁液四溢。"[2]

曾有很多出色的研究致力于树与书的联系。在拉丁语中，**韧皮**（liber）同时也指介于树身和树皮之间的薄膜，还可以指书。罗贝尔·杜马斯（Robert Dumas）指出，在西方，这些词汇几千年来与人类思想的基础表现之一紧密相连，这就解释了德语 buch、英语 book、法语 bouquin 这些词。[3]

干燥的韧皮提供了书写的表面。后来，是树提供了纸浆；还是这位罗贝尔·杜马斯保证："从韧皮到纸张，我们从未离开过树。"[4] 树叶的利用又加强了这种结合。在神圣的棕榈树叶上，女预言者写下神谕；自然地，指称树叶的词后来指称写了字的书页。

莎拉·凯（Sarah Kay）注意到，中世纪书的构造如同一棵树，会不断添加分枝。比如，在13世纪末浩瀚的百科全书——马弗雷·埃芒戈德（Matfre Ermengaud）的《爱的日课经》中，对爱情之树的描写，同时构成整本书以及世界地图的布局原则。这部著作的手稿体现了完美的树的画面。[5] 根据同一逻辑，我们更可以把中世纪的小说看成园丁

---

1 Plutarque, *La Vie des hommes illustres*, Paris, Gallimard; coll. «Bibliothèque de la Pléiade», t. I, 1951, «Pyrrhus», p.867.

2 Pline l'Ancien, *Histoire naturelle*, *op.cit.*, livre XVI, p.33.

3 Robert Dumas, *Traité de l'arbre. Essai d'une philosophie occidentale*, Arles, Actes Sud, 2002, p.48-49.

4 Ibid., p.49.

5 Cf. Sarah Kay, «L'art et la greffe dans le *Breviari d'amor* de Marfre Ermengaud», *in* Valérie Fasseur, Danièle James-Raoul et Jean-René Valette (dir.), *L'Arbre au Moyen Âge*, Paris, PUPS, 2010, p.170-171.

的果实,比起智慧的建筑师的作品来,它更像嫁接的灵巧艺术。[1]

中世纪,"植物的图案充斥着孩子学习阅读的读物"。一个特殊的关联把字母和树联系起来。中世纪的字母表采用了哥特式木器的形状。榉木板、松木板和柏木板用于识字读本。更充分地讲,树木是知识和智慧的象征;那么,树出现在孩子们的教育中就是合乎逻辑的。代表树的字母 A 就是字母表的第一个字母。

发端阶段的印刷业,也与树木有关。据阿德里安·尤尼乌斯(Adrien de Jonghe)所言,1420 年,洛朗·让·德哈莱姆(Laurent Jean de Harlem)"在近城的树林里散步时,开始把榉树皮修剪成字母的形状,然后以此一个接一个在纸上描画,做成有几行内容的模板,成为他启蒙孩子的工具"[2]。

自古代起,刻下某个事件的回忆或是集体决断的意愿促使人们把战利品悬挂在城中心最高的树枝上。基思·托马斯(Keith Thomas)则描述了在 17 世纪的英国,树对家庭记忆的证明和维系起到的重要作用。树充当着家庭纪念碑和个人记忆守护者的角色。[3] 那些树皮上的涂鸦和植物一起生长,明显适合承担保存记忆的功能。

再后来,在另一个完全不同的文化背景下,根据亨利·戴维·梭罗的陈述,19 世纪中叶,缅因州森林中的印第安人在树身刻下构成家庭图腾的动物图案——比如熊。

树成为黑暗书写的载体,被指定保存匿名者的信息。夜晚,在上面张贴或是刻写呼吁反抗的号召是 19 世纪通常的做法。1848 年 6 月,

---

[1] Francis Gingras, «De branche en branche : aux racines des coups romanesques», in *L'Arbre au Moyen Âge, op.cit.*

[2] Danièle Alexandre-Bidon, «L'arbre à alphabet», *Cahier du Léopard d'or*, n°2, *L'Arbre. Histoire naturelle et symbolique de l'arbre, du bois et du fruits au Moyen Âge*, 1993, p.133.

[3] Ibid., p.134.

克勒斯的居民就是这样，发动了反抗四十五生丁附加税的运动，最后导致流血冲突。¹

　　简单点儿说，在树皮上书写满足了传播信息、确定方向的愿望。前面已经提到，这种书写方式在缅因州的森林里使用过，1846年、1853年和1857年，亨利·戴维·梭罗跑遍了那里。树不仅能确定方向，还能找回迷失者。20世纪，童子军和其他年轻人在"二战"前夕热衷的陷阱游戏，就像后来，无论骑马还是步行，长途行军路途中的路标都是刻在树皮上的"符号"；确实，是在图画帮助下的信号，因为涂画树身远比刻写迅速得多。树身的标记给予了无限量信息的可能性。在瓦特雷（Watelet）*18世纪末的花园里，古老的杨树树身上刻着历次水患达到的水位高度。

　　树身的书写通常与所有权联系在一起。小普林尼*曾说，罗马的物主喜欢把自己领地的植物修剪成姓氏的首字母。对刚长出的小树的所有权，和对砍倒的树的所有权一样，通常都是通过在树身上书写声明的。在现代无处不在的森林开发过程中，同样是以这种方式来表明所有权或者指明要砍伐的树。那些要做成浮排的树也是一样。

　　某些情况下，在树身上做记号意味着殖民者对领土的占有权。亚历山大·德·洪堡曾言，15世纪，加泰罗尼亚和葡萄牙的航海者习惯在猴面包树上刻自己的名字，这种文字，经常意味着以国家名义对领土的占有。² 18世纪，旅行家、植物学家米歇尔·亚当森（Michel Adamson）注意到，若干世纪前某些荷兰和法国航海家曾在树身刻下名字，足有16厘米大。³

---

1　Keith Thomas, *Dans le jardin de la nature*, Paris, Gallimard (éd. originale 1983), 1985, p.283-286.

2　Alain Corbin, *Archaïsme et modernité en Limousin*, Paris, Marcel Rivière, 1975, et Limoges, PULIM, 2000, t. II, p. 505.

3　Alexandre de Humboldt, *Tableaux de la nature*, 1808 (traduction 1874), p.448.

所有这些混乱的行为，用我们的话说，与树作为宗教警句和道德箴言的载体相比，明显是次要的。在《阿斯特蕾》中，刻树的行为无处不在，这部作品对 17 世纪类似行为的影响极为强烈。几十年过去后，塞维涅夫人依恋那些刻有格言的树，有时候，它们在彼此交谈。她愉快地拜访它们，尤其是，她还悄悄告诉女儿，岩石城堡和附近树上刻的字有助于冥想，容易让人回想起青春的幸福记忆。她写道："对于我们的格言来说，它们根本不是无形的；我经常拜访它们。它们甚至在长大，两棵相邻的树有时会说相反的话……'什么都不做是最好的。'（bella cosa far niente）一棵树说。另一棵回答：'爱情仇恨懒惰者。'（amor odit inertes，奥维德）"[1]

18 世纪，在树干上刻写或者张贴道德箴言的行为扩展开来；以至一个参观者漫步浪漫主义花园的过程中，有时会读到完整的道德课程；每句箴言都召唤一种职责或者伟大的感情。索菲·勒梅纳艾兹（Sophie Le Ménahèze）写道："每棵树上都记载着源自人类初年天真的或者由所有权者口授的情感格言。"[2] 尤其阐明了静止的哲学。这些德行的花园，带着神圣的烙印，成为朝圣的目标。18 世纪末，道德的参照与空想、虔敬和沉思结合在一起。它和激情的调色板相配，这些激情来自多种多样的植物。

瓦特雷仔细分析和详解花园中的格言引发的情感。在致读者的文章中，他传布"精挑细选的短暂铭文和片段，镌刻在树干上，造成整个花园都具有灵性的印象，就是说，一种甜蜜的忧伤、一种愉快的心不在焉，其中混合了高贵和高尚的情感，在那里道德支撑着诗

---

1　Alexandre de Humboldt, *Tableaux de la nature*, 1808 (traduction 1874), p. 449.
2　Mme de Sévigné, *Correspondance*, Paris, Gallimard, coll. «Bibliothèque de la Pléiade», 1974, p.138, 121.

意"[1]。瓦特雷在一丛古树的上端写下关于家庭的内容，一种简单幸福的颂歌：

  古老的杨树啊，我们家园的荣耀，
  莫羡慕那些骄傲的雪松。
  它们的宿命是装饰那些伪智者的墙裙；
  您的使命是为幸福的庇护所遮荫。[2]

  他的书房以树为支持，就像用树枝搭建的小屋。"书房的两边，枝条伸过来，好让人们品读树皮上的文字。"其中一段邀人感受"平和树荫下"的"神秘魅惑"，（它）鼓动不幸者在这里寻找安宁，幸运者在这里得到更多。另一段以更深刻的语调，邀人们把生命贡献给研究、"友谊和生命"。在这个花园里，同样有"诗意的树"[3]。

  18世纪和19世纪之交，写在树身上的名言警句大大丰富。但与之前相比，非常明显的是，谈的是激情和个人情感。为了更好地抓住问题，需要做个回顾。

  榉树的树皮光滑、柔软、平整，自古以来就因为能方便刻写爱的激情而著名。古代的牧歌和哀歌使得在公众场所的柔嫩的树上刻写爱情诗句成为约定俗成。在维吉尔的《田园诗》第五卷中，梅纳尔克（Ménalque）建议莫普斯（Mopse）在榆树间的草地上席地而坐。"不，"对方回答，"我更愿意歌唱有一天我写在树上的诗句，一遍又

---

[1] Sophie Le Ménahèze, *L'Invention du jardin romantique en France 1761-1808*, Spiralinthe, 2001, p.380.

[2] Claude Henry Watelet, *Essai sur les jardins*, éd. Gérard Montfort, s.d., p.46.

[3] Ibid., p.59.

一遍。"[1] 加卢斯（Gallus）被树荫抚慰，大声说最好走进树林，在那里"感受痛苦，在柔嫩的树上刻下我的爱情诗句：它会长大，您也会像它一样，我的爱"[2]。

在现代来临前夕，阿里奥斯托的《愤怒的罗朗》和塔索（Le Tassi）的《被解放的耶路撒冷》刷新了树木这块爱情文字——已经成为浪漫的老套——的激情书写板，就像是为了同时证明田园文学的出现。在《愤怒的罗朗》第十九节中，树的书写在叙事中所占比重很大。安吉利卡与美杜尔的乐趣之一，作者写道，"在于用刀或者笔在他们看到的泉水和纯净溪流旁的每棵树上刻下名字"。[3] "安吉利卡与美杜尔的名字以千百种方式交缠在一起"，覆盖了庇护他们爱情的窝棚的四壁。[4]

当罗朗遭到爱情的背叛，发现了"荫庇这片河岸……的大部分树木上刻写的字"，他便认出他的女神（安吉利卡）之手。"他看到安吉利卡与美杜尔的名字圈在一起，出现在百多个地方。这两个名字的每个字母就像他被爱神射穿的窟窿，撕碎了他的心。"[5] 他希望这些涂鸦根本不是出自安吉利卡之手，但很快罗朗就屈服于事实："我认识这些字，我看到过太多一样的笔迹！"[6] 被美丽的安吉利卡与美杜尔遗弃的地方，树身上（当然还有墙上）涂满了爱情的文字。罗朗狂躁而令人心碎的痛苦，引发了他的狂怒。这种狂怒首先表现为把百岁老树连根拔起，然后凿掉所有写着情感文字的部分。

在16世纪的法国，龙萨曾沉迷于植物表达的情感游戏。把爱人

---

1　Claude Henry Watelet, *Essai sur les jardins*, éd. Gérard Montfort, s.d., p.61, 65.
2　Virgile, *Bucoliques. Géorgiques*, éd. Bilingue, Paris, Gallimard, coll. «Folio classique», 1997. Trad.Paul Valéry, «Cinquième Bucoliques», p. 87.
3　Ibid., «Dixième bucolique», p. 129.
4　L'Arioste, *Roland furieux*, Paris, Gallimard, coll. «Folio classique», 2003, t. 1, p.411.
5　Ibid., p.412.
6　Ibid., p.505.

的名字写在树上，尤其对于年轻姑娘，就是表达一段羞于坦白的感情。塔索的爱尔米妮（Herminie）已经把她对汤克莱德（Tancrède）的爱写在树上；皮尔·弗朗西斯科·莫拉（Pier Francesco Mola）受此启发，写下了令人害羞的场景。[1]

> 我的灵魂永远依恋着这些枝丫。
> 在常春藤上，我的心上人最先写下
> 她的小嘴不敢对我说的话。[2]

写于树身的文字对羞耻心依旧尊重。它在诗人心中尤其激起了看到最初表达这愿望的证明留存下去的强烈需要；此外，把心上人写在树上，或者高兴地看到这份爱意被别人念出来，也是这份记忆将随着植物的生长而生长的保证，特别是在心上人离世之后。如此，就发生了情感狂热转移为记忆的现象，后者是一份确定的通过树实现的爱情和忧伤的记忆；有时，树木就此兼具生长的诺言和活的衣冠冢的功能。听听龙萨是如何表现对海伦的回忆的：

> 我为你亲手植下这棵希比利之树，
> 在这松树上，每天都能读到你的荣耀：
> 我在树身刻下我们的名字和爱情，
> 它们将在新生的树身飞快生长。[3]

---

[1] L'Arioste, *Roland furieux*, Paris, Gallimard, coll. «Folio classique», 2003, t. 1, p.505.

[2] 参看 Alain Mérot 的解释, *Du paysage en peinture dans l'Occident moderne*, Paris, Gallimard, 2009, p. 213.

[3] Pierre de Ronsard, *Œuvres complètes*, Paris, Garnier-Flammarion, 2ᵉ livre des *Amours*, sonnet LVIII, t. 1, p.225.

诗人随后邀请后来的牧人,每年把一幅画系在树上,"向路人证明我的爱和痛苦",由此开启了对确保感情的神圣字眼的崇拜。

当然,这些虚构文字只能见证类似行为的频率。无论如何,关于这个主题,最好不要忽略《阿斯特蕾》的巨大轰动起到的放大作用。人们保证说,这部作品使恋人涂鸦的行为风行一时。

让我们再来看看瑟拉多(Céladon)以为被情人抛弃的最初的忧郁:"他沿着(利尼翁河岸)砾石路漫步,在那小树幼嫩的树身上,他曾写下烦恼的悲伤,有时是他和阿斯特蕾姓氏首字母的图案。如果说他会让两个字母缠绕在一起,他又会突然擦去,说:'你弄错了,瑟拉多,已经不是把两个字母这样写的时候了……擦掉吧,擦掉吧,可怜的人,这过于幸福的证明……如果你想写最适合与自己姓氏相连的词,那就写泪水、痛苦、死亡吧。'"[1] 当阿斯特蕾(Astrée)一时在神庙里读到瑟拉多吟诵爱情的诗句时,情节由此发展下去。

在《阿斯特蕾》的影响下,在树身刻下对缺席的心上人的情话成为一时风尚——17世纪上半叶——竟招致斯居代里(Scudéry)夫人在《阿塔梅纳,或居鲁士大帝》中的冷嘲热讽。提摩克拉特(Timocrate),《不幸的情人故事》中的人物之一,嘲笑地提到在树身刻下不幸的情人们。[2] 人们提到,公共场所更像是哀歌的集散地而不是幸运爱情的庆祝地。

在17世纪好几部小说中,尤其是在奥诺瓦(Aulnoy)夫人的小说中,树身为渴望爱情的不幸者提供了写下痛苦的地方。在《金树枝》中,绝望的圣佩尔拿凿子在花楸树上凿刻了一首长篇诗作表达自己的绝望。

---

1 Pierre de Ronsard, ibid., «Pour Hélène», t. 1, p.383.
2 Honoré d'Urfé, *L'Astrée*, éd. Jean Lafond, Paris, Gallimard, coll. «Folio classique», 1984, p.118.

> 你哦！柔嫩的攀缘藤，原谅所有的创口，
> 我胆敢在你的胸口刻下我的痛苦：
> 这些是轻佻的图画，
> 描绘了这不人道的工具对我做的一切。
> 这凿尖不会夺去你的生命，
> 刻下她的名字你将更加美丽。[1]

18世纪甚至19世纪，爱情涂鸦从广为流传逐渐转为平庸，进入更为广阔的自我书写的宇宙，写在树上的则成为纪念册。由此，田野和森林到处是情感符号和文化参照。在让-克洛德·波尔顿（Jean-Claude Polton）看来，当森林变成"绿色博物馆"[2]，枫丹白露的树身就会覆满爱情涂鸦或简单回忆的涂鸦，成为自我感情进行社会传播的见证。[3]

人们会看到，情人姓氏缠绕写在一起、创造秘密的树木朝圣地和为了重逢而维持感情，这类需要在大量私人日记和通信中越来越多见。1829年5月20日星期三，艾梅·居伊·德·菲内科斯（Aimé Guyet de Fernex）给他的情妇阿黛尔·顺克（Adèle Schunck）写信："我不知不觉走到杜伊勒里宫。在那里，我拜访了我们的第一棵树——情人的爱情朝圣关系到一系列植物。在那棵树下，我在你待过的地方停留了一刻钟，回想1824年6月17日我们一起在这片树荫下说过的、做过的、想过的一切。我找到了我以前刻下的A，后悔没有随身带件工具可以刻下第二个。对了，你有没有回访过我们在雷特耶

---

1 Madelaine et Georges de Scudéry, *Artamène ou le Grand Cyrus*, Paris, Garnier-Flammarion, 2005, p.233.
2 Mme Aulnoye, *Contes de fées*, Paris, Champion, 2008, «Le Rameau d'or», p. 325.
3 Bernard Kaloara 的作品名 , *Le Musée vert. Radiographie du loisir en forêt*, Paris, Le Seuil, l'Harmattan, coll. «Environnement», 1993.

街的树?"[1] 至于阿黛尔,写信给"我亲爱的榆树"。"我们亲爱的树,"对它说,"你是我们爱情的知情人和我们相会的地方。你可能比我们活得长久,如果我们中一个走在另一个的前面,你要为后面那个一洒温柔的眼泪。"[2]

出现在库尔贝(Courbet)《大橡树》中的丽兹的名字,像是一个有悬念的爱情宣言……邀请观者考证神秘姑娘的情人。画家的行为以他的方式加强了前述的一切。[3]

维克多·雨果的《静观集》中,在树身写下情感文字希望得到纪念的意图枯竭了,甚至到了强调树的生长与感情式微之间不协调的地步;将植物的永恒性与人类转瞬即逝的特性区别开来,在树身刻下情感以期纪念的希望消失了。[4] "永远不再"(never more)反常地因植物的生命力得到强调。

树作为纪念册或者私人日记,都记录下了激情。情感其实远超出爱情的主题。突然事件产生的冲击可能引发在比纸更耐久的东西上写些什么的愿望,物质地表达情感,以便更好地保存在记忆中,或许也可以以更强烈的方式喊叫出来。年轻的丁尼生(Tennyson)刚刚十五岁,在宣布诗人拜伦失踪时,冲出家门失声大喊:"拜伦死了!拜伦死了!"在他躲起来哭泣的茂密山谷里,他在一棵树身上刻下:"拜伦,原谅我们吧。"[5]

---

1 Cf. Jean-Claude Polton, Philippe Ariès et Georges Duby (dir.), *Histoire de la vie privée*, Paris, Le Seuil, 1987, t.IV : *De la Révolution à la Grande Guerre*, p.421.
2 Paula Cossart, *Vingt-cinq ans d'amours adultères. Correspondance sentimentale d'Adèle Schunck et d'Aimé Guyet de Fernex*, 1824-1849, Paris, Fayard, 2005, p.290.
3 Ibid., p.223.
4 Cf. Ségolène Le Men, *Courbet*, Paris, Mazenot, 2007, p.80.
5 Victor Hugo, «*Magnitudo parvi*», *Les Contemplations*, Paris, Le Livre de poche, coll. «Classiques», 2002, p.261.

在树身刻下首字母，同样回应了方便寻回自我，并且在未来享受"永远不再"的激情的愿望。1795年，阿尔多芒（Aldomen），塞南古的主人公，喜欢在自己设计的花园里独自散步时遇到、重读和重新认识这些刻下的、丰富着他的梦想的文字和格言。

让我们再看看经典。《阿达拉》中献给橡树——诗人与祈祷像——的篇章引起巨大轰动，橡树全身覆盖青苔，树身上不久前刚被隐居者刻下荷马（Homer）的诗句和所罗门（Salomon）的格言。夏多布里昂写道："在时代的智慧、被青苔覆盖的诗句、刻写的年老的隐修者和被他们用作书的古老橡树之间，存在着一种我说不出的神秘的和谐。"[1] 这些树—诗人，在印第安人眼里，构成了"死亡的树林"[2]。

在天空的树身祈祷像上写字，构成了植物的书写，无疑将古代女预言者的手势与萨满教更深层地联系在一起。在一次散步中，亨利·戴维·梭罗注意到头上悬挂的一片叶子垂直于地面。他吐露："我拉下枝条，把我的祈祷写在叶子上，然后松手，重新竖直的枝条把我的涂鸦呈献给天空。"[3] 这令人想到，在民众中，树常用于还愿。人们在上面写下心愿和感谢。这种做法广为流传，并被详加研究。

百年来在树身上的自我书写为朱塞佩·佩诺内（Giuseppe Penone）的工作开启了思路，即一种不再满足于在树—纪念册上刻写的书写。对于艺术家而言，不再只是写下激情、情感和回忆，而是让身体进入树身，向后者托付身体的印记，以便它能传达这个印记，让它们一起生长，由此，以积极的方式保存记忆。

---

1 Hervé Mazurel, *Désirs de guerre et rêves d'ailleurs. La croisade philhellène des volontaires occidentaux de la guerre d'Indépendance grecque, 1821-1830*, thèse, université Paris-I, juin 2009, p.764.

2 Chateaubriand, *Atala*, Paris, Gallimard, coll. «Follio», 1971, p. 91.

3 Henry David Thoreau, *Journal, 1837-1861*, Kenneth White 作序, Paris, Denoël, 2001, février 1841, p.46.

第二章

## "流逝年代的古老见证"

站在树下观察树,必须保持安静,迫使自己思考瞬间与永恒之间的对立,对照不属于人类的时间性。亘古的特性与自我记忆之间的距离一下子被感受到了;这促使我们观察树木就像是思考已经成为意义的希望,"加入世界的愿望"[1]。

在树下,足够的资料令我们与近代历史保持距离,并听凭梦想投映到过去。时间刻度的差异是如此深重地被感受到,使得我们对树木说:"你看到人走过,你曾经看过许多世代的人走过。"这种感受在浪漫主义前夕更为强烈。贝尔纳丹·德·圣皮埃尔(Bernardin de Saint-Pierre)认为树木是我们未曾经历过的那么多个世纪的纪

---

[1] 相关内容,参见 Jean Mottet, *L'Arbre dans le paysage, op, cit.*, p. 29。

念碑。拉马丁（Lamartine）将之视为"流逝时代的古老见证"。据他看来，黎巴嫩的雪松可以讲述那些消逝的帝国、宗教和人类。[1] 至于橡树：

> 不计其数的世代
> 在它的荫翳之下生长、死去，
> 而它呢？看看吧！它愈加年轻。[2]

半个世纪之后，米什莱佐证了同样的激情。他对树林说："你看着人们走过，而你已存在千年。"[3]

植物比废墟更持久，因为它是有生命的。在残垣断壁风行时，狄德罗（Diderot）曾说自己被考古遗址深处植物布满苞芽的生命能量所打动。[4] 他在贝尔纳丹·德·圣皮埃尔之后不久写道："埃及的金字塔化为齑粉，但法老时期的禾木依旧生长。有多少希腊罗马时期用铁固定石块的坟墓也都烟消云散！只在废墟周围留下荫庇着它们的柏木。"[5] 后来，维克多·雨果回忆说凯旋门只是残破巴黎的遗迹的时代，而橡树和常春藤却一直巍然矗立。

某些 19 世纪和 20 世纪的旅行者，当他们来到矿井遗址，同样的情感萦绕着他们，访客会猜度这些石头遗迹里存活下来的植物信息。雅克·拉卡利埃（Jacques Lacarrière）在德尔斐流连时，听到了远古

---

1　Alphonse de Lamartine, *La Chute d'un Ange*, in *Œuvres poétiques complètes*, Paris, Gallimard, coll. «Bibliothèque de la Pléiade», 1963, *passim*.

2　Alphonse de Lamartine, *Le Chêne*, in *Œuvres, op. cit.*, p. 368.

3　Jules Michelet, *La Montagne*, fac-similé de l'édition de 1868, Éditions d'aujourd'hui, coll. «Les introuvables», p. 203.

4　关于狄德罗认为的废墟中植物的意义，关于萌芽的、有生命力的、再生的大自然，参见：Barbara Maria Stafford, *Voyage into Substance...*, *op. cit.*, p.289。

5　Bernardin de Saint-Pierre, *Études de la nature, op. cit.*, p. 157.

的声音。他宣称，人们再听不到过去的声音，殿宇坍塌了，诸神已死，魔鬼活了下来，"但是树木，它们传续了远古窸窣作响的链条"。夜晚，"我静静凝视着那个有时限、被限定、几乎精疲力竭的人，站在月光下静止的巨大橄榄树下，面对它无穷尽而持久的力量"[1]。

画家保罗·亚莫（Paul Jamot）在1887—1891年被派往希腊考古。他自忖：为了得到那些碑刻而毁去古树是否合法？苍翠的橡树难道不比他要挖掘的残破石块更能传递远古的记忆？[2]

这促使我们想象树木看到过什么。为了滋养这份梦想，首先必须估算树木的寿命。这也是自古希腊以来就表达过的愿望。阅读泰奥弗拉斯特的文字就能感受到这是种多么强烈的愿望。学者们尽力建立最古老树种的目录。但是，就这个主题，历史、神话、传说纠缠在一起，将证据、估算和对遗迹的解读全部混为一谈。泰奥弗拉斯特常受希罗多德（Hérodote）的启发，据他看，传说的传统证明了树的长寿。被尤利西斯（Ulysse）发现的提洛岛的棕榈树、奥林匹斯的野生橄榄树、阿伽门农（Agamemnon）手植的德尔斐的悬铃木、厄瑞克忒翁（Érechthéion）的橄榄树，让人回忆起波塞冬（Poséidon）和雅典娜（Athéna）的交战，都一直存活着。帕萨尼亚斯（Pausanias）*确认："曾有人指给他看在安塔基亚附近的阿波罗-达芙妮神庙的一棵月桂树，达芙妮曾经变形为那棵树。"[3] 至于阿卡迪亚的梧桐树，则是墨涅拉俄斯（Ménélas）在出发去特洛伊之前亲手种植的。

半信半疑的泰奥弗拉斯特自问：这是那些树吗？尤利西斯说曾在提洛岛凝视过的年轻柔韧的棕榈树，被认为曾经见证了阿波罗的诞

---

1 Jacques Lacarrière, *La Grèce des dieux et des hommes*, Paris, 1965, Hervé Duchêne 引用, *Le Voyage en Grèce*, Paris, Robert Laffont, coll. «Bouquins», 2003, p. 1050.

2 Ibid., p. 833-834.

3 Théophraste, *Recherches sur les plantes, op. cit.*, p. 106, 291.

生,甚至可以追溯到西塞罗时期,难道不是源于同样的枝条吗?因此,泰奥弗拉斯特认为它就是构成"树木的本原和原始状态"的"作为本体"的那棵树。[1]

在罗马帝国内部,老普林尼也曾建立最古老树木的名单,既参考了传说,也参考了城市的历史。在露西纳广场——据老普林尼认为,建于罗马历379年——有一棵五百年历史的朴树。[2] 朴树是"有根毛的",因为人们把处女的头发披在上面,无疑比前面提到的树还要古老,但是普林尼认为不可能确定时间。同类树的第三棵矗立在火神庙前,据说它与罗马同时诞生。

在忘掉罗马的同时,普林尼同样给生长在地中海周边最古老的树编制索引。这回,他毫不犹豫地引证了神话:据说还生长在阿尔戈斯(Argos)的橄榄树,就是拴着化身为小母牛的伊娥(IO)的那种。桥上一直矗立着赫丘利斯(Hercules)亲手种下的两棵橡树。普林尼还提到了提洛岛的棕榈树,认为它可以追溯到阿波罗出生。他写道,在奥林匹亚生长着野橄榄树,赫丘利斯曾戴着这种树枝做成的桂冠。在雅典,人们保证那里还生存着雅典娜(米涅娃)[3] 出生时的橄榄树。

普林尼明确说明了他计算树龄的方式,当作者援引历史甚至传说的时候,比他援引神话显得更为精确。

无论如何,计算树龄的尝试引发历史幻想并赋予后者以充分的理由。这种幻想直至近代仍未停歇。其主旨在于想象树在其生存期间看到的一切,以及被过去的什么人物看到过。这种由"早已存在"而激起的幻想在浪漫主义时期更为高涨。19世纪,对历史的全盘回顾更激发了这种幻想。1808年访问不伦瑞克(Brunswick)地区时,司汤

---

1　Théophraste, *Recherches sur les plantes, op. cit.*, p. 107.
2　Pline l'Ancien, *Histoire naturelle*, livre XVI, *op. cit.*, p. 94.
3　Ibid., p.95 et 96.

达（Stendhal）写道："我看到了橡树……查理大帝也看到过它们。"[1] 拉马丁提到黎巴嫩的雪松时，确信它们在所罗门时代就年事已高。在埃及，米什莱静观"第一位法老时期的黑树"——它曾聆听梨俱吠陀（Rig-Veda）的第一支歌。[2]

因为被历史上的英雄见到或者庇护了英雄而在今天被当作纪念碑的树在国土上不计其数，其中许多与查理大帝、圣路易和贞德有关。不懈努力的专家们编制了这些树的目录。树的存在证实了它曾参与其间的古老事件的存在，它的存在支持了这份记忆。树的存在本身保存了记忆。观看这些树木，关涉的不仅仅是即时的影像以及它的出现激起的赞叹，也等于沉溺于厚重的历史感。

意识到树木在时间上的广漠，曾长久令人相信，不说是它会永恒，但至少参与了永恒生命的象征，尤其是神圣的永生。因为生活在写满变化的时间里，树木更令人想到再生而不是死亡。尤其某些树种曾长久代表了这种不朽：雪松、松树，特别是棕榈。[3] 老普林尼在这个话题上，提到了树自发的世代更替，在他看来，这就是凤凰涅槃。

我们将看到，发现树的年轮，也发现了树的确切年龄，达到了对已超越了象征的树之永生的确信。这就是说，在19世纪初叶，亚历山大·德·洪堡提到一位瑞典植物学家的话，后者认为"树木提供了其生长只受外部因素限制的范例"[4]。贝尔纳丹·德·圣皮埃尔认为，在法国

---

1　Stendhal, *Œuvres intimes*, Paris, Gallimard, coll. «Bibliothèque de la Pléiade», t. II, 1981, p. 1035.

2　Jules Michelet, *La Montagne, op. cit.*, p. 203.

3　关于这些树的不朽，参见：Angelot de Gubernatis, *La Mythologie des plantes*, 1878, rééd。Connaissance et mémoires européennes, 1996, Seconde partie: «Botanique spéciale», p. 52, 277, 295。

4　Alexandre de Humboldt, *Tableaux de la nature, op. cit.*, p. 447.

的土地上,山楂树似乎是不会死的,因此弥撒用它来献祭。[1] 在强调人类生命短暂的同时,他认为树木在无限中延伸着这种短暂的存在:"当我即将死去,你还在那里。"静静看着它的那个家伙对它说道。

树木在俗世不朽的参照继续诱惑着19世纪的作家们:拉马丁在《天使谪凡记》中保证,黎巴嫩的雪松将会看到世界末日,就像他们曾见证世界的曙光。至于米什莱,他斥责树木:"老祭司们,全能的医生,恳求你告诉我永生的秘密。你身上保有一套完整的秘密。"[2]

今天,通过将DNA转移到树身实现人类肉身存在的永恒,美国某些公墓已经开始这样做了。现代的英国,种植和获得一棵作为家族持久纪念的树,让它成为记忆的守护者,在某种程度上被认为是保证谱系永存的赌注。以19世纪中叶的类似视角,因为着迷于树对时间的胜利,某些人做着同化为树的梦,希冀以此获得有机的恒久。因此,在琳达·诺克兰(Linda Nochlin)看来,库尔贝将橡树的静止与坚硬、瘤结、沉重等同样是持久的信号和允诺相结合的描绘,泄露了站在树下或者围着树转圈的艺术家,他们面对即时性载体梦想自己能够获得长久的时间性。[3]

在我刚提及的这些幻想之后,我们还需要回顾过去,停留在17世纪特别是18世纪深刻改变树的时间性的表现上。首先是发现了树的年轮——今天已经有很完整的发现史——使得精确计算树龄成为可能。从此之后,通过这一发现可以同时在剖凿开树之后了解树的过去以及相关的气象和气候事件史,为20世纪朱塞佩·佩诺内重构树的各个生命阶段做准备。所以,从18世纪开始至那时,以树与过去的

---

[1] Bernardin de Saint-Pierre, *Études de la nature, op. cit.*, p. 401.
[2] Jules Michelet, *La Montagne, op. cit.*, p. 203.
[3] Linda Nochlin, «Le chêne de Flagey de Courbet: un motif de paysage et sa signification», 1848-1914, n°1, 1989, p. 15-26.

关系——就是说它的纪念功能——为主的工作改变了。从此，树通过特殊的书写而传递信息成为可能，并且落实了。

亚历山大·德·洪堡将年轮的发现归功于蒙田（Montaigne）。蒙田是在1581年去意大利旅行时发现的。因此德国学者拒绝承认马耳皮基（Malpighi）的科学成果。[1] 无论如何，用我们的话说，重要的是，这一发现得到迅速传播：1737年，普吕什（Pluche）神父在当时获得巨大成功的《自然景色》一书中描绘了年轮。他肯定："可以通过发现树身圈数的方法确定地计算树的年龄。"[2]

大约一个世纪之后，亚历山大·德·洪堡醉心于树的无限的时间性，为此写了《论树的寿命》一书，由奥古斯丁·德·康多勒（Augustin de Candolle）编纂，追溯了当时最古老的树的树龄范围，大约有三千年。[3] 这样，他就实现了泰奥弗拉斯特和老普林尼的尝试，当然是以树身为依据而不再是根据传统、传奇或者神话。

地质时间标尺——地球的过去——的摇摆不定，除了依据《圣经》的推算和由此归纳出的想象的革新之外，构成了变形的树的时间性表现的第二手资料。百万年成为地质单位，代替了17世纪和18世纪学者提出的地球四千到五千年的估算——这一结果与创世记相关。地球历史和大自然的地质时间被如此表现，更不用说地中海尤其是欧洲文明的标尺了。[4]

同时发生变化的还有关于大洪水对地貌改变的认知。杞人忧天派*

---

[1] Alexandre de Humboldt, *Tableaux de la nature, op. cit.*, p. 452-453.

[2] Abbé Pluche, *Le Spectacle de la nature ou Entretiens sur les particularités de l'histoire naturelle qui ont paru les plus propres à rendre les jeunes gens curieux et à leur former l'esprit*, Paris, 1737, t. I, p. 426.

[3] Alexandre de Humboldt, *Tableaux de la nature, op. cit.*, p.452.

[4] 我们曾在过去探讨过这种混乱，书名为：*Le Territoire du vide. L'Occident et le désir de rivage*, Paris, Aubier, 1988 et Flammarion, coll. «Champs», 1988.

和太阳照常升起派之间长久的论战，以及我提及的所有不同变体，令我们不得不面对人类出现之前地球存在的新假想。

树的时间性的认知被地球历史的革命性描述所裹挟。这就是说，人们认定的树的年龄——就像人们认为的海滨岩石的年龄一样——长久以来引起论争。《圣经》年表的支持者不愿缴械。两种信仰系统、两种语言长期对峙，即那些依据《圣经》的人，还有那些以化石的存在为理由的人。应该明白与我们相关的挑战的重要性。如此，肯定猴面包树有六千年历史，就是承认它在亚当和夏娃之前就存在了——更严重的是，它还经受住了大洪水。[1] 这就是说，上帝在第三天创造了植物，创世记没有被彻底推翻，只除了关于大洪水的内容。

无论如何，树化石的发现和研究，这种对大自然的过去痕迹的探索表明[2]，树木在人类出现之前就已存在，特别是它能够独自存在。好几位作家的作品中发生了这种笔调的改变。夏多布里昂自述为树木"先天的高龄"而着迷，让他想到了世界年龄的记忆。拉马丁在黎巴嫩的雪松身上发现"自然世纪的遗骸"，它"比历史自身更懂得地球的历史"[3]。

然而，在同一时期涌现了伟大探险者的植物学发现。在旅行途中，接连的惊奇成为他们强烈激情的发生器。他们产生了强烈的愿望，完全投入到这种虽然毁灭一切但自身却不朽的物质中去，通过它连续不断的生命力和能量，与改变而不是死亡一起发生作用。西方的想象不断滋养着这份 19 世纪常与当时人类时间的主要脉动相一致的

---

1  Cf. André Corvol, *Éloge des Arbres*, op. cit., p. 26.

2  关于这一主题，参见：Jacqueline Carroy, Nathalie Richard, *Alfred Maury, érudit et rêveux. Les sciences de l'homme au milieu du XIX<sup>e</sup> siècle*, Rennes, PUR, 2007。

3  Lamartine, *Voyage en Orient*, in Jean-Claude Berchet (dir.), *Le Voyage en Orient*, Paris, Robert Laffont, coll. «Bouquins», 1985, p. 740.

激情：与无法穿透性融为一体，寻找地球的童贞。

诗人表达了类似的激情。这样，勒贡特·德·李勒（Leconte de Lisle）在《野蛮诗集》的一首诗中，想象在人类出现之前的一片处女林见到的一切，这片处女林已经存在几千个百年。[1] 后来，瓦雷里（Valéry）以自己的梦想加入这个行列，他想象"植物生命力英雄般的年龄"[2]，在那个创世的时刻，植物孑然独立。

自19世纪中叶，发现巨杉引起人们的惊奇，是说明之前一切的最好范例。约塞米蒂国家公园的这些树，一下子就被认为是反大洪水的。1869年，荷瑞斯·葛雷利（Horace Greeley）*把它们定位于大卫王（David）、忒修斯（Thésée）甚至埃涅阿斯（Énée）、耶稣同一时期。

约翰·缪尔（John Muir）*这样写巨杉："它与您保持距离，根本不重视您，只对风致意，只想着天空，在旁边的各种树木中，神情和举止显得如此骄横，就像身处普通的熊和寻常的狼中间的幼小的乳齿象和猛犸象。"

于连·格拉克（Julien Gracq）在20世纪重拾这个看法，但确确实实地剥去了所有神圣的参照。他觉得巨杉就是活化石，与其他树木相比，完全是天外来客。"可以把它归于另一个世纪，属于已消失的环境。"巨杉是"森林中的尼安德特河谷"，"植物界的巨石柱"，几桩"莫名的植物灾难"的结果。[3]

将树看作不死的认知尝试，在约塞米蒂的巨杉面前复活了；因为

---

1 Leconte de Lisle, «La Forêt vierge», *Poèmes barbares* (1862), Paris, Gallimard, coll. «Poésie», 1985, p. 166-168.

2 Paul Valéry, «Dialogue de l'arbre», in *Œuvres*, Paris, Gallimard, coll. «Bibliothèque de la Pléiade», 1960, t. II, p. 190-191.

3 John Muir, *Célébration de la nature*, Paris, José Corti, 2012, p. 255. Julien Gracq, *Carnets du grand chemin*. Cité par Robert Dumas, *Traité de l'arbre, op. cit.* p. 69.

第二章 "流逝年代的古老见证"

这些神奇的树显出不可思议的年龄。约翰·缪尔坚信红杉是不死的，它们从不自腐。只会死于天雷和异教徒的斧子。[1]

今天会如何？关于树的寿命，关于它和人不协调的寿命之间，有什么新的激情发生？尽管有种种最新的和可以预料到的风暴构成的冲击，在我看来，我们还是缺乏这方面的综合分析。

让我们以刚刚在加利福尼亚死亡谷拍摄了刺果松（Pinus aristata）的索菲·布鲁诺（Sophie Bruneau）和马克-安托万·卢蒂勒（Marc-Antoine Roudil）的美妙文字结束本章。目前刺果松被认为是世界上最古老的树种，据推断有四千五百岁。在我们看来，记下两位旅行家的激情和来自近代关于星球及其未来概念的感情非常有意思。两位作者的文字记录下了他们面对世界最古老的树的反应，始终充满同情。看到"几千年来正在死去的活骨架"，产生一种与生态焦虑有关的悲剧情感。这种时间相对静止的古树，"它的年轮集中了世界的记忆"，首先有种遭受痛苦和折磨的感觉，它身上有种"被判永远不会死去的"东西。索菲·布鲁诺这样总结这种面对面："被它的疲惫、长寿、智慧和孤独打动，我们开始用特写镜头拍摄树皮，像是为它抚平皱纹。"[2]

---

[1] Simon Schama, *Le Paysage et la mémoire*, Paris, Le Seuil, p. 218.
[2] Citations extraites de Sophie Bruneau et Marc-Antoine Roudil, «Comment filmer l'arbre», in Jean Mottet (dir.), *L'Arbre dans le paysage, op. cit.*, p. 263-264.

第三章

# 大地与天空间的过渡者

树是大地和天空的过渡者，处在地狱之神和天空之神之间，它参与了死亡和再生的过程。贺拉斯把它比作墨丘利（Mercure），是在天地之间穿梭和勾连的信使。

萨满体现了树木天神的特质，他阅遍所有相遇的神灵。[1] 橡树，托尔的树，风、雨和雷电之神，在古代凯尔特人那里代表支撑世界的宇宙之存在，就像非洲的猴面包树、气候温和的亚洲的银杏树，或者炎热印度的无花果树。[2] 这种树具有明显的天空之神的特征，通过舞动的

---

1 大量书籍探讨过这个人物，在这里很难分析错综复杂的情节。举例：米尔切·伊利亚德（Mirces Eliade）的奠基性作品 *Le Chamanisme et les techniques archaïques de l'extase*, Paris, Payot, 1983，这部书于 1986 年出了增补版，提供了一份关于西伯利亚、印度尼西亚、大洋洲、北美和南美洲迥异的萨满教的书单。

2 Cf. André Corvol, *Éloges des arbres, op. cit.*, p. 72.

树枝与天神交谈。

多少世纪以来，基督教的植物以树根深埋为代价向着天空生长。它更倾向于天空，一切都朝着天空生长。这使得植物放弃了地神和人间。从这个角度看，植物的高贵源自它靠近上帝和远离地面的特性。

18世纪末，正是关于自然的感情发生变化之际，贝尔纳丹·德·圣皮埃尔撰写了树木的天空特质的颂歌，树木从空气中获得的养分比从土地获得的更多，吸收天水——如橡树，每年吸收成千吨的雨水。《和谐的自然》的作者热情讴歌"生命之树的力量，它的根在太阳里，树茎分布于不同星球，枝条缠绕着卫星，最小的枝丫一直延伸到看不见的彗星"[1]。棕榈树"更是太阳的植物"，它的生长，制造了"无限的情感"。[2]

提到树根的反向生长和朝向天空的冲动，贝尔纳丹·德·圣皮埃尔刷新了自远古就已出现、今天依然是当代艺术母题的内容，就像是为巴泽利茨（Baselitz）的作品做注脚。圣琼·佩斯（Saint John Perse）在某种程度上与贝尔纳丹·德·圣皮埃尔惺惺相惜，他开拓视野，觉得天空就像一棵树。[3]至于对于呼吸的坚持，这与强调树木有肺的信念相呼应。1764年，夏尔·博内（Charles Bonnet）在他的《自然静观集》中强调，空气是充实元气必不可少的元素。[4]

树木亲天空的特性较之从前得到更多的重视。荷马身上表现出一种民间信仰，认为人来自矿物和植物。帕涅罗佩（Pénélope）尚未认出乞丐就是尤利西斯时问他："你不是从传说中的橡树或者某种岩石

---

[1] Bernardin de Saint-Pierre, *Harmonies de la nature*, Paris, Ledentu, 1840, p. 86.

[2] Ibid., p. 65-66.

[3] Saint-John Perse, *Œuvres complètes*, Paris, Gallimard, coll. «Bibiothèque de la Pléiade», 1972, «Vents», p. 180.

[4] Cf. André Corvol, *Éloges des arbres, op. cit.*, p. 64.

里蹦出来的吧？"在卢克莱修（Lucrèce）看来，一切事物都来自大地，而不是天空或者海洋。前者构成了一切物体来源的基本源泉，大地的繁育超过了有性繁育。

与树相关的是，树根的秘密长久以来一直未解；尤其在1840年之前，树根的呼吸作用在学者看来很神秘。安德莱·科沃尔肯定地说，从这个时期起，物理学家、化学家和机械学家把树根看成植物功能的主要场所，以他们的方式证实卢克莱修关于土壤有营养的教诲。[1]

贝尔纳丹·德·圣皮埃尔认为树身上最令人钦佩的是，人们无法看到树根神奇的力量，以及"大自然这种伟大的机制所拥有的编绳、杠杆和会呼吸的泵"的一切。[2] 后来，米什莱自述为在厚土中工作的巨大实验室着迷，巴什拉提到叔本华（Schopenhauer）向往松树在地下的生命力。

20世纪中期，很多作家沉迷于此。瓦雷里在"地下的奇特意志"[3]面前驻足，加斯东·巴什拉援引D·H·劳伦斯（D.H. Lawrence）的看法，强调"树根巨大的贪婪"，觉得这就是它们"淫乱"的证据。这种深奥的生命足以引起恐惧。"我很恐惧，"劳伦斯说，"……这种盲目的、一拥而上的贪婪。"[4]

从植物的行为中，弗朗西斯·蓬热则看出"交缠在一起、捆绑大地、成为一种和很多种宗教——从而变身为导师——的意愿"。带着这个观点，他思考树根的形状："为什么是绳子而不是枢轴或者枝状？"[5] 这个疑问也引致吉尔·德勒兹（Gilles Deleuze）对于根状茎特

---

1　Cf. André Corvol, *Éloges des arbres, op. cit.*, p. 62.
2　Bernardin de Saint-Pierre, *Harmonies de la nature, op. cit.*, p. 240.
3　Paul Valéry, *Dialogue de l'arbre, op. cit.*, p. 181.
4　Gaston Bachelard, *L'Air et les songes, op. cit.*, p. 270.
5　Francis Ponge, *La Rage de l'expression*, Paris, Gallimard, coll. «NRF Poésie», 1976, p. 71.

性的关注。

对树根的秘密着迷,有时被看作土地力量的呼唤,引发了深入研究的愿望。米什莱的伟大空想就是这种情况,特别是他发现树根触碰到地神的野蛮革命。在它身上——同样在女性身上,"注视、向往、挖掘、认识"构成一切。米什莱越挖掘,越能进入最深层的自然,他找到的越多,理解的也就越多。[1] 他在1857年8月17日的日记中写道:"我本来想在如此壮丽、如此迷人的树叶森林之下挖掘根的森林,这仍然活着的神秘的地下统治者(subterranea regna)。"[2]

泰尔马什(Tellmarch),小说《九三年》中的乞丐,源于大地的人物,就像他的名字暗示的那样,是维克多·雨果浪漫宇宙最强有力的创造之一。四十岁以后,他住在一棵巨树脚下,对身边发生的革命者和白党之间狂暴的游戏无动于衷或者近乎如此。作为真正的异教徒,礼拜仪式只是挂在嘴边。他似乎对人类的激情极度陌生,对财富无动于衷,表现出自然的善意。他栖身于"一株老橡树有意给他的一个房间;树根下有深深的凹洞,上面覆满了树枝"。只能弯腰入内,然后匍匐进入"粗大的树根分割成的奇特的室穴……两树根之间的间隔可容人走入,也就充当大门,透进些光来"。"泰尔马什,晦暗力量的化身",在雨果看来,就这样生活在他称之为自己的"灌木丛"的地方,他将之作为城堡的反衬。这个可能源出乌拉诺斯的北方人物在各章节中无处不在。[3]

大西洋彼岸,在亨利·戴维·梭罗笔下,树根的秘密可归结为植

---

[1] Jean-Borie, *Une forêt pour les dimanches. Les romantiques à Fontainebleau*, Paris, Grasset, 2003, p. 246, 247.

[2] Jules Michelet, *Journal*, Paris, Gallimard, t. II., 1962, p. 345.

[3] Victor Hugo, *Quatrevingt-treize*, édition d'Yves Gohin, Paris, Gallimard, coll. «Folio classique», 1979, livre quatrième, «Tellmarch», p. 118.

根的欲望、保持野蛮以及向被动生存模式和采用植物生活节奏回归的欲望。

19世纪末,这次是在象征的范畴内,人类扎根的价值和抨击背井离乡的狂热日见高涨。人们越来越相信人类迫切需要根。1897年,巴莱斯(Maurice Barrès)出版了小说《背井离乡者》,在这部作品中泰纳(Taine)强调了这种需要;在1889年9月9日写给保罗·布尔热(Paul Bourget)的信中,他提到还没有扎根于生活的年轻人和所有多多少少背井离乡的成年人的危险境地。

这种意识形态为地方主义和勒内·巴赞(René Bazin)的小说、为他的均分土地主张以及后来的"乡土主义"(terrianisme)提供了论据。总之,背井离乡的忧虑催生了一系列意象,为莫拉斯右翼所利用,后来为法兰西国家行动提供了灵感。今天,他引入的保留根或寻根的主题,在涉及移民问题时总是与媒体纠缠。这一切都与树的象征意义吻合,同时,各种回归自然的新形式的运动中,生态主义最为抢眼。

1966年,马丁·海德格尔(Martin Heidegger)在《宁静》一书中,着力强调了人类是多么需要根。看到"乡村小路"被路边的树吞没时,他写道:"正是从故土的厚度里,人得以升向天空",就是说"精神开放的领域"。看到橡树,抓住它在大地和天空之间过渡的角色,推动着海德格尔去思考:"我们还可以谈论人在大地和天空之间的平静居住吗?……沉思的精神——谋算的反面,被现实和日常事务纠缠着,还能够展开吗?"海德格尔最后以另一个思考结束深思:从开放的精神到事物的秘密,什么是"土壤、大地、新的扎根?[1]什么是向树木种植性的可能回归?"

---

[1] Martin Heidegger, *Questions* III et IV, Paris, Gallimard, coll. «Tel»(1966), réed. 2008. «Sérénité», p. 138, 144.

让我们暂时放下属于地狱之神的东西来看看腐殖质，只与土壤有关，不需要限定地神的深度和地下的地质土层。我们来到与植物的一切和正在分解过程中的矿物质有关的表面，来到从重生的角度而言正在死去的一切，因为混杂产生的再生需要肥料和必需的土层。腐殖土是废料的混响之地，被掩埋的成分在此发酵，以便未来能够重新获得它们。[1] 诺瓦利斯在1801年已经强调，从这个观点来看，植物从过去时间的残存中获取营养。[2]

在属于腐殖质的表现和激情中，必然涉及落叶及其与土壤的结合。在浪漫时期尤其如此。在塞南古的小说中，奥伯曼（Oberman）驻足以观察"被风卷落在枯草和尘土上的发黄落叶"[3]。在夏多布里昂的作品中，倾听树叶飘落的段落曾多次出现。在《墓畔回忆录》中，作者强调他和姐姐吕西尔在乡间散步时看到落叶，它们的味道和在脚下发出的咔咔声。在《基督教真谛》中，他已经指出"孤独的樵夫零乱的步伐下，风带来的干树叶的味道无所不在"[4]。后来，约翰·缪尔证明，"当脚步落在干枯的针叶上时会产生无法名状的幸福和兴奋"。

无论如何，亨利·戴维·梭罗努力分析落叶引发的所有激情。让我们尽力来抽丝剥茧。他首先庆幸自己是在树叶刚刚离开树身的时候去散步。他写道："我非常喜欢在树叶的坟墓上游荡并展开幻想。"[5] 实际上，他的幻想长时间停留在树叶之死上。他观察到，树叶组成

---

[1] Robert Graham, «Animal, végétal, minéral : les actes de succession de Michel Campeau», *Territoires. Michel Campeau, Photographies, photographes*, Monréal, 2007, p. 14 *sq*.

[2] Novalis, Heinrich von Ofterdingen, in *Romantiques allamands*, Paris, Gallimard, coll. «Bibliothèque de la Pléiade», t. I, 1963, p. 510.

[3] Senancour, *Oberman, op. cit.*, p. 177.

[4] François René de Chateaubriand, *Génie du christianisme*, Paris, Gallimard, «Bibliothèque de la Pléiade», 1978, p. 1305, et John Muir, *Célébrations de la nature, op. cit.*, p. 29.

[5] Henry David Thoreau, «Teintes d'automne», in *Essais, op. cit.*, p. 29.

"土地上平摊的树"的方式,注意到"落叶的床与树的形状和身量相符"。[1] 树荫的轮廓令人寻找曾承载落叶的枝干。落叶在泥土里继续生存。"它放低自己以便来年向上,更高地向上。"[2] 在当下,则以腐殖质、土层的形式服务于我们这样的生物,有时我们也会在坟墓相遇。

对落叶的静观引发梭罗思考他的自身定位,他自问:"难道我自己不是树叶和腐殖质的一部分吗?"[3] 停下来观察落叶,就是沉浸于最初的经验,沉浸于当下起源的浮现,沉浸于幻想将树叶和腐殖质与人类连在一起的链条。梭罗感受到了"沉默的潜在性",同时还有"陌生与熟悉"[4] 在滋养着这种最初的经验。

然而,从这个角度看,落叶构成了一个范例。它给我们上了一课。它把自己献给了腐殖土。梭罗写道:"它们千真万确地走向坟墓!如此甜蜜地飘落大地,把自己变成沃土,描绘出千变万化的图景,这值得人们把它做成活人的床!如此轻盈、如此娇弱,它们成群结队地走向坟墓。它们没有穿孝,快乐地前往,在地面追逐,挑选自己的坟墓,在林间低语。"[5]

好几位当代艺术家强烈地感受到腐殖质的影响,有时甚至产生直接与原初的腐殖土接触的愿望。这样,自视为大自然简单成分的安迪·高兹沃斯(Andy Goldsworthy),时常在户外工作时,比如在一场大雨来临之际,直接躺在土地上;这是为了在土地上留下身体的痕迹。加上他在树木与他作为雕刻家的存在之间感到的类同,在他看

---

1 Henry David Thoreau, «Teintes d'automne», in *Essais, op. cit.*, p. 278.
2 Ibid., p. 282.
3 Henry David Thoreau, *Walden*, p. 138, cité par Michel Granger, «Le détour par le non-humain», in Michel Granger (dir.), *Henry D. Thoreau*, Cahiers de l'Herne, 1994, p. 234.
4 Sandra Laugier, «Du silence à la langue paternelle. Thoreau et la philosophie du language», *Cahier de l'Herne*, p. 166.
5 Henry David Thoreau, *Journal, 1837-1861, op. cit.*, octobre 1853, p. 128.

来，他的脚就是树根，他的身体是树身，他的胳膊和手是表达动作的树枝和树叶。

从此以后，人们理解了他在树根和树叶上的工作。[1] 关于他完成于1996年1月的科佩诺什之树，他写道："地面平行生长伸出的长长枝干告诉我树就是大地。树枝就是景物，是土地，是石头，这些东西通过树而流动。"[2] 这使得人们能够明白，他工作的意义在于让树木的石块和冰块流动起来。

将腐殖质的魅惑在作品中推向极致的艺术家是摄影家米歇尔·康波（Michel Campeau）。他实践"平卧大地"（humicubation）。他不仅直接睡在土地上，而且是睡在真正的腐殖土上。他觉得这个动作就是在排演死亡，而且被视为接收的信号。他这样做，就是一个谦卑的姿态。在他看来，这是一种方式，用来回忆和表现每个种群建立和准备自身延续的方式。用这种方式表达所有再生的空间没有贬值，没有被遗忘、被忽视。实践平卧大地和以此姿势拍照，米歇尔·康波邀请我们记得，我们并没有摆脱原始的起源，遥远的过去也没有停止对我们施加影响。[3]

弗朗西斯·蓬热提醒我们，与人类和动物相反，树木不需要寻找一处葬身之地。[4] 可能正是为此，它就在生长的地方耸立、死亡，看着它令人产生一种震撼和一系列特殊的激情；就像是有些奇特的东西正在上演从脚下开始死亡的剧目。

看到几百年的古树死去时，奥伯曼梦见和预感到一种痛苦。这种

---

1 Voir Andy Goldsworthy, *Bois*, Arcueil, Anthèse, coll. «Land Art», 1996, p. 5.
2 安迪·高兹沃斯的思考，同前，février 1996。
3 参看：*Territoires. Michel Campeau, Photographies, Photographes*, Montréal, Les Quatre cents coups, 2007, Robert Graham, «Animal, végétal, minéral: les actes de succession de Michel Campeau»。
4 Francis Ponge, *Le Parti pris des choses*, Paris, Gallimard, coll. «Poésie», 1942, p. 80.

"古老的根茎",在荒野里成长,强壮而高傲,"滋养着万物,将万物置于翼护之下,它畅饮天水,在狂风暴雨下顽强生存;它在诞生于自己果实的树木中间死去。"[1]

之后不久,走遍科德角的亨利·戴维·梭罗在这块孤独的土地纵深处感受到震撼:看不到一棵树,他写道,只有一块方形的伦巴第杨树阵包围着教堂,"排得和建筑的梁柱一样笔直,四角见方,但是,如果没有看错的话,所有的树,从第一排到最后一排,全部死去,沉睡在它们最后的梦境中"[2]。更远的地方,他看到干枯或者垂死的树。没有任何更具力量的象征能唤起梭罗对科德角感到的孤独和荒芜。

在艺术家的作品中,枯树的出现是唤起死亡的特殊力量。比如,在圣尼古拉斯的洛伦佐·洛托(Lorenzo Lotto)的画笔下。[3] 在旁观者眼中,被雷击的树达到了激情的顶点,尤其是当强雷劈死了树。这是绘画的一个主题,普桑(Poussin)在名为《雷电》的画作中表现得极为出色。

当然,当冬天的树木被剥去紧实的绿装,这时,枝条断裂的咔嚓声和当时的景象,增强了死亡的意象,令人揪心。

拉马丁在《约瑟兰》中写道:

> 橡树脱去繁茂的树冠,
> 树架伸出光秃的长枝;
> 风的摇动令落叶翻滚,

---

1 Senancour, *Oberman, op. cit.*, p. 350.
2 Henry D. Thoreau, *Cap Cod*, Paris, Imprimerie nationale, 2000, présenté par Pierre-Yves Pétillon, p. 57.
3 参见这幅画的评论以及阿兰·梅罗(Alain Mérot)对普桑的评论,*Du paysage en peinture...*, *op. cit.*, p. 288, 298。

在我们脚下如移动的沼泽摇漾，
倒在地上的枯树沙沙作响
如掘墓人埋葬的尸身。[1]

好几位当代艺术家选择了枯树作为创作的材料和灵感来源，剖开树身，剥下树皮，贴在墙上。这方面，最具深意的是弗朗西斯·梅尚（Francis Méchain）的《坎托布雷之树》。年轻橡树的树皮被展开钉在墙上，内皮朝外。展厅里展出了整棵打开的年轻橡树，包括树枝在内，涂色的树枝被印在画布上。[2]

寒冬中看似死去的树的景象引起的震惊，容易掩去另一种强烈的情感：期待新生。在加斯东·巴什拉看来，树是大自然节奏的真正存在。它构成了一座奇妙的宇宙钟。它体现了时间的周期运动，同时，也象征着时间的周期运动。它也是日历，宣告着永恒的季节轮回，后者为不可逆转的人类线性时间所不熟悉。

好几种古代宗教凸显了树木存在的周期维度。文学作品中反复出现的参照，如《阿提斯的命运》，就是受这一概念的影响。[3] 这一重生的主题在古代学者的笔下反复出现。泰奥弗拉斯特驻足于冬季在死亡的表象下重生的诺言前，他将之理解为复活的希望。他写道，所有的树，尤其是花楸树"热衷于活下去"[4]；证据是，当树身被伐倒时，伐根周围会呈环状长出新枝。

---

1　Alphonse de Lamartine, *Jocelyn*, in *Œuvres poétiques complètes*, Paris, Gallimard, coll. «Bibliothèque de la Pléiade», 1963, p. 649.

2　Cf. Colette Garraud, *François Mechain. L'Arbre de Cantobre*, Arles, Actes sud, 1998. Voir aussi François Méchain, *L'Exercices des choses*, Paris, Somogy, 2002, (Colette Garraud).

3　大量的书探讨《阿提斯的命运》，我们这里只提及：Jacques Brosse, *Mythologie des arbres*, Paris, Payot, 1989 et 2011，169-170, 173-184。

4　Théophraste, *Recherches sur les plantes, op. cit.*, p. 38.

这种神秘的复活赋予树以奇特的说服力，这也是为什么中世纪的作家常用"新绿"一词。骑士小说将这一时刻定为田园牧歌、感官欢乐和生命活力的季节，法国小学校也一直教授奥尔良公爵著名的诗句。后来，田园牧歌反复吟唱这个大自然力量的再生时刻。

20世纪，弗朗西斯·蓬热停留在树木吐出"绿色的呕吐物"后倒下的时刻。[1]这种情况下，它们既是巨大的实验室，也是"三维地毯"。西蒙，《史罗亚》里的人物，在同一时刻，从树木在春天无情地转向未来的行为中读出了发给人类的讯息。它向他大喊："要活下去啊！"[2]

关于再生，罗贝尔·杜马斯概括了令树木成为独特植物的因素。[3]树木拥有一个复杂的抵抗系统。树皮的壁垒构成了完美的绝缘体，但却在很多地方可以交换气体。树有很强的修复和愈合能力。它的块茎系统将其牢牢固定在土地上并给予养分。最后，树在维持自身需求的同时令土地肥沃。弗朗西斯·蓬热写道：保持"相容的多元"并表现出"行动的分析"[4]，树无限重复着同样和不同的戏码。

今天，陆地艺术家们，如安迪·高兹沃斯，表现出对巨大的生长能量的迷恋，这股坚实的力量集中在核心周围并带来再生。

不能简单地将前述的一切归结为树与死亡和再生的关联，与墓地和墓穴连在一起的葬礼树已存在好几千年就说明了这一点。在希腊和拉丁墓地，也不要忘记那些波斯人墓地，比如在色诺芬（Xénophon）《经济论》一书中，神圣花园但也是墓园，都种植了葬礼树。这是一种拉近自然与人的方法。在这方面，现代英国极富启示意义。对死者的祭奠与乡间对墓地树的崇拜紧密相连，为了这些20世纪的教堂墓地，

---

1 Francis Ponge, *Le Parti pris des choses, op. cit.*, p. 48.
2 Paul Gadenne, Siloé, *op. cit.*, p. 541.
3 Robert Dumas, TRaité de l'arbre, *op. cit.*, p.144 sq.
4 Francis Ponge, *Le Parti pris des choses, op. cit.*, p. 84.

托马斯·格雷（Thomas Gray）奉献了他最著名的哀歌之一。在这块地方，紫杉保护墓地不受风的侵袭。于是人们想，它们隔离了墓地散发的有害物质，它们保护狄黠的精灵。除此之外，它们还象征永生。

浪漫诗人们紧随托马斯·格雷的脚步，树在他们描写乡间墓园时占据了重要位置。夏多布里昂为此在《基督教真谛》中专门贡献了一个章节。他提到丰塔内（Fontanes）1795年一首题为《乡间的亡灵日》的诗，描写一场葬礼。诗人历数了紧围在永眠者墓穴边的树：

> 但是人们获得了死亡的庇护。
> 紫杉，悲伤的黄杨，还有孱弱的常春藤，
> 周围的树莓，到处生长；
> 人们看到几棵散乱的椴树；
> 风吹着枯萎的树梢呼呼作响。[1]

夏多布里昂也提到古代的乡间墓地，比如大革命之前的墓地。他写道，人们喜欢看到那里高大的紫杉，"只有树皮生长……亡者的小榆树，还有黄杨"。"这里只听得见红喉雀的歌声，还有绵羊啃食往昔牧羊人墓地上的青草的声音"。[2] 每个人都记得维克多·雨果在《沉思集》中的感叹："紫杉树下好阴冷！"米什莱与他相隔不远，喜欢在拉雪兹神父公墓散步，用历史学家艾玛努埃尔·弗雷克斯[3]（Emmanuel Fureix）的话说，太多的植物甚至占据了现在墓园的绝大部分。在这片广阔的死亡之地，笔直的大路旁种满椴树、栗树、金合欢、埃及无

---

1 Cité par Chateaubriand, *Génie du christianisme, op. cit.*, p. 1193.
2 Ibid., p. 934.
3 Emmanuele Fureix, *La France des larmes. Deuils politiques à l'âge romantique*, Paris, Champ Vallon, 2009, p. 78 *sq*.

花果和杨树。

20世纪的人种学家对墓地的树种做了广泛调查，发现某些地区的墓园一般都是繁茂的树林。某种特殊的树种会留给不同地方的亡者：普罗旺斯是柏树，诺曼底和英国是紫杉，普瓦图和利弗拉杜瓦是胡桃树，而冷杉在阿尔萨斯则用作圣诞树。有时，葬礼树带有极鲜明的地域特点：科唐坦地区的荆棘或者奥恩省的苹果树。[1] 和人们想象的相反，垂柳，浪漫的发明，在人种学家建立的目录中未曾露面。墓园的某些树曾经一直因树龄而出名，诺曼底的很多树就是如此[2]，特别是帕特里荒原的两棵紫杉，树围达11米，我小时候曾去那里玩耍。

树在某些葬礼仪式上的使用是必需的，比如堆起焚烧的柴堆。就这一主题，我们将看到给瓦列里乌斯·阿西阿提库斯（Valérius Asiaticus）准备的柴堆是如何讲究。在龙萨的《法兰西亚德》中，主人公的一位伙伴的尸体将在搭起的柴堆上焚烧时，他的朋友们砍伐了一整座森林的山杨、小榆树、紫杉、椴树、冷杉、柏树和橡树。[3]

允许我们对西方地域之外略作涉足。夏多布里昂在著名的篇章《阿达拉》描写了从空中俯瞰美洲墓地。他讲述了一个"女黑奴"和一个"印第安女人"每晚在荒野见面。她们是相邻两个殖民园地的奴隶，也都是孩子的母亲。黑人女子的孩子还活着，印第安女人的孩子已经死去。根据"野蛮人"的葬礼习俗，她们把自己的孩子挂在槭树或者檫树树枝上，一边唱各自地区的歌谣一边摇晃。[4] 在同一作品中，夏多布里昂描述某次"出使"途中看到的"葬礼树林"更加壮观。一

---

1 尤请参考 Arnold Van Gennep, *L'Arbre et rites funéraires*, t. II, vol. II du *Manuel*, p. 770。
2 Robert Bourdu, *Histoires de France racontées par les arbres*, Paris, éd. Eugen Ulmer, 1999, p. 55-57.
3 Pierre de Ronsard, *La Franciade*, in *Œuvres complètes*, t. I, Paris, Gallimard, coll. « Bibliothèque de la Pléiade », 1993, p. 1091-1092.
4 François René de Chateaubriand, *Atala, op. cit.*, 1971, p. 128-129.

片冷杉林，像是柱廊，通往构成"亡者殿堂"的墓地。每个家庭都有一块墓地，根据自己的选择种植树木。一条溪流蜿蜒穿过树林，"灵魂的喜悦的庇护所"。因为大片的树木会不断笼罩在宗教氛围中，听上去像是"风琴低沉的轰鸣……但是当人们走到最深处，会听到还有鸟儿的赞歌，庆祝亡者永恒的节日"[1]。

多少世纪以来，树木不仅仅用来装饰墓地，它经常与墓穴发生直接关联。在希腊乡间，英雄的遗骸经常被放置在悬铃木或者柏树中间。在第二部哀歌中，普罗佩提乌斯（Properce）\*在作家中传播种类繁多的坟墓树和以此献给亡者的意愿。

16世纪，这种参照有助于紧固树木与特殊墓穴的结合。龙萨将一首颂诗献给他的"选墓地者"。他受普罗佩提乌斯和桑那扎罗（Sannazaro）\*的《阿卡迪亚》的启发，在列举了所有他不愿在那里看到的东西之后，他写道：

> 但是我很想有棵树
> 为我的大理石遮荫，
> 总是覆盖着
> 绿色的树。

他又写道：

> 我愿大地为我
> 生出一棵常春藤，

---

[1] François René de Chateaubriand, *Atala, op. cit.*, 1971, p. 91-92.《基督教真谛》中也有在树林和绿地中的葬礼的描写。

> 紧紧环抱在
> 我的周围：
> 葡萄藤缠绕
> 装扮我的坟墓，
> 令我的坟墓到处
> 有散落的荫凉。[1]

被植物环绕的愿望值得一提。这幅画面反映了在坟墓深处得到安息的愿望。这在龙萨的诗作里出现过不止一次；有为玛格丽特·德·那瓦尔（Marguerite de Navarre）墓地所写的诗为证，直接受普罗佩提乌斯的启发，表达了希望看到墓地被植物荫庇的心愿。关于这座墓地，龙萨写道：

> 用青草遮蔽大地，
> 将它覆满常春藤，
> 再种下一棵柏树。

诗人希望人们在树身刻下诗句。[2]

所有的祭品，牧羊人的年供，都将墓地化为庙宇。

这样的主题成为老套，马莱伯（Malherbe）献上《马莱伯为美丽贞洁的热纳维耶芙之死而哭泣》。他愿墓穴上：

---

1 Pierre de Ronsard, «De l'élection de son sépulcre», dans 4ᵉ tome du Livre des odes, Œuvres complètes, t. I, p. 796.

2 Ibid., p. 877. 关于这一主题，参见：F. Joukovsky, *Tombeaux et offrandes rustiques*, Bibliothèque humanisme et Renaissances, 1965。

第三章 大地与天空间的过渡者

先知月桂树缠绕这里，常春藤
扭曲的枝蔓紧紧围住这里。[1]

18世纪，贝尔纳丹·德·圣皮埃尔对葬礼树怀有特殊兴趣。他解读法国浪漫主义在这个问题上的感情。在他看来，两种树尤其被用于这类习俗。第一种——也是最有特点的——是垂着"长长细细的"树枝、随风轻拂的树。"这些树看上去在乱蓬蓬地悲叹某种不幸。"这就是垂柳——他掀起了一种潮流——和某些须发重的桦树。贝尔纳丹·德·圣皮埃尔没忘记提到《戴丝德蒙娜之歌》中的柳树。

第二种，在他看来，是方尖碑或者金字塔形的树，唤起天国希望的那种形状。据贝尔纳丹·德·圣皮埃尔讲，应该是意大利杨树——让人想起奥维德的《变形记》，尤其是达芙妮和法厄同（Phaeton）的姐妹们，还有类似"缠满羊毛的长长纺锤"的柏树和北方冷杉，因为常绿而成为不朽的象征；不要忘记"某种我说不上来的树，它的枝条在风中发出呻吟"[2]。

在贝尔纳丹·德·圣皮埃尔看来，墓地的树可以作道德的楷模。尤其是它们比建筑更好地保留了对人的纪念。这样，他希望"常春藤缠绕着合葬夫妻（墓地上）的柏树，月桂树代表了勇士的德行，橄榄树则代表了谈判人的品行"[3]。女贞、侧柏、黄杨、刺柏、结满深暗种子的冬青丛、气味芬芳的忍冬荫庇着"配得上主人的一切"[4]。

从另一个角度看，贝尔纳丹·德·圣皮埃尔保证说，树象征和维

---

1　François de Malherbe, *Œuvres*, Paris, Gallimard, coll. «Bibliothèque de la Pléiade», 1971, p. 7.
2　Bernardin de Saint-Pierre, *Harmonies de la nature, op. cit.*, p. 100 *sq*.
3　Ibid.
4　Ibid.

持了崇高的痛苦。后者"和墓地的紫杉一起成长"[1]。

从此之后,墓地与植物的结合被敏感的灵魂接受,成为老生常谈。维特在自杀前,已经指定了他的标准。"墓地深处是两棵椴树,在朝着田野的角落:我想长眠在那里。"[2] 1823 年,拉马丁颂扬垂柳是"亲爱的忧郁的树"[3]。至于荫庇拉雪兹神父公墓中缪塞墓穴的柳树那里,人流一直未断。

拿破仑驾崩的第二天,种在圣赫勒拿岛墓地的柳树具有了政治价值。对于死者的拥护者而言,庆祝是赞扬单纯情感演出的方式。从此之后,文章中提到的、画面中出现的树,构成了叛乱的标志。[4]

乔治·桑在《我一生的故事》感人的一页中,讲述了她拒绝让人砍掉十五年前种在弟弟墓地的梨树。园丁为此向她表达了敬意。乔治·桑写道:"那个孩子就留在梨树下,(梨树)还在那里。它甚至非常美,春天会为这无名墓地伸出结满玫红花朵的伞盖。"[5] 她认为这种果树没有墓地的柏树那么凄惨。在她看来,"草和花是孩子真正的陵墓"[6],因为,在她祖母的眼里,和树一样,这是唯一不会引发思念的装饰。

在维克多·雨果的诗作中,草覆盖了墓地。但是在那里会出现其他幻觉。墓地的树滋养了进入甚至是混合的模式;这也是死亡的宿命。《静观集》中这样写道:"感觉到可怕的根须/进入他的棺椁。"[7]

---

1　Bernardin de Saint-Pierre, *Études de la nature, op. cit.*, p. 470.
2　Goethe, *Romans*, Paris, Gallimard, coll. «Bibliothèque de la Pléiade», 1954, *Les Souffrances du jeune Werther*, p. 119.
3　Lamartine, «Le saule pleureur», 1823, in *Œuvres, op. cit.*, p. 1723.
4　Emmanuelle Fureix, *La France des larmes..., op. cit.*, p. 430.
5　Georges Sand, *Histoire de ma vie*, Paris, Gallimard, coll. «Bibliothèque de la Pléiade», 1970, t. I, p. 593, 594.
6　Ibid.
7　Victor Hugo, *Les Contemplations, op. cit.*, p. 422.

阿尔弗雷德·丁尼生（Alfred Tennyson）写道："古老的紫杉紧紧包裹着石块／那上面镌刻着长眠者的姓名／你的枝蔓监禁了他们无梦的脑袋／你的根茎围裹着他们的骨骸。"诗人还祈求紫杉"把根插入这些被掏空梦想的头颅"[1]。这个时刻，产生一种与被活埋的恐惧相似的非常强烈的集体焦虑。

必须说，某些地区，在墓地中央种植紫杉的习俗有助于树的根系侵入。[2] 这尤其是诺曼底的维尔尼沼泽在18世纪和19世纪的习俗。这样，在里昂森林中间的利耶于尔河畔罗赛的墓地，直接种植在每座墓穴上的紫杉撼动和拔起了墓碑。英国古老的教堂墓地里也有类似情况。在匈牙利的塞格德（Szeged），人们会在每座墓穴中央种针叶树、冷杉或者云杉，树会直接植根在逝者之上。[3]

罗贝尔·布尔都（Robert Bourdu）是葬礼树专家，引用了吉尔·皮杜（Gil Pidoux）的《树之所》的段落："亡者沿树液上溯。亡者在树皮下流动。他们的手指在树枝尖端舞动。他们的眼睛在树瘤处闪耀。它们的血液化成树脂在细枝下歌唱。"[4]

这令人想起美国某些在公墓下葬的逝者的愿望，要求将他们的DNA转移到种在墓地的树上。

---

1 « Le viel it », in *Memoriam. Enoch Arden. Le Ruisseau. Ulysses. Les Mangeurs de lotus*, Paris, Aubier-Montaigne, 1938.
2 Cf. Robert Bourdu, *Histoires de France racontées par les arbres, op. cit.*, p. 60-63.
3 Ibid.
4 Ibid., p.64.

第四章

# 与树之神圣性相连的激情

斗转星移，对树感受到的最强烈的激情莫过于它的神圣。这一主题曾是如此多作品的主旋律，将带领我们回顾那些献给这一主题的美文。分析这些作品会相当困难，因为留存下来大量的相关内容因时间层叠堆积成为混杂的记忆参照。举个例子可以说明这个困难。在《殉难者》中，夏多布里昂追溯过去时光引起的各种激情，他在其上叠加了树的画面。他回想生命之树、《旧约》中识善恶的智慧树，当然还有神圣之地的乳香黄连木、石榴树、卑微的海索草和瘦弱的无花果树，让人想起《圣经》。在这同一时期充斥着以古希腊为背景的田园诗场面。夏多布里昂花费大量时间描绘遮庇着盛筵的庭院树的画面。他提到了希雷（Hylé）的杨树，荷马曾在树下高歌。在同一本书中还提到了阿摩里卡的树，涉及德鲁伊特的遗产。夏多布里昂描绘了在英国栎树上采摘槲寄生的场景。这中间还加入了巴塔维人居住地区的绿荫景色，正是在这里发生了书中最悲惨的故事。但是还有更多。夏多布里昂坦率地把这些远古树的画面与他在美洲森林里感受到的激情相联。他祈求缪斯"让他在美洲的孤寂中寻找到平都斯的树林"[1]。这种叠加和兼收并蓄，在19世纪初，突出了用于引起激情的参照的复杂性。

夏多布里昂还是坚持将情感分级。在《基督教真谛》一书中，他强调正是这种宗教，在驱逐了神话及其"高贵的幽灵"、陌生的声音和叹息的同时，把它的伟大、庄严、肃穆和孤独还给了造物主。多亏了这种信仰，"树林的穹顶高高耸立"[2]。它促使人类内视自己，使他能够，特别是在美洲森林怀抱内，感受到面对造物主极其强烈的崇敬之情。

自古以来，树，尤其是大树，令人产生向往之情，产生由枝条的喷薄生长和向天空的怒放揭示的冲动之情。后来，中世纪期间，这种推动象征着对完美的欲望。对于当时的基督徒而言，树允诺了生命和拯救。它代表着希望。

从时间的深度而言，可以毫不奇怪地推演出一种对树的热烈崇拜，树可以被同时视为神和"神话中的巨怪"[3]。比如在印欧人种中，世界之树（yggdrasil）[4]——梣树，代表了世界之轴，但同时天空在缩减。人们认为，这棵宇宙之树在大地之脐处生长。它也解释了大量咒语和占卜做法。它是生命之树和不朽之树。它代表了持续再生的宇

---

[1] Chateaubriand, *Les Martyrs*, Paris, Larousse, 1934, Livre XXIV, p. 85.
[2] Chateaubriand, *Génie du christianisme, op. cit.*, p. 719.
[3] Angelo de Gubernatis, *La Mythologie des plantes, op. cit.*, seconde partie, p. 337. 有关主题的这个方面，参见雅克·布罗斯（Jacques Brosse）的书，尤其是：*Mythologie des arbres*, Paris, Plon, 1989, Payot Rivages, 2001。
[4] Cf. Mircéa Eliade, *Le Chamanisme ..., op. cit., passim*, et Jacques Brosse, *Mythologie des arbres, op. cit.*, p. 14-24.

宙、神性杰出的源泉和命运的主人，是萨满沿着世界之轴攀登的漫长旅程之路。

今天，高卢橡树、德鲁伊特性格及其特殊仪式的历史已经相当完备。[1] 长久以来，描绘这种树的崇拜仪式主要有几位伟大作家的文字：帕萨尼亚斯（Pausanias）、恺撒、塔希佗、老普林尼。后者在他的《自然史》中强调了高卢人对槲寄生的崇拜，详细描述了他们对英国栎树的崇拜。老普林尼保证说，这些野蛮人认为这棵树上生长的一切是上天派来的。他们从中看到了上帝自己选择的信号。当人们在树林中的栎树上发现了槲寄生，德鲁伊特人会在月圆的第六天把它摘走。"他们根据仪式要求在树下准备祭品和宗教宴席，并牵来两头牛角首次绑在一起的白牛。一位穿白衣的教士爬上树，用一把金砍刀砍下槲寄生并用白色外套接住。随后人们边祈祷边杀死祭牛……他们认为槲寄生被饮下，可以让所有不育的动物繁殖，也是所有毒药的解药。"[2]

17世纪之初，当三株橡树与高卢神话的诞生联系起来时，亨利四世由此重新统一了国家，《阿斯特蕾》的成功重振了有关德鲁伊特和凯尔特橡树的记忆。自小说第一部分开始，出发寻找瑟拉多的队伍发现一座植物殿堂，其穹顶已经合拢。他们置身其中，首先看到的是一个巨大的圆桶——半圆形拱顶，就像一座神庙，由弯曲的树叠在一起组成。这个拱顶通往神殿，真正的"树的奇迹"[3]，矗立在绿树成荫的草地中央，一泓泉水畅流其间。这是片"神圣的树林"，一直以来献给埃苏斯（Hésus）、泰乌塔特斯（Teutatès）、塔拉米斯（Tharamis）三位高卢的神祇，相当于16世纪的玛尔斯（Mars）、墨丘利和朱庇

---

1 Cf. Jean-Louis Brunaux, *Les Druides. Des philosophes chez les Barbares*, Paris, Le Seuil, 2006.
2 Pline l'Ancien, *Histoire naturelle*, livre XVI, *op. cit.*, p. 99.
3 首先，我们提请注意，树的出现贯穿整本书。我们还要提到一个意味深长的插曲。Cf. Honoré d'Urfé, *L'Astrée*, op. cit., p. 129 *sq*, notamment p.132.

特（Jupiter）。树林中央矗立着一棵巨大的橡树，一些小树构成的拱顶紧依着橡树。橡树脚下有好几块高出地面呈祭坛状的草坪，上面有一幅画，画面描绘了两位爱人争夺香桃木和棕榈树枝的场景。来"祭拜德鲁伊特"的访者采下几片橡树叶，他们向那里的（阿斯特蕾）"神"发出祈祷，并献上树枝。

队伍随后穿过第二个更大的植物拱顶。[1] 来访者于是进行第二次祭拜。一根小树枝被献给中央有巨大橡树的草地祭坛。它笔直的树身迅速分成三条枝丫，上面刻有埃苏斯、贝雷努斯（Bélénus）和塔拉米斯的名字。在高处，树枝重新聚拢，被树皮连在一起，上面刻着泰乌塔特斯的名字。

如此，这棵树代表了构成一体神的三者。因为按照于尔费的说法，德鲁伊特的信仰先于基督教。它在这里作为国家身份的强力元素被确定下来。但之前的说法无法证明，只不过是小说巨大的回声以及法国文化中树所占分量的体现。

两个世纪之后，夏多布里昂在《殉教者》中迎合凯尔特学会的成功引发的偏好，描绘古人在月圆的第六天发生的一个场景："人们（高卢人）朝三十年的橡树走去，有人在那里发现了神圣的槲寄生……一位身穿白袍的高僧爬上橡树，用德鲁伊特祭司的金镰刀砍下槲寄生；树下铺着白色的羊毛披肩来承接这被祝圣过的植物。"[2] 但是泰乌塔特斯在德鲁伊特人的树林里说过，他要鲜血……

人们知道采摘槲寄生的重要性。几十年后，在 19 世纪写成的伟大民族小说中，这种重要性同样浸润了第三共和国小学生的精神。德鲁伊特人的英国栎树的描绘与"我们高卢祖先"的描绘密不可分。

---

1 首先，我们提请注意，树的出现贯穿整本书。我们还要提到一个意味深长的插曲。Cf. Honoré d'Urfé, *L'Astrée*, op. cit., p. 129 *sq*, notamment p. 141.

2 Chateaubriand, *Les Martyrs*, *op. cit.*, p. 52.

从印度到爱琴海的树的神圣化历史与发生在古代地中海沿岸地区的情况有所不同。对树的崇拜，在这片土地上，被定位在公元前8世纪，最近成为历史学家安德莱·科沃尔一篇综述文章的主题。[1]它将信仰化成一个母神，蛇伏身赫耳墨斯神杖及其在圣树上的形象，是神的低阶。在这些地区，圣树应该表现出如下特点：证明令人印象深刻的长寿，结出果实，保持不腐并散发宜人香气；这往往就是雪松、柏树、侧柏和棕榈的情形。

很难想象这些树在生活于如此遥远时代的人群中引起的感情。人们只知道远古的人努力保护神圣的树，因为他们担心树会枯萎：树梢掉落，枝条干枯，过早落叶。忠实信徒在圣树脚下献上祭品，通常关系到树的丰产和与树相联的女神两个方面。

这种信仰是由明确的仪式组成的，舞蹈、抚摸树皮、打磨树腹。人们聚到树下来赞美树、向树求教、祈求树。[2]在克里特岛，人们认为木柱和石柱庇护着圣树的灵魂。为了解释人们对柱子的信仰，考古学家伊文斯（Evans）重现了古人将树的灵魂安放入柱子的仪式。从这个角度来看，一群柱子可以是一棵被转移的圣树。从此，人们更容易理解《圣经》中无处不在的为反对崇拜柱石和木柱进行的斗争。

自文字诞生后，地中海沿岸崇拜树的证据多起来，来自吕底亚人、米底人和雅典人的文字……[3]我们还会回来谈论多多纳古城橡树预言引起的朝圣。

亚里士多德曾写过，在往昔的雅典，无论谁拔出或者砍倒一棵神圣的橄榄树都会被以渎神罪处死。后来的法律似乎缓和了。在伯

---

1 Andrée Corvol, *L'Arbre en Occident, op. cit., passim.*
2 参看：Robert Harisson, *Forêt, essai sur l'imaginaire occidental*, Paris, Flammarion, 1992, *passim*。
3 在雅克·布罗斯的 *Mythologie des arbres* 中可以找到希腊和意大利的神圣橡树名单，*op. cit.*, p. 100 *sq*。

罗奔尼撒战争之后，土地所有者必须养护这些已经存在的树。当然，禁止拔树。雅典最高法院负责督管神圣的橄榄树。每年，法院派出监察人汇报树的养护方式。树的周边禁止耕作。被诬告的吕西阿斯（Lysias）*为自己辩护，强调他根本没有损害圣树，而是从宗教角度照顾这些神圣的橄榄树。[1]

皮埃尔·格里马尔（Pierre Grimal）写道，对圣树的崇拜"主要来自传统罗马思想中的自然主义"[2]。当然，在共和国时期，随后是帝国时期，这些树在城市中几乎见不到，或者只进入了几座圣园，那里种满神圣的或者象征性的植物，但不是为了植物的出产。除此之外，在城市中，几棵孤零零的树让人想到古老罗马的神话。这就是说，对圣树的崇拜只在城市之外或者不宜居的地方存续。这一崇拜处处保留了罗马宗教的原始特征。在圣树周围，就像在孤树的脚下，进行着这种信仰极端隐晦的、最古老的仪式；证明着野生无花果树周围发生的一切。[3]

对树和树林的信仰有助于与自然保持联系。但它还是受到希腊化时期神圣围场模式和东方的影响。在帝国来临之前，这个传统与悬铃木潮流、植物装饰的品位相一致，就像维吉尔田园牧歌中树的顽固存在。

老普林尼在长长的篇幅中细数罗马人对树林和圣树的崇拜。他提及森林首先是天神的殿堂。崇拜源于这些圣树中笼罩的寂静。这与塞内加（Sénèque）的思想一脉相承，在塞内加看来，单只森林的生长就令人产生这是股神圣和可怕的力量的想法。[4]

老普林尼写道，我们认为某些树种献给了既定的天神：欧洲七叶

---

1 Lysias, *Discours I-XV*, Paris, Les Belles lettres, 1967, «Sur l'olivier sacré», p. 107-121.
2 Pierre Grimal, *Les Jardins romains*, Paris, PUF, 1969, p. 53 (1ère édition, 1943).
3 关于所有前述内容，参见：Pierre Grimal, *Les Jardins romains, op. cit.*, p. 165-171。
4 Sur Sénèque et le *locus terribilis,* ibid., p. 416.

树献给朱庇特，桂树献给阿波罗，橄榄树献给密涅瓦，香桃木献给维纳斯，杨树献给赫丘利斯……[1] 普林尼还援引希罗多德，承认乳香树的宗教价值，以及曾目睹欧罗巴的劫持的克里特岛戈提那（Gortyne）的悬铃木。他长久停留在对野生无花果树的崇拜上。

他写道：“人们崇拜罗马广场附近的户外集会场（Comitium）生长的无花果树，因为这里埋葬了朱庇特的闪电投枪，兼之在无花果的记忆里叠加了它曾供养帝国的缔造者罗慕路斯（Romulus）和雷穆斯（Remus），在卢佩尔卡尔（Lupercal）为他们提供了最初的庇护并因此被命名为卢米纳（Ruminal）。”[2] 普林尼补充说，这一直是个预兆，按照塔西佗的说法，当无花果树干枯时就是这种情况。教士们总是操心再种一棵；在户外集会场，卢米纳无花果树旁，偶然长出另一棵无花果树，而且很快就被自发长出来的橄榄树和葡萄藤包围起来。

在罗马，还有神圣的香桃木——维纳斯之树。普林尼保证说[3]，其中一些树的叶子曾被罗马人和萨宾人在抢来处女后用于净身。在他的时代，树枝总是用于烟熏治疗。自奥古斯都以后，生长在恺撒乡间故居的神奇的桂树林，通过弗拉米尼亚祭司，用于凯旋仪式。[4] 一些发生过奇迹的树受到崇拜，就是说，那些在蛮荒之地未经栽种即自行生长和开花的树。

圣树的模式和将树与异教宗教相联的参照沉重地压在记忆之上；好好想想19世纪初在卡斯帕·大卫·弗里德里希（Caspar David Friedrich）的画作中辨认出的参照吧。著名的题为《橡树林中的修道

---

1　Pline l'Ancien, *Histoire naturelle, op. cit.*, livre XII, p. 20.
2　Ibid., livre XV, p. 45, 46. Sur le ficus Ruminalis, cf. F. Coarelli, *Il foro roman*, t. 2, éd. Quasar, Rome, 1985, p. 29-38.
3　Ibid., p. 58-60.
4　Ibid., p. 64.

院》中的树象征了被围在往昔哥特人和基督徒遗址内的异教信仰。如同废墟一样，光裸的树身强调了殿堂的辉煌时代一去不返，并期待着一次可能的重新封圣，期待着日耳曼解放战争的明天。[1]

对圣树的想象，在19世纪末的西方绘画中，尤其是法国的象征主义和纳比画派中达到顶点。在莫里斯·丹尼斯（Maurice Denis）的画笔下，树林是年轻女性理论的框架。在《树叶中的梯子》（1892）中，三个年轻姑娘隐藏在绿荫之中，构成迎风展翅的姿态，让·保罗-布庸（Jean-Paul Bouillon）建议观者在其中找到暗示了耶西之树的天使。[2]

更简单些说，重建一座神圣的植物殿堂，压迫着整个19世纪年轻的想象。在一篇洋洋洒洒的文章中，乔治·桑详细讲述了她亲自指挥建造的位于诺昂高地中央、沿着绿荫小径旁的植物避难所。这揭示了她建造想象中的小说主人公祭坛的愿望。在无法进入的灌木丛中央——甚至眼睛也看不到——由"园林小灌木"组成，奥萝尔（Aurore）建造了一座庙宇。三棵优美的槭树在那里围出了一块小小的绿色厅堂。在这块完全孤独之地，她用贝壳、石子、青苔、花环和鸟窝装饰，她请人建造了一个绿植的柱廊和常春藤拱廊。那里，她站在青苔之上，幻想着应该用什么样的祭品献给她想象中的神祇，"献给只存在于她的梦幻中的看不见的存在。"[3] 她承认，这种崇拜"既符合基督教的理想，也满足异教的典范"。随着这些美妙的幻想，奥萝尔开始寻找"随心的宗教感情"。相反，一旦被发现，这座庙宇就被成年人解释成——更加简单——"一座美丽的圣体瞻礼临时小祭坛"。

一个令19世纪人种学家无比纠结的问题是：法国是否有过、曾

---

1　Cf. Werner Hofmann, *Caspar David Friedrich,* Paris, Hazan, 2000, p. 63.
2　Jean-Paul Bouillon, *Maurice Denis*, Skira, 1993, notamment p. 42, *L'Échelle dans le feuillage* (1892).
3　Cf. George Sand, *Histoire de ma vie, op. cit.*, p. 819-821.

经存在过树的崇拜？实际上，在阿诺德·范·盖内普（Arnold Van Gennep）的手册里可以读到，两个世纪以来"大量作家承认了'一种真正的树崇拜'的存在，与已经证明了的古希腊罗马时期是同样的性质"[1]。为了加强这一观点，保罗·塞比洛特（Paul Sébillot）在1899年编纂了一部相关主题的研究集成和拥有百多部作品的目录。在他看来，阿诺德·范·盖内普认为这些作品中只有二十一部是有说服力的。关于已建立的树崇拜的普通理论研究，由莱茵河彼岸的曼哈德特（Mannhardt）建立，被弗雷泽（Frazer）延续，有时也是由团队完成的。在约讷，小学老师也加入了。尤其是在佛兰德和埃诺，在皮卡第、诺曼底……已经做了系统的统计。20世纪下半叶，人种学家路易·波诺（Louis Bonnaud）以令人信服的方式展现了利穆赞地区存在的树崇拜[2]；总体而言，是个人的、秘密的崇拜。

全球人类观察者以及人类学家对该主题研究的广度超出了本书的范围。让我们仅仅观察一下19世纪初这一崇拜对想象的影响方式。夏多布里昂在《阿达拉》中，精确地描写——但这是一部虚构作品——北美印第安人崇拜树的仪式："查塔-乌什河畔有棵野生无花果树，是居民祭拜的对象。处女们习惯在这里洗涤她们的树皮衣裙，把衣裙挂在古老的树杈上让沙漠的风吹干。人们在那里挖了一个巨大的坟坑。"在亡者的遗骸之上种植无花果树，这"眼泪和长眠之树"[3]。

受印第安人的启发，亨利·戴维·梭罗在几百年后写道："不要歌唱亚当的花园，歌唱我们的花园吧。"[4] 他在克劳德·列维-斯特劳斯

---

1 Arnold Van Gennep, *Manuel, op. cit.*, III. 讲述法国可能存在的树信仰的文档，包含丰富的参考书目。
2 来自我从前与路易·波诺的对话，有关树的崇拜的残存，参见：Jacuqes Brosse, *Mythologie des arbres, op. cit.*, p. 261.
3 Chateaubriand, *Atala, op. cit.*, p. 66.
4 Henry David Thoreau, *Journal, op. cit.*, septembre 1857, p. 186.

(Claude Lévi-Strauss)很久之前就写下:"印第安人命名树和树的各个部分有二十个词是我们的植物学论著所没有的,而且包含更具体和更鲜活的知识。他们每天都在使用,他们很熟悉树林、树皮和树叶。"[1]

在回忆了异教的崇拜仪式之后,我们应该来到另外一个维度,强力刻画树引起的神圣感情;我是说《圣经》以及所有基督教的注释文本。成千上万的作品关涉这个主题。在本书中则只是若干世纪以来令感受承受重压的问题。

在《创世记》的开篇就提到了树。作者(摩西?)对我们说,上帝在第三天创造了它们。似乎只有哲罗姆·博施(Jérôme Bosch)以强烈的方式表现人类之前就已存在的树的整体,那时,悬浮在虚无的宇宙间的玻璃质的星球上,苍白光线下的世间只存活着植物。博施的祭坛上为观者刻画了世界的最初印象,似乎还在创世记之外。

如果说神劳作的第三天不怎么需要想象力,那么,在人类出现的第二天诞生的伊甸园的树可完全不是这么回事。在天堂的中央——这个定位很重要——竖立着生命之树。[2] "这关系到,"妮可尔·勒迈特(Nicole Lemaître)写道,"属于上帝自己、他与创世和人的关联。""生命之树是上帝在伊甸园的化身,它是神性的载体。"[3]

堕落之前的可能为想象创造了充分的空间。大量教会圣师文学探讨这个主题。文学阐释让人想到,生命之树的果实是医治死亡的灵药,当时亚当和夏娃还不知晓。但也有讽喻的阐释。如此,大马士

---

[1] Henry David Thoreau, *Journal, op. cit.*, janvier 1858, p. 193.
[2] 大量书籍谈到人间乐园的树的历史、十字架的传奇、耶西的树……其中,除了参见书目之外,还有如下:Jacques Brosse, *Mythologie des arbres, op. cit.*, p.364 sq, Jean Delumeau, *Une histoire du paradis*, I. *Le Jardin des délices*, Paris, Fayard, 1992, et G. Dufour-Kowalska, *L'Arbre de vie et la Croix*, Genève, Éditions du Tricorne, 1985.
[3] Nicole Lemaître, *De l'arbre du paradis au bois d'infamie. Les arbres bibliques et leur usage symbolique dans l'histoire*. 手稿,未出版。

革的圣约翰（Jean Damascène）*认为吃这种果实是神之静修的乐趣、抵达上帝之识的方式。

在圣奥古斯丁（Augustin）之后[1]，圣托马斯·阿奎那（Thomas d'Aquin）曾长时间思考生命之树果实的效能。在他看来，后者绝对不能赐予永生。它的效能是有限的：它本来将保存活的机体的力量给予人类的灵魂，或者使其不腐。但这种效能不是持久的；随着时间的推移，人"可以不用死亡而过渡到精神生活和天国生活"。

在被逐出伊甸园之后，通往生命之树的路对人类关闭了，生命之树却丝毫无损。它一直在伊甸园。看守树的裁判天使两眼炯炯有神，从此禁止有罪的亚当食用它的果实。这就是说，生命之树仍然还是具象征意义的善的起源。除此之外，在《新约》中，启示录[2]阐明了一个许诺：在天堂里矗立着生命之树和十二枚果实。

"根植于发源自上帝和耶稣宝座的两条河之间的岸边，它拥有对应每个月份的十二枚果实，它的叶子可以治疗圣人，免除他们的肉身苦楚，给他们以永恒的青春。"[3]

我们将看到教会神父迅速地把生命之树与十字架、果实和圣体等同起来。很久之后，16世纪，在妮可尔·勒迈特看来，这成为进步的、个人的和集体的象征。

这棵树自基督教的黎明起就困扰着西方的想象。到20世纪中期，它成为绘画的重要题材；作为证明，可以举出1949年马蒂斯（Matisse）在旺斯教堂安置的双层玫瑰花窗以及塞拉菲娜（Séraphine）恢宏的"生命之树"的例子。在众多提及生命之树的文学作品中，我们引用夏多布里昂在《殉难者》中描写的西里尔主教的

---

1　Notamment, saint Auguste, *La Cité de Dieu*, XIII 20 et XIV 26.
2　Apocalypse, XXII, 1, 2 et 14.
3　Cf. Fulcran Grégoire Vigouroux, *Dictionnaire de la Bible*, Paris, Letouzey & Ané, 1995, article «Arbre».

梦；梦的过程渗透着创世的影响，即雅歌和启示录的影响。在梦中人的天国里，"生命之树矗立在香火缭绕的山坡上；不远处，智慧之树根深叶茂：金色树冠之下结出果实，神性的秘密、大自然玄奥的法则、道德和智慧的真实、善与恶的永恒法则……在智慧的绝对王国里，智慧树的果实不再产生死亡。"[1]

生命之树与知善恶树的并行，是真正的"上帝之书"，因为违抗，在这里被我们用来过渡并引领我们通往堕落。根据博絮埃（Bossuet）[2]强有力的阐释，创世记的这一幕，主旨在于禁止。上帝对人发出禁令，以使他感觉到自己有个主人。智慧之树的果实美丽而美味，本身无害。它们自己不会有肉身的死亡和灵魂的悲惨命运。这些可悲的结局只是来源于对神的原则的违反。智慧之树只是背叛和原罪的工具；后者引向恶的经验。吃掉果实，尽管有禁令，里尔的阿兰（Alain de Lille）*写道，亚当落入接受原罪和痛苦的束缚的境地。

随着岁月流转，智慧树获得新的评价。4世纪，拿先斯的贵格利（Grégoire de Naziance）已经将之视作静思之树。在中世纪的尾声，它已经被推上智慧之树（arbor sapientiae）的位置；由此出现了在教学领域的应用；可以举出大量的事例：五识之树、道德之树、罪恶之树、信经的真相之树；还不要忘记分类树和证明树。智慧树反映了一种研究，妮可·勒迈特写道，既是宗教的，也是教育的，还是科学的。[3]

关于伊甸园和天堂之树，后来的联想不计其数。在想象中，天国，和伊甸园一样，种满各种树木。沿着《神曲》中维吉尔和但丁走过的路，林木茂密，鸟语花香。在暂留月球期间，西哈诺·德·贝热拉克（Cyrano de Bergerac）找到了生命之树和知善恶树。在《基督教真谛》

---

1　Chateaubriand, *Les Martyrs, op. cit.*, p. 31.
2　Cf. Chantal Labre, *Dictionnaire biblique, culturel et littéraire*, Paris, Armand Colin, 2002, p. 37 *sq.*
3　Nicole Lemaître, manuscrit cité, p.6 et 7.

中，夏多布里昂讲述了一个林木茂密、住着弹奏金色竖琴歌唱的天使的天国；珊瑚树上挂满钻石的果实，描绘了一个有声天堂的景象。

另一个证明《圣经》文字影响的模式是：发现有些类似伊甸园遗迹的树一直生活在地球上。拉马丁就是这样看待黎巴嫩雪松的：他被巨大的雪松吓坏了，将其视作上帝手植的树，用于建造自己的殿宇。

> ……伊甸园的这些巨型枝干
> 是神圣的树，
> 这些地方保留了神圣花园的名字；
> 雪松和所罗门一样古老；
> 它们的植物天性就是神的灵魂
> ……它们将看到末日，就像看到混沌初开！ [1]

正是出于同一个角度，人们声称，新世界发现的物种极为丰富的现代植物园可以看成是伊甸园的再现。自从贝纳·帕利西（Bernard Palissy）画下自己的伊甸园，"这些花园的创造者，"西蒙·沙玛（Simon Schama）受约翰·普莱斯特（John Prest）启发写道，"被再创伊甸园全部植物的念头鼓舞。" [2]

《圣经》同样包含堕落之后评价树木和树木命运的准确描述。树木崇拜经常是被先知们揭示出来的，因为这激起了上帝的愤怒。他们既指责人们会请教一块木头，也指责人们拥抱树干、向"树干"宣布："你是我的父。"先知们，尤其是以西结和何西阿（Osée）指责对雪松和神圣笃薅香的崇拜，以及所有对树状女神的献祭仪式。总之，

---

1 已经谈到过树的时间性。Lamartine, *La Chute d'un ange*, in *Œuvres, op. cit.*, p. 814.
2 Simon Schama, *Le Paysage et la mémoire...*, *op. cit.*, p. 608. L'autour s'inspire de John Prest, *The Garden of Eden : the botanic Garden and the Recreation of Paradis*, New Haven-Londres, 1981.

经常不断地看到《旧约》针对所有树的偶像崇拜者和对树的崇拜，甚至将树简单用作偶像庙宇的支柱。

耶西之树的形象属于另一个范畴，由富表现力的群像造就，它被灌注了强有力的生命元气，它的枝丫和涡纹显现出义人的腰身；后者自基督初年就已将后代——大卫、玛利亚、耶稣的面孔镶入画框。基督教初期发生了生命之树和耶西之树的融合，后者从此成为希望的承载者。罗贝尔·杜马斯不无道理地指出，这一变革表明逐渐进步的时间观念，确定了旧约已谢幕和新约开始确立。这即是说，耶西之树的变化一直未曾停歇。逐渐地，它成为婚姻之树，成为圣母的孩子，一条根将之与耶稣之母的肚脐相连。人们看到它戴着光环向宇宙伸展树荫，将果实散给民众，如教会一般光耀信众，在耶西之树的意象映照下，谱系树就如它在 14 世纪的出现以及 C·克拉泼斯切 - 朱伯[1]（C. Klapisch-Zuber）的辉煌研究一样，赋予起源神话的未来以更多的希望。

再说回夏多布里昂，在他的作品中，神的时间性的冲击扩展了树引起的激情的幅度。在《基督教真谛》中，他引入了马龙派僧侣。在变容当天，马龙教派的僧侣在黎巴嫩的雪松下做弥撒，但一直为所罗门和耶雷米的记忆所困。夏多布里昂觉得这些树可以追溯至创世时代。[2]

在拉马丁看来，它们记得自己被上帝种植在伊甸园里的情景，就像给天国土地的山峰戴上王冠。由此，树梢被风吹过的起伏就是祈祷。这些树同样令人想起它们曾经作为大洪水的避难所，提供了制造诺亚方舟的木材，以及所罗门神庙、十字架的木材；上帝也一直给予它们荣耀。[3]

---

1 Andrée Corvol, *L'Arbre en Occient, op. cit.*, p. 155, et Robert Dumas, *Traité de l'arbre, op. cit.*, p. 32-33. Christiane Klapisch-Zuber, «La genèse de l'arbre généalogique», *Cahiers du Léopard d'or*, n°2, *op. cit.*

2 Chateaubriand, *Génie du Christianisme, op. cit.*, p. 813-829.

3 Lamartine, *La Chute d'un ange*, in *Œuvres, op. cit.*, p. 976-977.

19世纪的旅行家看到黎巴嫩的雪松时都感受到强烈的激情：尤其是因为他们将之视为数千年来累加的过度开发的牺牲品。因此，这些树只能在散布于黎巴嫩、的黎波里和西顿等地带的四十多个祈祷处生存。

《新约》和伪福音中提到的树则很少给人留下强烈的印象。回来谈谈贫瘠的无花果树吧，我们将要提到这些植物的消极之处，犹大就是在无花果树上吊死的。举一个例外：1843 年，杰拉尔·德·奈瓦尔（Gérard de Nerval）站在茂密的埃及无花果树这玛塔勒形制庞大的"奇迹树"下；在这棵树下，根据野史所述，庇护着圣家族。即使这个传说属于科普特一脉，这棵树依旧"接受所有来自基督教社团的致意……几千年来，没有人在拜访时不带走树木的一个碎片或者一块树皮的"。"它的枝条和根蘖的强大生命力，"奈瓦尔写道，"消失在还愿牌、念珠、圣徒传、圣像下面，人们将它们悬挂或钉在各处。"[1]

在耶稣受难的叙述里，关于十字架木材的说法已出现太多，它的垂直让人想到《圣经》中的树，即若干世纪以来引起众所周知的狂热激情的那些树；以致中世纪期间，因为十字架，树木总体上成为神圣的材料。[2] 无数世纪以来，这些主题滋养着十字架的话题：首先是，它的四个部分分别使用什么树种。在这里分析这个主题就太长了；西蒙·沙玛总结，随着时间推移，每种树都将用于十字架的建造。[3]

这里的重点在于，将刑具隐喻为生命之木、生命之树。甚至在君士坦丁统治之前，2、3 世纪开始，这种隐喻由教会神父表达出来。将

---

[1] Gérard de Nerval, *Scènes de la vie orientale*, «La forêt de pierre», cité par Jean-Claude Berchet (dir.), *Le voyage en occident. Anthologie des voyageurs français dans le Levant au XIX$^e$ siècle*, Paris, Robert Laffont ; coll. «Bouquins», 1985, p. 893.

[2] Simon Schama, *Le Paysage et la mémoire...*, *op. cit.*, p.251 *sq*.

[3] Cf. Michel Pastoureau, «Introduction à la symbolique médiévale du bois», *L'Arbre. Histoire naturelle et symbolique...*, *op. cit.*, p. 27.

十字架确定为宇宙之树，从地球向天空生长，既在地球中心又在天空中，罗贝尔·杜马斯写道，基督教"极出色地为树之交响乐重新配器"，同时远离所有大自然的参照。"十字架将世界时间向彼世打开。"[1] 它是面对死亡的胜利，对灾难性堕落的报复。从这个角度来看，十字架经常不是被作为死亡的工具来表现，而是作为生命的柱梁，就丝毫不足为奇。中世纪的圣诗中，祈祷经、玫瑰花窗充满树状十字架、青翠或恢复生机的十字架的表达。满含花苞或花朵盛开的十字架，与15世纪教堂大量的植物装饰协调一致，也就是西蒙·沙玛所说的植物哥特式。[2]

青翠十字架的样式，刺激了这位历史学家的探索，将之归结为自发的植物基督教神学；例如，从基督教整体而言，人们保证大量的植物会在圣诞节盛开。随后天主教的改革更多瞄准类似的信仰。19世纪初期，卡斯帕·大卫·弗里德里希的台岑山顶祭坛十字架成为这类紧密联系十字架、誓言和植物生命力题材的杰作。在文学作品方面，尚塔尔·拉布尔（Chantal Labre）不无道理地确认"十字架将阴影投向缪塞（Musset）、波德莱尔（Baudelaire）和魏尔伦（Verlaine）的世纪"[3]，直到克洛岱尔（Paul Claudel）和兰波（Rimbaud）。在《金头》中，当公主受难，被活活钉在树上，这粗暴的复仇工具，"成为变容之树，支撑着这位受辱者基督式的临终"[4]。

再花片刻时间回到将树与漫长中世纪的神圣感受相连的东西。这个目的，实际上显得相当复杂。如果想理解那些被引发的情感进而超越被十字架激发的感情，就要预先准备很多资料。直到将近14世纪，

---

1 Robert Dumas, *Traité de l'arbre, op. cit.*, p. 33.
2 Simon Schama, *Le Paysage et la mémoire..., op. cit.*, p.245-247.
3 Chantal Labre, *Dictionnaire biblique, culturel et littéraire*, article «Croix , cructifixion», *op. cit.*, p. 90.
4 Ibid.

树首先被认为是神的世界的反射,而不是感觉世界的表达[1],抹去了大自然的痕迹。对树相当有风格的体现,在于象征性因素的组合:树干、树叶、花、果实[2];这就使得对本质的辨识相对清晰。关于这个主题,应当提醒一句,根据罗马思想,每种生物的表现都是其他事物的体现,在更高层次上与之相对应并且是该事物的象征。举个例子,白色的树意味着未结过果实的童贞树,绿色的树意味着多产,"红色的树既不开花也不结果,是因流血的罪恶引起的贫瘠"[3]。

经常很难看透这种关联的逻辑——不要忘记每个象征经常出现的双重性。也不容易抓住关联表面和暗藏事物的类比思维。此外还要加上以部分归纳整体的方法,与我们相关的是以树见森林或者以果实见树。

一旦这些先决条件成立,人们会注意到,中世纪的树最常见的表现是与人间天堂和堕落相关的回忆、神圣历史或者这些表现进入真相的回忆之间的关联。"在树来自人间天堂的情况下,树唤起了末世感,与人类的最终末日有关。"[4] 索菲·阿尔贝(Sophie Albert)写道。其余的,是与农事节奏相联的有用的树。通常很难有特殊种类的树被提及。这就是说,松树、雪松、橡树、柏树、桦树,尤其是椴树——象征着爱——是能够确定特性的最常被表现的树种。

在这种表现方式和可能引起的感情里,叠加入树崇拜的历史、树偶像的历史和教会对崇拜的逐渐掌控之间的斗争历史。当时,将某些森林的树木视为神圣是不容置疑的。罗兰·贝希曼(Roland

---

[1] Kenneth Clark, *L'Art du paysage,* Paris, R. Julliard (*Landscape into art*, trad. André Ferrier et Françoise Falcou), 1962, p. 1-4.

[2] 以及后面的内容,参见:Michel Pastoureau in Frank Horvat, *Figures romanes*, Le Seuil, 2001-2007, *passim*。

[3] Sophie Albert, «L'arbre et le sens de la lignée: l'exemple du Roman de Guiron», in *L'Arbre au Moyen Âge, op. cit.*, p. 153.

[4] Sophie Albert, 上条提到的文章, p. 153。

Bechmann）就这一主题举出布劳赛良德、潘蓬、拉克尔纳德利斯和沃日地区维斯滕伯格的森林。经常是对最结实的树——并且是以独特的方式孤立存在的树——的顶礼膜拜。

大量暴力的插曲被转述以彰显对树偶像的顽强斗争。[1]它说明了教士、僧侣和圣隐修士的斗争。隐修士们，如圣卜尼法斯（Boniface），让人砍伐被狂热崇拜的树。未来的圣人日耳曼命令砍掉奥克塞尔地区悬挂着打猎战利品的松树。外省的教规鼓励这一斗争。

一系列行为被教规所禁，但并未引起砍伐。教规禁止在树下祈祷而不是在教堂祈祷，禁止在树枝上悬挂或在树身上插入迷信的物品，禁止使用树枝进行神秘仪式，甚至仅是简单地在树林中点燃蜡烛。

教会不满足于仅仅砍伐作为偶像的树，因为它经常成功地吸引信徒的崇敬，"圣约翰的橡树"就很能说明问题。在惹人注目的树身上放置圣贞女和圣人的雕像，有时是十字架或者带耶稣像的十字架，在树身上挖个洞安放圣物成为教士们最常用的手段。在栋雷米，人们在"仙女的树"前做弥撒。从此，人们明白了大量树木成为朝圣目标的原因。

这就是说，中世纪在这方面并不是铁板一块。雅克·勒高夫（Jacques Le Goff）就建立了针对民俗态度的精细年表。他区分了12世纪之前和之后两个时期。在最初，"教士文化覆盖、掩藏、淘汰了民俗文化"[2]。大部分关于树偶像崇拜斗争的详细记载都发生在这个时期。在11世纪、12世纪中，一种封建的和世俗的新文化展开来，并效仿下层的民俗文化。这样，这个时期的武功文学里，树的地位缓慢

---

1  Andrée Corvol, *Éloge des arbres, op. cit.*, p. 164 et comme source ：Jacques de Voragine, *La Légende dorée*, Paris, Gallimard, coll. «Bibliothèque de la Pléiade», 2004, présentation d'Alain Boureau p. 560 et Roland Bechmann, *Des arbres et des hommes...La Forêt au Moyen Âge*, Paris, Flammarion, 1984, p. 330.

2  Jacques Le Goff, *Un autre Moyen Âge*, Paris, Gallimard, 1999, et «culture savante et culture populaire», p. 223-224. 其中一些提请谨慎注意，并强调与教会拒绝民间文化有关的证据相对稀少。

演变，但却是在后来的重新基督教化开始之前。

13 世纪之前文学作品中最准确的树木研究提到了教士对神话和古代宗教的连根拔除。《埃涅阿斯纪》与小说《埃涅阿斯》之间的对照最能清晰说明。若埃尔·托马斯（Joël Thomas）写道，《埃涅阿斯纪》以大量列举，成为一曲真正的"树之歌"。维吉尔数出了二十种。但是，在中世纪，大自然被贬缩为一个更为简单的表达。这就是森林——冒险小说的强迫性主题——和树林，首先是狩猎更令人感兴趣。

孤立的树只出现在它可能的使用上：为了拴马，为了吃东西、睡觉；为了安置伤员和垂死者；为了避雨。至于木头，则尤其出现在令救世主的血流淌到最后一滴的长矛上，即使因为本该被用于圣子的酷刑，也无法缓和。[1]

但是，壁毯艺术丰富了森林狩猎场面和树荫下妇女社交的场景，加深了人们的好奇，刺激了对植物外形的细节研究，也许因此能吸引人们去看长久以来被扼杀的愉悦。只需要看看加斯东·菲布斯（Gaston Phébus）14 世纪初写的狩猎指南，就能观察到主题的放大、投在树上目光的尖锐、分辨树种的技巧和表现技术的精细。[2]

最后，这段历史不应该抹去树的神圣性，就如熟悉印度洋的旅行家在叙述中透露的，它构成梦幻的地平线、那个时代的奇妙之地。[3] 这样，我们还会回到印度，中世纪将树—太阳和树—月亮以及会含混说话的树定位于这里。

与树的感受的年表相关的，是另一个转折点。在约阿金·德·弗

---

1 Pierre Gallais, Joël Thomas, *L'Arbre et la forêt dans l'Énéide et l'Eneas. De la psyché antique à la psyché médiévale*, Paris, Champion, 1997, *passim*.

2 Gaston Phébus, *Le Livre de chasse*, Paris, musée de la chasse et de la Nature, 2002.

3 Jacques Le Goff, "L'Occident médiéval et l'océan Indien: un horizon onirique", *Un autre Moyen Âge, op. cit.*, p. 269-286.

罗尔（Joachim de Flore）*拥有巨大影响的《图之书》(Liber figurarum)中，树占据了中心位置。在作者眼中，树象征人类历史直至世界的末日；三棵连续的树表明了他对历史的三位一体观点。[1]方济各修士沿着创始人圣方济各的教理线索，在自然中寻找上帝，在景物最细小之处看到他的存在；以此扩展人间天国至整个创世。当然，树的感知也包含在这种寻找中[2]，为视角彻底重新确定方向，乔凡尼·贝利尼（Giovanni Bellini）将会在16世纪初努力描绘这种景象。

之前的一切开启了朝着人们定性为自然神学的转变，在哥白尼革命之后不久，刚刚被恩斯特·卡西尔（Ernst Cassirer）剖析，后者受益于拉芒什海峡彼岸牛津神学家们的影响——他阅读了英国圣公会的圣诗。面对世界景象的态度的转变完成了。自然神学邀人歌唱上帝，就如他在自然景色之美中的表达。当然，对树的解读，在神圣的维度内，以及他所引起的激情的结构，再一次与过程相关。这就导致了17世纪分析树形态的方式和如画景象之间摇摆的时期，平行的还有植物学、植物学的分析和分类，同样影响观察；另外，这也印证了霍贝玛（Hobbema）和雅各布·范勒伊斯达尔（Jacob Van Ruysdael）的画作。

这也是说，自然神学不仅仅是目光的革命，它植根令全人类改宗的目的。这样，西摩·斯利夫（Seymour Slive）自问是否了解雅各布·范勒伊斯达尔画的树是不是真正的"视觉誓言"和《圣经》信息的携带者。

在文学领域，我们可以举出著名的普吕什神父的例子，他的《自然景观》在启蒙时代获得巨大成功。他写道，树本身是对上帝的颂歌；正是后者制造了那些巍然矗立在空中的巨大身躯，以强劲的关

---

1 Madeleine Jeay, «L'exégèse de l'Apocalypse par une illettrée du XIV^e siècle: l'arbre de vie de Constance de Rabastens», in *L'Arbre au Moyen Âge, op. cit.*, p. 81.

2 Cf. Alain Mérot, *Du paysage en peinture..., op. cit.*, p. 219-220.

爱使其坚固，几个世纪以来支撑它经受狂风，维持"某种永生"。是上帝关照"种下这些大树；不需要我们的帮助就能存活，不断令水、盐、油、火和每个物种都需要的全部要素……在空气和土地中循环"；却不用臣服于任何法则、任何需要。[1]

贝尔纳丹·德·圣皮埃尔则在美丽的森林中看到"一座拥有自己的柱廊、祭台和烛火的庄严神殿"。此外，这座神殿是可移动的："树身随着枝条摇动，从远处可以听到祈祷般的低语。"[2]

正是这个时刻，神圣的概念成为获胜的浪漫花园的成分，庙宇、墓园和教堂的花园遍布各处。但这是花园内部深深镌刻了神圣痕迹的"树林"；它们更应该成为朝圣的目的，就像埃尔姆农维尔的例子。正是在这个花园里，树木扮演主角。树木比其他植物更能唤起幻想、沉思和冥想。[3]

不久之后，夏多布里昂在一篇讲述树木在宇宙整体景象中的文章里写道："它是个上帝，山谷的小草和山上的雪松对它感恩……鸟儿在枝叶间鸣唱。"[4] 后面我们还会看到，拉马丁将咏唱雪松这"以上帝之名的纯粹乐器"。

还应该提到那些仪式，尤其是自19世纪初围绕树木进行并且反映它们与神圣的关联的激情，实际上在很大程度上揭示了20世纪末它们在文化仪式和冥想仪式中的出现。首先，树自身总是拥有使空间变得神圣的能力。当一切被打乱，"树的顽固出现"，加上它必要的简单，"证明——比钟楼更深刻地——人类出现之前的自然

---

[1] Abbé Pluche, *Le Spectacle de la nature...*, *op. cit.*, tome II, p. 393, 396, 447.
[2] Cité par Robert Dumas, *Traité de l'arbre*, *op. cit.*, p. 22-23.
[3] "树木"为使花园成为典范和爱国的空间做出贡献，这里比任何其他地方都更适于进行对伟大人物的崇拜。
[4] Chateaubriand, *Génie du christianisme*, *op. cit.*, p. 558.

空间和景色之神圣"。"树是宇宙沉默的出现",其存在本身就是智慧的表现。[1]

这还引向对树的热爱,19世纪中期,1833年,达尔文在南美洲发现了这种爱。他描述他认为是瓦里楚(Walleechu)树祭坛的一切。"当印第安人发现了它们,他们发出巨大的叫声表达自己的热爱。"冬季,当它开始落叶,这些叶子被无数的绳替代,"绳上挂满祭品,有雪茄、面包、肉类、布料等等。"[2] 最富有的人在树下吸烟,周围堆满献给上帝的马匹的白骨。"高丘人(他们自己),认为印第安人视树木为神";出于谨慎,达尔文认为更可能是他们把它看成神的祭坛。米什莱提到里海荒原的同一类崇拜。在这个地区,他写道,孤零零的、独立的树受到热爱。"每个人都献上些什么,鞑靼人自己(在没有其他物品的情况下)会拔下一点儿胡须或者头发。"[3]

很多研究者投身无限的探寻以建立被崇拜的树种名单。[4] 很多情况下,人们简单地将其认为"用于祈祷的树"。自基督教之初,隐修士在树下祈祷的场面成为经典。它尤其以沙漠神父的出现为特点,在棕榈树下祈祷或者冥想。[5] 人们熟知这种画面主题的结局。比如,16世纪,哲罗姆·博施的《圣哲罗姆在祈祷》。

在19世纪初期,柯勒律治(Coleridge)在《老水手谣》中描绘了"好隐修士"的祈祷。每天在黎明、午时和夜晚,隐修士跪在"厚

---

1 Philippe Roger, « Vivant pilier. La figure de l'arbre chez Jean-Pierre Denis », in Jean Mottet (dir.), *L'Arbre dans le paysage, op. cit.*, p. 124, 122.

2 Charles Darwin, *Voyage d'un naturaliste..., op. cit.*, p. 71, 72.

3 Jules Michelet, *La Montagne, op. cit.*, p. 197.

4 例如,关于法国:George Fetermann, *Arbres extraordinaires de France*, Éditions Dakota, 2008, et Robert Bourdu, *Histoires de France racontées par les arbres, op. cit*。

5 Jacques Le Goff, « Le désert-forêt dans l'Occident médiéval », *Un autre Moyen Âge, op. cit.*, p. 495-500.

厚的跪垫上／苔藓被压住／一棵老橡树腐烂的树根"[1]。沃尔特·司各特（Walter Scott）的《昆丁·达沃德》中，主人公在普莱西雷图尔森林发愿，他穿过一片林间空地，旁边是巨大的树木。那里，一所小房子紧挨着一座简陋的小教堂，住着一位隐修的"孤单的教士"。这一点上，小说只是反映了18世纪末很流行的趣味。很多地主会雇用一个或几个隐修士以给自己的花园和树木添些宗教色彩。

圣人小屋的画面只是重复了安顿在树洞里的隐修士的场景。让我们再回到哲罗姆·博施，马德里普拉多博物馆的《圣小安托万》就是一幅很好的类似情境的画。圣人在树洞里开始隐修，那里也是他的礼拜堂。一口钟挂在树杈上。[2]

抄录所有研究者集录的树洞礼拜堂和建在树上的小教堂过于冗长。椴树经常被选来做这个用途，这种芬芳的树象征爱情，经常有蜜蜂飞舞，果实用来制作药茶，被认为是有益的树。这似乎是它被指定用于宗教功用的原因；尤其是因为人们相信，睡在树荫下可以做好梦。

在法国，树祈祷室的著名例子是阿鲁维尔的橡树教堂。顶上竖着十字架，内里是始于18世纪的和平圣母小教堂。楼梯沿树身攀缘而上直达隐修士的房间，也同时用作祈祷室。若干世纪以来这棵树一直享有盛名，人们蜂拥而来聆听树荫下的弥撒。旁边是古老的林荫小径，或者习惯上用于休息的地方。两棵树使景色中植物的安排趋于完整：榉树和山楂。1760年有两个餐厅，一个可容纳十六位客人，另一个可容纳十二位，就是安置在这两棵树上，离地面三米。最后，一座"迷宫"种植在尽头。阿鲁维尔的植物复合体开始于1760年，可以被看作

---

[1] Samuel Taylor Cleridge, *La ballade du vieux marin*, Poésie, Paris, Gallimard, 2007, «Le bon ermite», p. 79.

[2] Cf.commentaire de Roger Van Schoute et Monique Verboomen, *Jérôme Bosch*, Paris, La Renaissance du livre, 2007, p. 103.

现代林业旅游的一个遥远鼻祖,但形式既是宗教的又是社交的。

榉树、山楂和"迷宫"在 1793 年毁于一场大火。在最后一刻,执事人使纵火者相信橡树被指定用于革命信仰而得以幸免。19 世纪,当它的宗教性质被确定后,橡树和其他建筑得以重建。1858 年欧仁妮皇后献上一座金色圣母像完成了这里的装点。[1]

从这个观点看,某些树是被当作庙宇的。1799 年,亚历山大·德·洪堡在特内里费岛小住时被奥罗塔瓦巨大壮丽的龙面树所震撼,这棵树是古昂什人崇拜的目标。据说 15 世纪的时候"人们在树洞的祭坛做弥撒"[2]。

中世纪的费康(Fécamp)珍贵之血的传奇,将圣体盒的功能归于树。为了解释基督之血的出现而在此地制造传奇之物,今天已有文献记载。尼哥底母(Nicodème)曾从耶稣的身体取到了血,他将圣物委托给侄子以撒(Isaac),后者将之放入金属盒子,后来洒在无花果树干上。这棵树越洋而来,途经地中海、大西洋和芒什海峡,被天意指引来到费康的河岸,那里的人们从泥中拖出它送到教堂。当然,这个传奇被写入圣物崇拜的历史,但是可以从中看出树在叙述中承担的决定性角色。[3]

种植在教堂大门的树,它们自己能够参与到教会空间的神圣中来;尤其是某些树若干世纪以来——还是在 19 世纪——有时起到"塔楼"的作用,未婚母亲会来抛弃自己的新生婴儿。在 12 世纪,法兰西的玛丽一首名为《梣木》的抒情诗再现了一个侍女按照主人的命令抛弃一个孩子的场景,孩子被放到教堂尽头给信众遮荫的浓密的橡

---

[1] Robert Bourdu, *Histoires de France racontée par les arbres, op. cit.*, p. 72-85.
[2] Alexandre de Humboldt, *Tableau de la nature, op. cit.*, p. 445.
[3] Jean-Guy Gouttebroze, *Le Précieux Sang de Fécamp. Origine et développement d'un mythe chrétien*, Paris, Honoré Champion, 2000.

树下。被抛弃的小女孩取名"梣",因为她就是被挂在梣树上的。[1]

后来拉马丁介绍了另一例种在庙宇尽头的树的功用。成为教士后,约瑟兰在教堂大门口两棵胡桃树的浓荫里接待学生,树叶和树身都弯向凹洞,覆满青色地衣。孩子们或坐在树枝上或坐在树根上。[2]

有大量的叙述,讲述的是在大不列颠[3]一位在树上布道的牧师,这样做,他就把树变成了植物的讲道台。简单些,再回到小说。夏多布里昂的小说《阿达拉》中,奥布里神父在树下布道、祝圣,他将"小榆树"指给夏克达,他说:"好日子我会在小榆树下面布道。"[4]

人种学家长期研究被信众认为是信息或者愿望的携带者的树,还有人相信它们拥有"善良的圣人"的治愈能力——经常是古代的隐修士——和"神泉"[5]。人们发现,在诺曼底,从奥恩河到科唐坦,在亚尔丁、都兰……存在"衣树"。人们把一件衣服悬挂在树枝上,据说后者能稳定信徒的病症,重要的是不要拿回那件破衣服。

罗贝尔·布尔都称之为圣徒传[6]的树说明了树与神圣之间的另一种关系。这些植物被看作圣人生平的线索,或者因为圣人年轻时曾来到浓荫下静修,或者因为他们被驱逐时曾栖身那里,或者因为他们习惯来到树下祈祷。同样,17世纪的圣徒传里充斥着树。其中一些传记是在修道院的花园中撰写的。总之,它们因为见证了圣人的日常私生活或者苦难而受到崇敬。在中世纪之初,大量的僧侣,从圣高隆邦

---

1 *Les Lais de Marie de France*, publiés par Jean Rychner, Paris, Honoré Champion, 2004, «Le Frêne», p. 41-50.
2 Alphonse de Lamartine, *Jocelyn, op. cit.*, p. 755.
3 例如:Keith Thomas, *Dans le jardin de la nature, op. cit.*, p. 282。
4 Chateaubriand, *Atala, op. cit.*, p. 96.
5 Marc Leproux, *Dévotions et saints guérisseurs,* Paris, PUF, 1967. 还可以参见安德烈·科沃尔(Andrée Corvol)关于这一现象的分析:*L'Arbre en Occident, op. cit.*, p. 200-204。
6 Robert Bourdu, *Histoires de France racontées par les arbres, op. cit.*, 标题为"圣徒树", p. 87 *sq*。

（saint Colomban）到圣贝尔纳（saint Bernard）都同意树具有说服力，[1]就好像树散发出灵性而圣人不过是它的伴侣。出于同样的思维方式，人们说圣瓦莱里（saint Valéry）曾表达要埋在树下的愿望。

　　树与圣人之间的紧密联系引致真正的朝圣。[2]绰号"文森先生"的橡树，在它家乡长期被朝圣大军膜拜，其中不乏贵族。这些信徒切下树皮、树枝和树叶制成纪念物。19世纪中叶进行过以汇总这类被崇拜的树为目的的大规模调查。1854年，在瓦兹河孤零零的小房子里，计算出了二百五十三处，榆树是最常见的。栋雷米朝圣尤其与"仙女之树"有关，贞德声称在那附近听到了圣米歇尔（saint Michel）、圣凯瑟琳（saint Catherine）和圣玛格丽特（sainte Marguérite）的声音。被称为"奥尔良女郎"的树分散于整个法国领土。

　　我们已经提到对黎巴嫩雪松的朝圣，"以树的形式存在的神灵"，人们在树下——拉马丁称之为"紧挨着天国的祭坛"——做弥撒。[3]在美国西部，自19世纪中期开始，多亏来自波士顿的统一论派牧师托马斯·斯塔尔·金（Thomas Starr King）的努力，约塞米蒂的树被封圣。人们将其视为美国自然神殿的化身，是上帝的馈赠，以展示神在美国领土上的存在。因此，来欣赏这些树的旅游者也可以被认为是朝圣者。还是这个地区，人们在树身内修建教堂。在树的新教神圣性范围内，来自我们无数次指出其影响的先验主义，在这些植物巨人的脚下，人们因它们巨大的体量和久远的年代而感受到激情，与历史相关，但同时与地质学相关，就像是这些树与创世是同一时期。

　　不为人知的是欧洲祈求丰收仪式的树。我们的想象叠加在乡村教堂信徒们春天祈祷未来收获仪式的队伍之上——还是在20世纪。仪

---

1　Cf. *infra*, p. 197.
2　所有这些问题，参见 Robert Bourdu, *Histoires de France racontées par les arbres, op. cit.* 所举章节。
3　Lamartine, cité par Jean-Claude Berchet (dir.), *Le Voyage en Orient..., op.cit.*, p. 740.

式队伍缓慢地沿着林荫泥土小径行进。我见到过,他们在某些田野间的树附近,时不时会停下来,只是为了休息。直到晚近,在绿树成荫的地方祈求丰收的仪式构成树的情感的主要内容。

夏多布里昂强烈地感到"人们走入",他就祈求丰收的仪式写道:"绿树成荫的道路……穿过仅一棵橡树构成的高高的栅栏;沿着山楂树的小径前行……树覆满了盛开的花儿,或者覆着新生的树叶。"一天结束时,神父"在他家院子的杨树下吃晚餐"[1]。

"天主教灌木"本身是宗教节日的装饰。马塞尔·普鲁斯特(Marcel Proust)写道,鲜花是大自然对节日气氛的自发表达。这样,就会想到《追忆似水年华》中的叙述,玫瑰的刺是节日的装点,"宗教节日是唯一真正的节日"[2]。

这就解释了树为何在整年的各种礼拜仪式和庆祝活动中无处不在。这种顽固的存在成为人种学家成百上千种研究的主题。在法国,阿诺德·范·盖内普用他浩繁的卷帙达成了最终的收获。这里很难说清这份丰饶和价值。仅仅举出两个主要材料:复活节前的周日,人们采集黄杨或桂树树枝,随后在家庭里祈福和悬挂这些树枝。圣诞树的历史非常完备,它起始于17世纪。在传播到法国之前,首先是德国北部、莱茵兰、瑞士,随后是1871年之后传播到阿尔萨斯。圣诞树的热潮,将绿色与光明相连,并非完全来自天主教;它更像是以基督教情感对异教传统重新解释的结果。

让我们再来看几个例子,其中树的表现和神圣仪式要求想象力和激情,甚至超出基督教明确的所指。

贝尔纳丹·德·圣皮埃尔在《自然研究》中,梦想在塞纳河岛上

---

[1] François René de Chateaubriand, *Génie du christianisme, op. cit.*, p. 914.
[2] Marcel Proust, *À la recherche du temps perdu. Du côté de chez Swann, op. cit.*, p. 139, 140.

安置一块有着"欣悦林荫"的福地。那里,"在故乡的树下,有高大的榉树、庄严的冷杉、果实累累的栗树"[1]和爬满葡萄藤的榆树,竖起有德公民的雕像,尤其是那些引入有益植物的人。在巨大草坪的中央耸立着一座庙宇。

属于同一种情感、带有明显启蒙世纪特点的是对上帝约定俗成的崇拜。这里很有说服力的是教堂绿化,目的是将它的外形、结构、色彩无限接近绿色,让人既联想到异教的古希腊罗马时期又想到无限接近自然。保罗-弗朗索瓦·巴尔博-华耶(Paul-François Barbault-Royer)描绘1799—1800年里尔的圣莫里斯教堂在上帝节日的样子:"他们把内部粗粗地涂成绿色;柱子被装扮成树干,树叶延伸向穹顶,这一切很好地再现了一座身处神圣树林中的德鲁伊特神庙,在那里他们要宰杀人牲。"[2]人们会注意到这种场面发生在凯尔特学园的影响之前。

在美国先验主义者看来,在自然中寻找神灵构成了主线。亨利·戴维·梭罗在他研究植物灵魂的论文中这样表述过。[3]关于这个主题,有启发意义的是他写的野苹果的案例,他称之为"生命之树的苹果"。对野苹果的兴趣更接近新伊甸园;这不再是堕落之果,而是连接原始野蛮的高贵果实。

对想象力颇具意味的是,在法国文学中,树被看作植物教堂。在《去斯万家那边》中,讲述者动身去参加"玛利月"。途中,他沿着山楂树的小径——仪式的"盛大的宴席"——前行。山楂的绿篱在他看来就像是教堂和祭廊,随后是礼拜堂、祭台、临时祭坛、彩画玻璃窗。

---

1 Bernardin de Saint-Pierre, *Études de la nature, op. cit.*, p. 540, 543.

2 Paul-François Barbault-Royer cité dans Jean-Marie Goulemot *et alii* (dir.), *Le Voyage en France*, Paris, Robert Laffond, coll. «Bouquins», 1995, p. 987.

3 Cf. *supra*, p. 174.

树篱像一排祭台,被密密匝匝堆积的繁花所覆盖,形成一座巨大的迎圣台;繁花下面,阳光像刚刚穿透彩绘玻璃窗似的把一方光明照到地上;如胶似漆的芳香萦绕着繁花组成的圣台,我感觉就如跪在供奉圣母的祭台前一样。花朵也像盛装的少女,一个个若无其事地捧出一束熠熠生辉的雄蕊;纤细的花蕊辐射开去,像火焰式风格的建筑的助线,这类线条使教堂祭廊的坡级平添光彩,也使彩绘玻璃窗上的竖梁格外雄健,而那些绽开的花蕊更有如草莓花洁白的肉质花瓣。[1]

从前,让·桑特依在一次散步中觉得木栅栏就是"乡村祭坛"、某个阴暗礼拜堂里的圣人遗骸盒;在"竖立的祭坛装饰屏上,一枝丁香的三根枝条伸展成扇形",暗合了三位一体。至于玫瑰花篱,让·桑特依同样觉得是阴暗的小礼拜堂里的圣人遗骸盒,处在与教堂阴影神似的神秘阴影里。随后他继续联想,觉得玛利月的绿篱就像是露天的小礼拜堂,散发着可怕的气味,内里笼罩着"虔诚的肃穆",这不过是一座黑色大钟"在蔷薇圣体盒里念着悼词,……就像在一座没有玻璃花窗的礼拜堂"[2]。

将天主教的想象与树的外形相连是非常古老的意象。罗兰·贝希曼强调了对本地植物的借用——建造者将枝条交叉,此外,还发现森林就像大自然的仓库,提供各种模型:"建筑的肋条,甚至在哥特初期,已经模仿简单的树干,柔韧并交叉。"柱头的变革,摆脱了罗马范式,反映了来自地方植物的灵感;到处是交叉的树叶、树丛、花苞、穹顶或者枝条。[3]

---

1 Marcel Proust, *À la recherché du temps perdu, du côté de chez Swann, op. cit.*, p. 138.
2 Marcel Proust, *Jean Santeuil*, Paris, Gallimard, coll. «Quarto», 2001, *op. cit.*, p. 219, 224.
3 Roland Bechmann, *Des arbes et des homes...*, *op. cit.*, p. 225.

之后很久，在18世纪末，哥特式就是对树的模仿的思想成为母题。詹姆斯·霍尔（James Hall）1785年建造的植物大教堂证明了这种表现。在完成他的壮游并参观了大量哥特式教堂后，詹姆斯·霍尔和一位箍桶匠一起尝试：他面对面竖起两排橡树杆，在顶端系上柔软的柳条。他将柳条弯曲成自然的拱顶，希望一切都会生根并勾勒出植物的、自然的、有组织的建筑形式。一年后他成功了。[1]

歌德在一百年前就预见到神圣树木与哥特式之间的相似。他在1722年已经建议年轻的建筑师在空中建造高墙就像宣告天主之美的"上帝的巨树"。此后，大量描写德国哥特式特性的文学将之视为植物的创造。还是在1722年，歌德在海德（Herder）的陪伴下参观了斯特拉斯堡大教堂，写道："它就像上帝最雄伟的树，巨大的拱门，成千上万的枝脉，千百万的小枝条，在众人面前宣扬上帝的荣光。"[2] 洪堡以及弗里德里希·冯·施莱格尔（Friedrich von Schlegel）参观科隆大教堂时，轮到他们以同样的角度宣扬哥特式的崇高了，而且是在卡斯帕·大卫·弗里德里希还没有表现出自然与哥特灵性之间的绝对和谐之前。

在法国，夏多布里昂就是在写给哥特式教堂的篇章中解读它的植物外形的。长久以来，人们把为这种庄严风格平反的功劳归功于他。根据1802年出版的《基督教真谛》的作者的说法，森林揭示了建筑的最初构想，虽然会根据气候有所变化。科林斯式柱头是按照棕榈树的样子，埃及古老样式的支柱再现了埃及无花果树、橡胶树等。从一切逻辑来讲，高卢的森林"曾经进入我们祖辈的殿堂"。这不仅是简单的灵感、模仿，而且是真正的共生。"我们的橡树林就这样保持了

---

1 Cf. Simon, Schama, *Le Paysage et la mémoire, op. cit.*, p. 270, 271, Colette Garraud, *L'Artiste contemporain et la nature. Parcs et paysages européens*, Paris, Hazan, 2007, p. 153.
2 这个句子打动了安迪·高兹沃斯，他在作品 *Bois* 中引用，p. 47。

它们的神圣血统。"这不仅仅关涉建筑——管风琴和青铜器，悬挂在教堂内，模仿着森林的低语。建筑师"甚至将哥特式殿堂与树林中往复的风雨声联在一起"[1]。人们在《勒内和阿达拉》中找到这个梦，找到这个教堂建筑的幻想。

亨利·戴维·梭罗几百年后在缅因州的森林里也感受到了。他感觉并幻想树就是植物的建筑。他甚至在杉树的树梢间看到"一系列柱廊、立柱、挑檐、建筑面、教堂和游廊"[2]。

在极近的现代，植物状的大教堂保持着自己的影响并引发植物种植的热情。[3]1996 年，荷兰人马里纳斯·博泽姆（Marinus Boezem）在阿尔梅勒用意大利杨树实现了"绿色大教堂"，但不幸的是，不怎么坚固，他按照兰斯大教堂的设计图设计，保留了全部复杂性。最令人着迷的是，在这座杨树建筑的旁边，刚修剪过的草地上剪出了一座教堂的轮廓。

在 21 世纪建造的植物状大教堂里，2001 年朱利亚诺·莫齐（Giuliano Mauzi）在围海圩地的种植独树一帜——在瓦尔苏加纳远离阿尔泰·塞拉的林间道路，原木的柱头构成三座耳堂的支柱。在内部，鹅耳枥的嫩芽弯曲成尖形肋顶。这次，却是一个长久的和可变化的实现。支撑的基础消失，以便只留下巨大的能勾勒大教堂的树。

这一模式在文学中亦长久存在。弗朗西斯·蓬热在松树笔记中提到，在这个"大自然用树构成的房间"里，"神圣的气息缭绕在树身附近"。1940 年 8 月 9 日，他看到"一间房，一座巨大的冥想

---

1　Chateaubriand, *Génie du christianisme, op. cit.*, p. 802.

2　Henry David Thoreau, *Les Forêts du Maine*, Paris, José Corti, 2002, p. 130.

3　上述内容，参见：Colette Garraud, *L'Artiste contemporain et la nature. Parcs et paysages européens, op. cit.*, p. 152-155。

的教堂",一座幸运地没有主教座的大教堂。这个寂静之所——这才是教堂——像是为了让人在大自然中追寻思想而不是为了祈祷而建。[1]

勒内·法莱（René Fallet）则意外地发现树就像一口钟："已经入夜了，"他写道，"三钟经的钟声从杨树上掉落。"[2]

---

[1] Francis Ponge, *La Rage de l'expression, op. cit.*, «Le carnet du bois de pin», p. 103, 105, 107.

[2] René Fallet, *Les Pieds dans l'eau*, Paris, Le Cherche Midi, 2009, p. 91.

第五章

# 树：从担忧到惊恐

树也会引起忧虑。尤其是，树因为恐怖的外表、不祥的气质、魔鬼的特点和它们与巫师之间假想的关联而招致人们的恐惧和惊骇。

在西方的想象中，这类情感的根源是显而易见的。其中很多属于基督教传统并在《圣经》中扎根。比如，想想雅各布·范勒伊斯达尔画的树中这类参照的影响。很明显，在17世纪中期，《圣经》文字负责决定看法并为其表现提供素材。人们常说，画树属于视觉布道。枯死的树根构成了范勒伊斯达尔画作中象征地球事物之虚荣的主题。干枯的树干令人联想到无力。其他的树引起恐惧是因为它们是堕落的召唤。圣诗中的篇章，士师、三王、先知，被画作的观者所熟知。面对油画布或者木板，他们能够抓住《圣经》的影射。《圣经》在家庭、学校、庙宇里被阅读。不考虑艺术家开启的面向公众的对话,将无法理解经常是负面的并且组织着树的表现的参照。

博絮埃在其出色的篇章中运用树的象征、《圣经》的参照,步以西结的后尘,宣告了像黎巴嫩雪松一样的雄心以表现在风中狂舞的个体,没有意愿、没有自我。这就是为什么,就像巨大的树一样,1662年他在卢浮宫封斋期第四周的誓言里宣称:

> 它孑然傲立,苍翠而美丽,枝丫伸展,根蘖繁茂……百姓置身于它的浓荫……因为它孑然而立,顶端直上云霄,它的心随着自己的高度膨胀,为此,天主说,我要把它齐根砍掉,我一下子把它砍倒在地……所有曾栖身它的浓荫的人都将离开它……它会垮下来;人们会看到它躺在山上,成为大地无用的负担……[1]

《创世记》中确立了树的不祥气质,蛇缠绕着伊甸园中央盛开的知善恶树的枝干,多少世纪以来都象征着诱惑与堕落。因为亚当和夏娃吃了罪恶的果实,所以被逐出天堂,并被罚受劳累、病痛、暴力和死亡之苦。

中世纪期间,当批评与暗喻之间、事物与其象征之间的界限不清晰时,真相只在于比拟,苹果[2]成为知识之树的果实——同时苹果树被认定为就是知识之树,被认作刺痛、欺骗和毁灭的果实,尤其是当它成熟变红的时候。这种果实于是象征谎言、背叛和女性的淫荡。在故事中它将成为女性给予的有毒的礼物。但还是在中世纪,知识之树在教士的眼中逐渐蜕变为世故与智慧之树;这就让我们可以与之前容

---

[1] 1662 年 3 月 19 日,卢浮宫封斋期第四周"关于雄心"誓言的讲道。*Œuvres oratoires de Bossuet*, Paris, Desclée de Brouwer, t. IV, p. 256-257. 这篇讲道文在《橡树与玫瑰》出版之前,拉封丹受维吉尔的启发,在这本书中重提权力的脆弱这一主题。

[2] Cf. Michel Pastoureau, «Bonum, Malum, Ponum. Une histoire symbolique de la pomme», *Cahier du Léopard d'or*, n°2, *L'Arbre...*, *op. cit.*, p. 155-212.

易引起混淆的不祥之树进行区分。

经过大量重复，随着时间的推移，堕落的参照与诱惑之树相联。在基督教初年，这种关联清晰地出现在沙漠神父的生平叙述中，后来更因为天然人形树的出现得到证实。

至于但丁，则在炼狱中为诱惑之树保留了很大的篇幅。实际上，诱惑之树被夸大了。在第二十二章，其中一棵挂满果实，散发着甜蜜的味道，立在通往天堂的道路上。在凝视这棵树并嗅到它的芬芳之后，游魂被欲望吞噬。更远处，炼狱的客人向第二棵树抬起恳求的手喊出他们的欲望。树，没有回答，更激起了他们的渴望。它向维吉尔和作者保证它只是被夏娃咬过的苹果的那棵树生出的芽。但丁听到这些，找回了抵抗堕落召唤的不可抑制的力量。

在现代降临之前，可怕的树作为诱惑的象征，会经常被艺术家们表现。[1] 哲罗姆·博施多次表现沙漠之树的主题。他的《施洗者约翰》里充满大量植物，象征人世间只出产荆棘和小菊花的事实。首先，长满刺的可怕的树极可能有毒，更加重了象征意义。在艺术家的作品中，这种不祥的视角在《人—树》中达到顶点，属于地狱图景的幻觉。淫荡者被引向变形为植物之人的小酒馆，地狱的景象。

尤其是弗拉津的雅各（Jacques de Voragine）在《金色传奇》中表现的木十字架的传说，在人间天国引入了干枯树的面貌，从12世纪末至13世纪初广为流传，一直持续到16世纪。通过树叶彻底的飘落来象征亚当的罪过和失去的天堂，期待着树能带来救世主耶稣，就像树枝挂着果实。[2]

---

1　参见诸如：Nils Büttner, *L'Art de paysages*, Paris, Citadelles & Mazenod, 2007（初版，德文，2006年），p. 60. Roger Van Schoute et Monique Verboomen, *Jérôme, Bosch, op. cit.*, p. 109-115, 156. Hans Belting, Bosch, *le Jardin des délices*, 2002（法文版2005年）。

2　*L'Arbre au Moyen Âge, op. cit.*, p. 9-10.

福音书包含很多树的消极参照，人们会想到不结果的无花果树。最明显的参照与为决定自杀的犹大奉献自己的那棵树有关。多少世纪以来，很多树成为被诅咒的信徒死亡的工具。[1]角豆树，山杨树，更多的是无花果树，它被称作"犹大之树"。大量的传说因围绕着叛徒之死的秘密而存在。所有这些植物都会唤起神圣的恐怖。圣拉扎尔大教堂的一个祭台柱头，今天放在教务会议厅里——表现的是犹大吊在无花果树上的情景。[2]后来，维克多·雨果提到犹大吊死的树之谜。他在《永恒之树》、《命运树枝》（《静观集》，LVI, 16）和《撒旦的结局》中反复提及。在最后这一篇中，他强调犹大围绕树种做选择的秘密引起的恐惧，他写道：

他选用哪种树做绞架？
……没有人知道，
这绳索永远在黑暗中摇荡。[3]

加强《创世记》中树与魔鬼之间的关联，也解释了为何树在地狱题材绘画中会经常出现。自基督教初期，某些树就被视作魔鬼。在14世纪，弗拉津的雅各在《金色传奇》中反复提到这一点。这是些被献给古代神灵的树，教会想尽力根除这一崇拜，或者砍伐，或者将对它们的崇拜转向新的宗教。在摧毁一座相当古老的庙宇后，圣马丁想砍掉一棵献给魔鬼的松树。信奉异教的农民反对他，他们把他绑在树身上，在砍树的同时杀死他。圣徒用画十字来对抗他们的罪行。树轰然

---

1 Cf. Angelo de Gubernatis, *La Mythologie des plantes, op. cit.*, 1<sup>re</sup> partie, p. 193.
2 Frank Horvat et Michel Pastoureau, *Figures romanes, op. cit.*, p. 131.
3 Victor Hugo, *La Fin de Satan*, II, «Le Gibet», «Jesus Christ», partie 17, v. 15-18, *in* Paris, Gallimard, «Bibliothèque de la Pléiade», 1950.

倒向另一边，差点儿砸死了农民。于是农民们叫喊着奇迹而改信了。[1]

圣菲利克斯（saint Félix）在受尊敬的树面前以亵渎的方式行事，他开始祈祷，然后朝树吹了一口气；树却连根拔起。树砸毁了献给偶像崇拜的祭坛、雕像和庙宇。[2]

在流传最广的地狱画面中，不祥之树赫然在列。《神曲》第三部分"地狱"中的描绘虽谈不上激烈但却充满阴郁之气。它们枝丫歪斜，扭曲多结。它们不结果实，却长满有毒的刺。亡灵变形为哀号树流血哭泣。在这片怪异、幽灵的树林中，生长着惩罚特殊罪过——犹大之罪——的地狱之树，就是说自杀。鉴于他们的罪过是自复活以来最严重的，这些不幸者的灵魂与肉体的结合永不会实现。受刑者将永为地狱之树。

欧洲的田野遍布魔鬼之树。恶魔属于民间信仰。"巫师的橡树"位于摩泽尔河圣阿沃尔德镇，是这些不祥植物最有名的代表。在安杰洛·古贝尔纳提斯（Angelo de Gubernatis）看来，埃特纳的农民，和阿尔巴尼亚人一样，在19世纪依然相信树林中有恶魔出没；树会带来不幸。在黑山谷——乔治·桑好几部小说的地点，巫师的树在尚特鲁伯森林中特别多，就在"魔鬼的沼泽"附近。

《敲钟师傅》中的"怪橡树"，在蓬头垢面的外表下掩藏着罪恶的灵魂。在乔治·桑看来，老树声名狼藉。空心老橡树的树身，大开着口子，常有动物出没，是巫师的老巢，他们之间有恐怖的协议。

在谈论恐怖之树这一章里提到十字架，因为歧义而产生了一个微妙的问题。被当作酷刑工具的树木同时也是赎罪的工具，被召唤成为生命之树。仅提到它的名字，就会同时产生痛苦和希望的双重感受。

---

1　Jacques de Voragine, *La Légende dorée, op. cit.*, p. 921.
2　Ibid., p. 718.

在耶稣受难的叙述中，这棵神圣的树是橄榄园之前的参照。自 17 世纪开始，从"地点构成"的视角来看，它们的出现终究是不可忽视的，罗耀拉的依纳爵（Ignace de Loyola）在《灵修练习》中也曾提到，基督徒应该介绍他进行祈祷和冥想的环境。灵修的概念给一个空的范畴注入精神图像。但是，橄榄园的逮捕使得信徒回忆这个地方，以及因之命名的树。橄榄树上空的夜色构成一幅场景，其中植物远比一般装饰来得重要。想想曼特尼亚（Mantegna）画的树园里干枯的树吧。在 1459—1460 年，远在《灵修练习》写成之前，艺术家描绘了基督在橄榄园的场景。在耶稣和来逮捕他的士兵之间，矗立着宣告耶稣受难和死亡的"干枯的树"。一条葡萄藤攀缘而上，象征着救世主的血，并回应了基督在被捕前不久所说的话。画中的树代替了其他角色。在长方形的画板上，死亡之树的树干垂直线将基督祈祷的画面纳入其间。注意曼特尼亚在这幅画作中用繁花盛开的树代替了橄榄树。应该看到天堂的许诺吗？这些天堂的树与干枯的树有天壤之别。[1]

究竟是用哪种树木建造的十字架曾长期引起疑问。最常见的说法是由四种树组成：棕榈树、雪松、柏树和橄榄树。甚至在弗拉津的雅各的《金色传奇》中十字架木料的传奇经历广为传播之前[2]，圣十字架的发明就激发了众多作家和艺术家的想象。在这里我们只关注属于耶稣受难的痛苦和折磨的恐怖。

十字架之路首先在于运送的困难，通过不断出现的滑落来突出攀登骷髅地（Golgotha）的过程。尤其是在这个时刻，受难源于木材和荆冠的棘刺引起的痛苦。古利奈人西门（Simon de Cyrène）一直在那

---

1 所有这些观点，请参看：Joséphine Le Foll, *L'Atelier de Mantegna*, Paris, Hazan, 2008, p. 97-363.

2 Jacques de Voragine, *La Légende dorée, op. cit.*, p. 36-370. 这一主题的文档，参见 1228 页的注释，以及弗拉津的雅各进行编辑的方式。

里负责召唤他。在民间语言中一直有"运送他的十字架"的说法。一旦到达各各他山顶，十字架不过是受难者肉身的支撑。19世纪后半期，在天主教的法国，教堂极为低调地接受表现十字架之路的十二站的小幅油画的捐赠。尤其是在圣周期间，全体信徒受邀参加体验登上各各他山顶的痛苦和再现耶稣受难的特别静思仪式。

异教的古代，也同样强加了树的负面意象。其中某些树被认为是邪恶的。按照泰奥弗拉斯特的话来说，不应当把一棵鹅耳枥引种到家里，那上面会生出一种树，"令死亡的过程艰难痛苦，令临蓐危难万分"[1]。至于常春藤，对所有它依附生长的树而言都是有害的。它令其宿主干枯或者死去，因为它吞噬了后者的养分。它的根系深入树干，吸吮树的汁液。泰奥弗拉斯特还确信它的刺会流出致盲的乳液。类似的记述出现在老普林尼的作品中。"总而言之，"他写道，"人们将之视为洪水猛兽并被宗教判为不可栽种、永不结果的树。"[2] 至于柳树的种子，照他的说法，会引起女性的不育。卢克莱修认为，生长在暗处的笨重的树经常是致命的，甚至会令躺在其树荫下的人头疼。在他看来，"高大的赫利孔山脉也生长着一种其恶臭可以致命的树。"[3]

所有人都知道两种不祥之树。首先是紫杉，泰奥弗拉斯特强调过其毒性，普林尼则指出其危害性。战败的埃布隆人国王吃了紫杉叶子自杀身亡。迪奥斯科里迪斯（Dioscoride）* 宣称，在纳尔榜南西斯（Narbonnaise）的紫杉树下睡觉就会昏迷，或者死去，这种树的果实会杀死小鸟、令人类腹泻。诗人们同样强调紫杉的危害。维吉尔在他的农事诗中，禁止在"不洁的紫杉树下"建造房屋，因为这种树违反了"美妙之所"（locus amoenus）的法则。

---

1 Théophraste, *Recherches sur les plantes, op. cit.*, p. 30.
2 Pline l'Ancien, *Histoire naturelle, op. cit.*, livre XVI, p. 55.
3 Lucrèce, *De la nature des choses,* Paris, Le Livre de poche, 2002, p. 655.

紧随其后是中世纪大部分百科全书派对紫杉毒性的指控。[1] 紫杉属于坏的树种，它是不祥的、悲伤的、孤独的。特别是它的常青似乎源自于与魔鬼的永生协约。中世纪则将紫杉与死亡和另一个世界相联。我们已经看到，它是绝好的葬礼树。它与自杀维持着关系。它全身有毒：根、树皮、果实，尤其是汁液。这些特点在现代重新出现：哈姆雷特的父亲就是被紫杉的汁液毒死的。民俗学家列举了19世纪相同的憎恨和忧虑。[2] 诺曼底有这样的传说，谁砍伐紫杉，就有在当年死去的危险。

胡桃树同样成为憎恶的目标，虽然它的果实和油脂受到欢迎，并长期被用于高级木器和洗染业。但胡桃树是黑暗之树，进而成为魔鬼之树。在中世纪，胡桃树被认为是有害的，受到人类排斥。人们反复说，它的根的毒性尤其剧烈，它令附近牲口棚里的动物死去。在胡桃树下睡去，会发烧和头痛，或者在梦中被地狱的精灵所侵。简言之，人们一致认为，胡桃树是有害的，是撒旦的植物。13世纪末，克雷森齐的皮耶罗（Pierre de Crescens）在他的农事论著中反复强调这一点。[3] 随后，安杰洛·古贝尔纳提斯确认，在很多地区人们说它被女巫纠缠不休。[4] 现代之初，贝内文托受诅咒的胡桃树极为著名。

19世纪和20世纪的民俗学家着迷于危险的树和在树下死去的主题。稍晚些，生长在美洲海岸的芒齐涅拉树成为绝佳的有害植物的案例。19世纪后半叶的词典和百科全书作者重拾这些巫术的话题。我们会在这些作品中读到，乳白的树汁流遍各处，量大而极具腐蚀性，尤其是毒性强烈。"手背上滴一滴树汁，马上就会起个大泡，就像被燃烧

---

1 Michel Pastoureau, «Introduction à la symbolique médiévale du bois», *L'Arbre. L'Histoire naturelle et symbolique...*, *op. cit.*, p. 37-38.
2 Robert Bourdu, *Histoires de France racontées par les arbres, op. cit.*, p. 60.
3 Robert Bechmann, *Des arbres et des plantes, op. cit.*, p. 15.
4 Angelo de Gubernatis, *La Mythlogie des plantes, op. cit.*, p. 242-253.

的煤烫过那样。"人们宣称一旦走进树荫,"伤口接触树叶就会感染"。[1]

在古代,与揭露树之不祥并行的是,诗人们将地狱之树的恐怖广为传播。荷马就曾极力描述保护海怪的无花果树的轮廓。[2] 在《农事诗》第三卷中,维吉尔笔下描绘的森林场景阴森而恐怖,周围长满芦苇的泥泞沼泽,长久以来在诗人的想象中分量极重,就像俄耳甫斯(Orphée)在不见天日的森林里为欧律狄克(Eurydice)哭泣。

莎士比亚的戏剧极为清晰地证明了与源自古代的模式相联的想象。树通常是不祥和血腥的,与死亡相联。它一般是在剧本的第五幕——悲剧到达顶点的时候——出现。在《奥赛罗》、《麦克白》、《雅典的泰门》里都是如此。在《暴风雨》中,树成为一个突如其来的魔法场面的角色。

除了大量来自《圣经》和古希腊罗马的参照之外——这些参照在若干世纪以来不断被改编,还有一些主题奠定了对树的消极看法以及这些看法引起的激情。有必要提及有审判权的树、用于酷刑的树,尤其是用于绞刑的树。那就谈谈树做绞架的历史,不要忘记所有的绞架都可以视为一棵树。

奥维德在《变形记》中详细描述了国王席统(Thrace Sithon)的女儿菲莉丝(Phyllis)的悲惨命运。因为承受不了未婚夫忒修斯(Thésée)之子德摩丰(Démophon)的失踪,不幸的姑娘以为自己被抛弃,自挂树枝,死后变为巴旦杏树。神话传说也同样建立了树与自杀之间的联系。

在古代日耳曼人谱写的诗篇里,则提及活人祭和将尸身挂在树干。塔希佗写道,色蒙斯人(Semmons),苏维汇人(Suève)最古老的一支,在神圣树林中召集会议,以此表达对生活在巨大橡树上的

---

1 Dictionnaire Bescherelle, 1861, article «Mancenillier».
2 Homère, *L'Odyssée*, Chant XII, Paris, Le Livre de poche, coll. «Classique en poche», 1996, (trad. Victor Bérard), v. 430-435, p. 310.

神灵的敬意，他们以这种仪式纪念部落的诞生。根据西蒙·沙玛的说法，仪式与沃唐（Wotan）的自我牺牲有关，自挂于象征天地万物的宇宙之树的树枝上，以期完成从死亡到再生的过程。

另外，塔希佗确信，在日耳曼尼亚，叛徒和逃兵被吊死在树上；所有现代和19世纪学院的好学生都分享了日耳曼士兵看到瓦鲁斯军团被阿明尼乌战士钉在树干上的颅骨时的恐惧。斯特拉波（Strabon）在公元1世纪写道，辛勃罗人把囚犯献祭吊死在树上。老普林尼则两次在《自然史》中提到绞刑树。[1]

在13世纪，弗拉津的雅各令以赛亚（Isaïe）的酷刑广为人知。以赛亚藏身在树洞里，身体和树干一起被锯开。锯也因此显得残忍而被视作魔鬼的工具。在其他殉难的例子里，还有人与树一起被锯开的情况。

17世纪，尤其是三十年战争期间，"绞刑树"和称为"枯树"的恐怖视觉，被特别的力量所加强。法国地区出现的这类植物的最好代表，就是雷耶斯韦尔。[2] 生长在比奇镇的橡树绞刑架在1633—1634年实至名归。[3] 这一年，奇塞德村庄的所有居民都被瑞典雇佣军吊死在树枝上。雅克·卡洛（Jacques Callot）的一幅版画经常被复制，表现了集体绞刑的恐怖场景。在安德莱·科沃尔看来，栗树特别适合这类酷刑；它修长和坚固的树枝便于充当天然绞架。

很容易理解，自缢之树会构成一个传奇的主题。西哈诺·德·贝热拉克详述了在太阳帝国和三级会议时期，他是如何避免了因为鸟引起的官司而被绞死在树上。这个主题达到了浪漫的顶点。众所周知，沃尔特·司各特是19世纪上半叶，尤其是在法国被广为阅读的作家。但是，他最著名的作品里出现了小说《昆丁·杜沃德》的介绍。在国王路易

---

1　Pline l'Ancien, *Histoire naturelle*, livre XVI, *op. cit*., p. 55.
2　Georges Feterman, *Arbres extraordinaires, op. cit*., p. 115.
3　Robert Bourdu, *Histoires de France racontées par les arbres, op. cit*., p. 220.

十一的普莱西雷图尔城堡的尽头，耸立着巨大的榉树和榆树，"就似树叶的山脉"。中间有棵美丽的橡树，上面吊着一个穿灰色紧身外衣的男子。

他的同伴——由君主装扮——对昆丁说，到了秋天，等道路不大安全的时候，他要在这些树上挂十到二十具尸体。他把这个定性为"吓唬乞丐的飘扬的旗帜"。远处飘来的腐烂气味意味着国王的正义。国王在他的妆容背后宣称："没有比叛徒尸体的味道更好的香味了。"[1] 不久，昆丁·杜沃德在丈量土地时，遇到充满尊敬而又恐惧地注视着栗树的农民，树身上镌刻了百合花的图案，某个挂在树枝上的人垂死抽搐。昆丁在吓呆的仆从面前放他下来；他乱舞乱动给昆丁带来不少麻烦。

暂别虚构作品。乔治·桑在《我的一生》中详述了她童年最重口味的一段经历：奥尔良森林的树引起的恐惧。祖母悲伤的叙述使树在孩子的眼里极为可怕。老妇人言之凿凿地说，大革命前强盗被吊死在路边的树上，"就在他们犯罪的地方：如此从路的各个方向都能看到，在很近的距离，尸体挂在树枝上，在您的头上随风飘荡。如果您经常走这段路，会认出每个被吊死的人"；紧接着是一个黑发在风中飘荡的高大妇人尸身的描述，"当乌鸦飞过来围着抢食她的尸体时，这是一幕恐怖的场景，恶臭会尾随着您直到城门口"。[2] 人们理解在这样一段黄昏路程，小奥萝尔回忆"吊在老橡树上摆荡的尸体"，而且每次出门这种恐惧都会重演，直至她到了十五六岁。

1832年10月20日，达尔文在哥伦达附近发现了吊在一棵树上的印第安人的尸骨。皮肉干瘪，依旧挂在骨架上，景象恐怖。[3] 19世纪上半叶的英国，人们经常观看罪犯的绞刑仪式，仪式同时也是狂欢

---

1 Walter Scott, *Quentin Durward*, dans *Ivanhoé et autres romans*, Paris, Gallimard, coll. «Bibliothèque dela Pléiade», 2007, p. 602-610.

2 George Sand, *Histoire de ma vie*, t. I, *op. cit.*, p. 646, 647.

3 Charles Darwin, V*oyage d'un naturaliste...*, *op. cit.*, p. 136.

节，其间，欢乐确实压过恐惧。

每个人都记得，19世纪末和20世纪初美国私刑还广为盛行。但是，最经常的是将受害者吊死在树枝上。西部片反复再现这种场景。主人公只需要用步枪或者手枪应对，用作绞刑架的树更经常出现在片头或者片尾。

至于绞架，再说一遍，可以与吊死人的树合而为一。在黄昏遇到绞死的尸体引起的恐惧成为维克多·雨果《笑面人》最揪心的部分。

殖民场景达到了不祥之树画面的顶点。酷刑之树和绞刑架之树引起的恐惧在这里反映了"野蛮人"引起的恐惧。儒勒·凡尔纳五周的气球飞行，是19世纪后半叶最广为流传的小说之一。第二十章表现了飞行员从食人生番的"战争之树"那里的高空飞行，就在村广场中心："巨大的埃及无花果树树干已经消失，被成堆的人尸埋没。花……是刚割下的人头，悬在固定在树身上的匕首上。"[1]

没有儒勒·凡尔纳著名，但是布斯纳尔（Boussenard）同样广为人知，他在《弗利盖特小姐的旅行及冒险》中写道，1898年，马达加斯加的霍瓦人用来吊死人的一棵树，挂着法国士兵的残骸。"这堆骇人的尸骨散发出万人坑的味道，污染了空气，令人无法呼吸……全部穿着法国军队的制服……也有已经死去很久、变成骨架的。赤裸干瘪的腿脚伸出裤子；军帽罩着空空的眼眶，怪模怪样的下颌，胸口被秃鹫的喙和爪挖掘过，在褴褛的军装下大敞四开。"

"另外一些刚被屠杀的看上去像是红肉的碎块，附着在骨头上的是带血的腱子。"[2]

让这类恐怖场景的描述出现在给年轻人阅读的作品中，并非不令

---

[1] Jules Verne, *Cinq semaines en ballon*, 2005, chapitre XX, p. 170.
[2] Jean-Marie Seillan, « Le gore colonial. Aspects du corps supplicié dans la littérature d'aventures africaines à la fin du XIX[e] siècle », in Frédéric Chauvaud (dir.), *Corps saccagés*, Rennes, PUR, 2009, p. 269.

人惊讶。索朗日·韦尔努瓦（Solange Vernois），《旅行日记》的细腻的分析者，说明这种出版物充满绞刑、斩首、尖桩刑和中国式酷刑的场面。她认为这种重复满足了谴责他人野蛮行径和思考人类底线的挥之不去的欲望。

马达加斯加的食人树进入了这一恐怖战略。1878年9月，人们读到对囚犯的酷刑："他看到特佩特佩（Tépé-Tépé）的嫩枝缠住自己。他的头、颈、胳膊像是被铁钳夹住，身体也一样被植物之蛇缠住……肥厚的唇瓣张合间互相吞噬，很快可以看到从恐怖植物的根部间隙渗出黏稠的液体，混合着受害者的血液和内脏。"[1] 可以把此处看成不祥之树达到恐怖顶点的一个主要场景。

还有一个场景令树成为酷刑的工具：被绑在树身上的旅人、小偷、强盗或者敌人，有时受过酷刑，随后会被鸟类和野兽吞食。这个主题已经在中世纪出现过，比如在回忆巨人这个末世的后代时，提到的肢体残缺不全或者变形的歌革（Gog）和玛各（Magog）。后者被大海所弃，绑在大树上，暴露在路人的目光中——因为树还可以是示众刑柱——并被鸟类撕碎。[2]

索莱尔（Sorel）题为《弗朗西庸的滑稽故事》的小说将这类可怕的实践变得可笑。主要人物之一瓦伦丁，眼看着自己被捉后绑在一棵榆树上。他想象侵犯自己的是魔鬼。最终他在早晨被村民解救下来。[3]

---

1　Solange Vernois, «Le corps martyrisé et la curiosité dévoyée dans le *Journal des voyages(1877-1896)*, in Frédéric Chauvaud (dir.), *Corps saccagés, op. cit.*, p. 251. 这里提到的有插图的文章，不是《旅行日记》中唯一一处描写马达加斯加食人树的。
2　Cf. Anna Caiozzo, «Les monstres dans les cosmographies illustrées de l'Orient médiéval», in Anna Caiozzo et Anna-Emmanulle Demartini, *Monstre et imaginaire social*, Paris, Créaphis, 2008, p. 55 *sq*.
3　Charles Sorel, *Histoire comique de Francion, dans Romanciers du XVII<sup>e</sup> siècle*, Paris, Gallimard, coll. «Bibliothèque de la Pléiade», 1958, p. 69-70.

将受害者交给野兽成为现代西班牙强盗的野蛮做法。人们可以从中看到通过委托而实现的吞噬的幻觉。塞林那·吉拉尔（Céline Gilard）讲述了两个弑父者把父亲绑在树上，希望野兽来吃掉他。在当时的伊比利亚半岛，捆绑和剥光受害人，就是剥夺其教化的身份，也意味着野蛮对文明的胜利，特别是这些场景发生在山里和森林中，总之，是在所有未开化之地，比如在莫雷纳山。[1] 将女性绑在树上强暴也经常伴随着类似暴行。被紧紧捆在树上的赤裸的受害者，在遭受侵犯后被遗弃。更简单地，把抢来的男人或女人绑在树上可以推迟危险，或尽可能长久地将受害者身份保密。

在法国的土地上，则发生了完全不同的足以引发恐惧的事情。分析"正义之树"带来的那些事过于冗长，所谓"正义之树"是指早已引入这片国土的断头台。因此，在复辟之初，人们称之为"白色恐怖"的时期，砍头的场景甚至时常发生在小城镇里。[2] 当然，断头台不是树，但断头台的柱子、"它的木料"却在观者心中挥之不去。电影史家达尼埃尔·塞尔索（Daniel Serceau）在让·雷诺阿（Jean Renoir）的《乡村》中找到了关联。通过颠倒素材，导演用可怖的树杈的出现暗喻断头台。[3]

通过酷刑和正义之树，我们看到这类植物可以引发恐惧；但这还不是全部。在这方面，它还是其他激情的手段。再说一遍，老普林尼承认，从本质上讲，它是不祥之树，看到它就会引起惊恐。卢坎（Lucain）曾写过一篇文字，无数世纪以来影响着艺术家、作家和他们的观众、读者的想象。我们必须以《法撒尔》（*Pharsal*）作为结束，

---

1 Céline Gilard, «La violence des bandis dans l'Espagne de l'Ancien Régime. Entre réalité et imaginaire», in Frédéric Chauvaud (dir.), *Corps saccagés, op. cit.*, p. 177-196.

2 还是 1871 年，杀害阿兰·莫奈的凶手在奥特法伊的小集镇中心被斩首。Cf. Alain Corbin, *Le Village des cannibales*, Paris, Aubier, 1990 et Flammarion, coll. «Champs», 1995.

3 Daniel Serceau, «Le paysage et le deuil, le destin d'un cyprès», *in* Jean Mottet (dir.), *Les Paysages du cinéma*, Seyssel, Champ Vallon, 1999, p. 85.

他的恐怖载入记忆。当恺撒包围了马赛城，树木消失不见了。然而，附近一棵神圣的树，毫无疑问不可能遭到亵渎。树林黑暗阴森，阳光难以射入而且密不透风，任何运动都无法撼动这"冻结的阴影"的树林。闪电进入不了树林。诸神的祭坛安放在这里，"所有树木被人类的血涤净"。它们引发了"极其特别的恐惧"，但同时它们也"产生震惊"[1]。腐烂树身的霉迹和白斑又增加了恐怖。人们转述，在这个地方，弯曲的紫杉有时会重新直立起来，"紫杉虽然没有燃烧，却发出火的光焰，龙盘绕着树身，无处不在"。受命砍伐这些树的士兵担心"斧子会落在他们自己身上"。

这次我们将看到，恐怖完全属于虚拟，如塔索《被解放的耶路撒冷》的主人公阿尔米德栽下的魔法树林里生长的怪物树。这些恐怖的篇章，同样深深地影响了后来的想象。

在人类从未进入的地区，由恐怖之树引起的感情贯穿若干个世纪，被18世纪的探险家反复述说。"原始的自然丑陋而濒死。"布丰（Buffon）写道。在未被破坏的地区，人们发现"没有皮没有梢的树，弯曲，断裂，因支离破碎而不断掉落，大量地跌落，在已经成堆的腐烂者之上继续腐烂，从而掩埋了即将盛开的萌芽并使其窒息。自然……在这里显示出衰败；……土壤……只能提供……拥挤的空间，枝杈横斜，其上还承载着寄生植物、伞菌的地衣、已经腐败的杂交果实"[2]。

近一个世纪之后，亨利·戴维·梭罗穿过缅因州尚少人踏足的森林，在那里看到"宽广而可怕的物质"，"必要与命运的居留地"。没

---

1 Lucain, *La Guerre civile (La Pharsale)*, Paris, Les Belles Lettres, 1962, (trad. A. Bourgery), livre III, p. 81-83.

2 Buffon, *Œuvres,* textes choisis, présentés et annotés par Stéphane Schmitt, avec la collaboration de Cédric Crémière, préface de Michel Delon, coll. «Bibliothèque de la Pléiade», 2007, p. 990, 991.

有任何迹象表明它"对人类怀有善意"。陷入这些倒塌的树堆,他又写道:"我突然在身处的地方被忧虑抓住,我与这种物质的紧密联系令我觉得如此奇怪。"¹

贝尔纳丹·德·圣皮埃尔根据他的逻辑对不祥之树的存在做出解释:自然通过恐怖的植物努力令人类远离有害的地方。这样,在沼泽旁,"它放置了树身通红、像是被火灾熏黑的紫杉,黑乎乎的树叶只能做猫头鹰的居所"²。

至于浪漫的艺术家们,有时会在看到可能引发恐惧的魔鬼般的树时尽力唤起强烈的感情。在这方面,他们以自己的方式,与16世纪的北方景物画家心有灵犀。³他们赞美不驯顺的大自然的幻觉。在这方面,极具说服力的是德国浪漫画家所画的妖魔树,特别是老卡尔·威廉海姆·科尔贝(Carl Wilhelm Kolbe)。18世纪末,虚幻的树代替孤独的树成为这位画家的重要主题,1793年或1794年《死去的巨树》可以为证。缝隙、树结、隆起组成不真实的侧影,看上去像是"一张鬼脸的幻觉;树枝像蛇一样扭曲在一起,在强烈的明暗效果的支持下给人产生运动的印象。被唤醒重生的魔怪树,像幽灵一样竖立,位于景物的中心,暗示一种摧毁的威胁"⁴。老科尔贝1808年画的一棵老垂柳的树干在观者心中引发了同样类型的情感。幽灵般的树杈残部在空中病态地竖立着。奇形怪状的语汇引起焦虑的情绪。

类似场景与格林(Grimm)小说中出现的树非常吻合,尤其是那些极其丑陋、扭曲和弯曲的橡树。专家们一致强调克洛普施托克

---

1　Henry David Thoreau, *Les Forêts du Maine, op. cit.*, p.79, 80.
2　Bernardin de Saint-Pierre, *Études de la nature, op. cit.*, p. 319.
3　Cf. Kenneth Clark, *L'Art du paysage, op. cit.*, p. 44.
4　Hinrich Sieveking (dir.), *L'Âge d'or du romantisme allemande. Aquarelles et desseins à l'époque de Gœthe,* Paris, musée de la Vie romantique, cataloque de l'exposition mars-juin 2008, p. 178.

（Klopstock）作品和橡树在德语文化中的偶像化产生的影响，这在 17 世纪 70 年代初已隐约可见；从此以后，在德鲁伊特祖先影响下的德国年轻人，会集到树林中，来颂扬阿明尼乌时代的回忆。[1]

法国高特冈森林的树木迎风而立，在这片蛮荒之地，在漫步者莫里斯·德盖兰的注视下，可以归为同一类的情感。[2] 至于维克多·雨果则表现出对魔怪树的极度敏感，他用很多篇幅提及丢勒的不吉利的橡树。尤其是在《悲惨世界》中，他对蒙费梅森林中惹得珂赛特害怕的"魔怪橡树"着墨甚多。小姑娘心中产生了这种情感："神秘的枝条弯下腰，令人恐惧的树身，战栗的长长的草丛。"[3]

还没提那些受狂野树木危害的亲身经历者的叙述，树木掉落的部分会砸伤甚至砸死人。贺拉斯在《颂歌》XIII-213 中询问在公元 30 年几乎遭难的人：

> 不幸之树，谁让你来在我的土地，
> 特意掉到他无辜的主人头上！
> 只差一点儿我就要去见
> 珀耳塞福涅阴暗的国王？[4]

司汤达曾痛苦地回忆被一棵倒下的桑树砸死的朋友朗贝尔。[5] 今

---

1 Cf. Simon Schama, *Le Paysage et la mémoire, op. cit.*, p. 125, 120 *sq*.
2 Maurice de Guérin, *Le Cahier vert,* p. 47. 这里以及后面的举例出自莫里斯·德盖兰的 *Œuvres complètes,* Paris, Garnier, 2012。
3 Victor Hugo, *Les Misérables,* Paris, Le Livre de poche, coll. «Classique», présentation de Guy Rosa, t. I, 1998, p. 545.
4 Horace, *Odes*, Paris, Gallimard, coll. «Poésie», 2004, (Préface de Claude-André Tabart ), XIII, p. 213, 215.
5 Stendhal, *Œuvres intimes, op. cit.*, t. II : «Vie de Henry Brulard», p. 674.

天，汽车司机撞在树身上造成伤亡，构成了交通事故的特别内容。[1]

多少世纪以来，树被用于构建死亡陷阱。近代，则有印度支那和越南战争做脚注。阿明尼乌已经用树来抗拒瓦鲁斯军团。另外，同样不要忘记，因为招雷电，树本身就是危险的。

还不用提那些极端的、把树当成死亡的工具，经常用树枝鞭挞、打伤和划破人身。绿篱、荆棘将试图穿过它的人扎破，使人流血不止，这份回忆为大家所共有。离开了夏洛特的维特，回忆与其一起在树下摘果子，度过了几个"幸运的小时"，在疲累饥渴之时试图"开辟一条路径……穿过划伤（我）的绿篱、刮破衣裳的荆棘。这些就是我的快乐"[2]，他这样总结。

巴尔贝·多尔维利（Barbey d'Aurevilly）以最悲剧的方式讲述内埃尔·德·内乌（Néel de Néhou）在下诺曼底树林里一次失控的疾驰时被植物划伤和撕烂的回忆。"他撞上了树，扯下了树皮；他突破了荆棘；撞翻了栅栏柱！他把所有碎屑拖在身后，以便身后的道路上撒满碎屑。"[3]

一次从加莱到波洛涅的乘车旅行中，维克多·雨果在信中写道，树枝"欢快地刮擦着车厢"。当时车经过一片绿篱，"绿篱伸出带钩的枝蔓紧紧抓牢土地，阿尔伯特·丢勒是如此欢喜"[4]。

20世纪中叶，植物的进犯，更确切说，抓伤人的树枝，构成约瑟夫·康拉德（Joseph Conrad）作品的主体，作家回忆热带森林颇具威胁的一面。让我们听听他在小说《在滚筒的尽头》中描写的侵犯性

---

1 Cf. Philippe Ragel, «Les rêveries d'un cinéaste solitaire. À propos de Nouvelle vague de Jean-Luc Godard», in Jean Mottet (dir.), *L'Arbre dans le paysage, op. cit.*, p. 193.
2 Goethe, *Les Souffrances du jeune Werther, op. cit.*, p. 51-52.
3 Barbey d'Aurevilly, *Un prêtre marié*, Paris, Robert Laffond, 2010, p. 663. 这几行文字让人想起莫里斯·德盖兰的 *Le Centaure*。
4 Victor Hugo, *Correspondance*, Paris, Robert Laffond, coll. «Bouquins», 1991, t. II: *1828-1839*, p. 462.

场景。破烂的船擦着巨大茂盛的树叶墙驶过岸边，灌木粗暴地扫擦着船身，"树藤带着巨大的响声撞上了小艇的支架，突然一条长长的绿色繁茂枝条豁然插入敞开的船舱，然后马上又弹出去，留下几片散落的叶子骤然停落在马西先生的外套上"[1]。让·皮埃尔·维尔尼埃（Jean Pierre Vernier）评论这个片段：在这个闯入场面中看到了既不祥又无法言说的信号。

顺带说说另一个老套：放置在树上的物品的参照；有些逐渐嵌了进去。在他认为奇特的树中，乔治·菲特曼（Georges Feterman）将树写入钉子吞噬者的目录，以及其他金属物甚至是路牌的吞噬者。

腐败的枯树形成星云、混沌的形状。错杂的树身，经常被理解为是狂热的。树木受河流冲淹而一泻千里的场面，尤其是在放排季节，令观者着迷，虽然也会让人担心。这里，没有像魔怪树那样移动的堆垛那么吓人。惊呆的夏多布里昂在这样的混沌面前停下脚步，他在《阿达拉》里多次提到这个场景。亨利·戴维·梭罗到缅因州森林远足时，在这离奇场景面前沉思良久。虽然进展困难，但他还是画了一张油画，"被淹没的树身枯死、赤裸、苍白，载沉载浮，构成真正的迷宫：一些树还半立着，有原来一半的高度，另一些平漂着，杂在一起……因为中间被绑住了，树身、树枝和漂浮的树根绞缠在一起"[2]。

至于达尔文，在地火附近巨大混乱的枯树面前驻足。某些地方，他撞上腐朽的树木，那里，他依靠在树上以致树倒在他的脚下。在奇洛埃，森林是无法进入的，因为地面"充斥着已朽和垂死的树木"[3]。他必须从高处前行或者匍匐着爬过腐朽的树干。

人们应该将描写这种暴力形式的树的动人篇章归于艾里塞·雷克

---

1 Joseph Conrad, *Au bout du rouleau*, Paris, Gallimard, coll. «L'imaginaire», 1931, 1985, p. 96.
2 Henry David Thoreau, *Les Forêts du Maine, op. cit.*, p. 256.
3 Charles Darwin, *Voyage d'un naturaliste..., op. cit.*, p. 302.

第五章　树：从担忧到惊恐

吕（Élisée Reclus）。在观看南美的漂流场面时，从被截留的成堆松树树身的跳跃中，雷克吕发现了被压抑的残暴野兽。"入睡的野兽痉挛地躁动着。"场面的动态暴力，在他的文字中滋养了一种戏剧性，可以归为殉难，并预示了屠杀。

被砍伐的树身首先运到人工湖里，就像被牧者关入圈里的疲惫动物。雷克吕断言："入夜，没有比看着这些巨大的魔怪躺下喘息、在月光下熠熠闪光更奇怪的了。"[1] 转天，开始粗野的放排了。它们一接近激流，便"像巨大的标枪一样奔向瀑布"。"它们相互碰撞、滚动、跳跃，然后，在瀑布面前倾斜，它们还在碰撞、旋转，透过泡沫露出被斧子砍斫的红色伤口"……成千上万被砍伐的树相继跳水构成一个响亮的行进队伍。樵夫拉出几根被涡流截住、在"绝望地打旋"的树干。[2]

到了下游，"躺着的魔怪痉挛着跃动，重新竖立起来，吱嘎作响，悲叹着它们被谋杀的身躯"。在这种移动的混沌中，树身的暴力是如此猛烈，樵夫在枯死的松树旁一起漂流，冒着"被拽翻、泡得发青和流血的危险……"[3]

《火线》中描写的暗夜树林中的部队，当部队元帅大叫着："黑死了！"那份恐惧被塞林纳（Céline）强烈表达出来。树林"完全漆黑一片，嘈杂、膨胀，野兽般令人恐怖的低语……这是来自树叶的恐惧……夜晚在反抗"[4]。

---

1　Élisée Reclus, *Histoire d'un ruisseau*, Actes Sud, coll. «Babel», 1995, p. 179.
2　Ibid., p. 180, 181.
3　Ibid., p. 182.
4　Louis- Ferdinand Céline, *Casse-pipe*, in *Romans*, t. III, Paris, Gallimard, coll. «Bibliothèque de la Pléiade», 1998, p. 13.

第六章

# 神奇、梦幻、令人难以置信的树

古代的学者表现出被神奇的树迷住的程度,远大于他们被树吓到的程度,比如"印度无花果树"(banyan)。在赫拉克利斯(Héraclès)队伍经过的外海(大西洋),泰奥弗拉斯特相信,存在神奇的树,尤其是一种结果的外海的"橡树",其果实橡栗被食用。根据潜水者和海难失事者的确切描述,无花果树、棕榈树、某种葡萄藤生长到了外海。人们还能在红海的波斯湾以及提洛斯岛找到海洋树种。[1]

普林尼稍后写道,希罗多德保证"结出乳香的树由小巧的、各种颜色的有翼蛇守护,每棵树周围都围着很多"[2]。结出桂皮的树,同样被守护着,这次是吓人的蝙蝠。

---

[1] Théophraste, *Recherches sur les plantes, op. cit.*, p. 79,82,83, 86.
[2] Cf. Pline l'Ancien, *Histoire naturelle, op. cit.*, livre XII, p. 92, 47.

学者的这番话增强了存在魔法树的信仰。俄耳甫斯令树移动的场景长期存在于想象之中。一旦他拨弄"会歌唱的弦",树丛就会移到他所在的沙漠聆听。奥维德长久地历数被这样吸引来的植物种类。后来,他补充道,森林为俄耳甫斯服丧,"树叶全部掉落,也脱掉了所有根须"[1]。这位诗人也描写过其他同类奇景,如卡南特的声音令森林和岩石移步。在写给女神赫卡忒(Hécate)的诗中,他还写道:"森林/哦,奇景!/跳出它们的地盘,大地在颤抖,邻近的树木暗淡无光……"[2]

　　当然,关于树的隐喻构成最大的奇迹。它解释了植物的诞生,再现了将宇宙间所有元素集合在一起的普遍的流动性以及神秘的亲缘关系、想象的秘密、生物之间的模拟关系。一切就像仙女已经受她将变成的树的支配。雅克·布罗斯(Jacques Brosse)写道:"以致人们会想,肉体的存在不过是树的灵魂以人类的形式的短暂体现。"[3]

　　奥维德喜欢停留在细节上,寻找既扰乱又揭示统一性的变形时刻。我们还将回到达芙妮的例子。眼下只需要提到德律俄珀(Dryope)变形为莲花。奥维德写道,她的脚生了根,随后"树缓慢地从低处生长",并"逐渐包围了两条腿",她的头发变成树叶,"胸膛坚硬",乳汁枯竭。如果没有流满泪水的面庞,已经看不出德律俄珀的人形了;但是,女神已经宣布了她的忧伤:"一层温柔的树皮攀缘上我白皙的脖颈,我的头消失在树梢之下。"变形之后,"她的新生枝条保存了身体的热度"。[4]

　　与达芙妮和德律俄珀不同的是,阿普列尤斯(Apulie)的牧羊人

---

1　Ovide, *Les Métamorphoses*, Paris, Gallimard, coll. «Folio classique», 1992, présentation de Jean-Pierre Néraudau, p. 323-324, 352.

2　Ibid., p. 458, 460.

3　Jacques Brosse, *La Mythologie des arbres, op. cit.*, commentaire des *Métamorphoses d'Ovide*, p. 237, *sq*.

4　Ovide, *Les Métamorphoses, op. cit.*, p. 301-302.

变形为野生橄榄树，是因为仙女恼了他的下流话语，罚他变形。酸涩的果实让人想起他可耻的言语。在橄榄树的果实里生长着牧羊人粗鲁的话语。[1]

希腊文学创造了另一种树之奇迹的想象之源。我刚列举的神话例子讲述了植物的神话起源，伊索寓言导演并让自然成员自己说话，以便传播智慧的启示。

当我们讲到植物英雄，讲述在12世纪和13世纪哥特时期诞生并充分发展的奇迹时，我们还会回过头来。当时，对印度洋充满想象，提供了大量奇异的树种，而在西方"仙女之树"的形象已家喻户晓。[2] 然而，在这个时期，奇迹有时会在小说中出现。我们举个例子，雷蒂安·德·特罗亚（Chrétien de Troyes）的《猎狮骑士》的片段中，可以看到一个常见的组合，树和泉水。在故事开始，人物卡洛格雷南（Calogrenant）遇到给他指路的一个半人半鬼，"你将看到，"他说，"喷涌的泉水……和大自然从没有过的美丽树荫。任何时候树叶都不会脱落，因为没有一个冬天可以夺走它的树叶。"如果你用盆去舀泉水，"你将看到天雷，树会断裂"[3]。

卡洛格雷南顺着指示发现了树："大地上从未见过的美丽松树。在我看来，"他宣称，"从未下过足够大的雨，使雨水能够穿透它，但是上面滚动着所有雨水。"卡洛格雷南在撩泉眼边的水时，引发了天雷。树断裂了，除了那棵松树。[4]

16世纪树的奇迹重新盛行。首先是老生常谈，着魔的树林或解

---

1　Ovide, *Les Métamorphoses, op. cit.*, p. 465.

2　Cf. *infra*, p. 73, 82.

3　Chrétien de Troyes, *Le Chevalier au lion* (Yvain), Paris, Honoré Champion, 1999, p. 10.

4　Ibid., p. 11-12. 在雷蒂安·德·特罗亚小说中出现的树，参见：Sylvie Roustant, «Le chêne et le charme : en forêt hors les lois dans l'œuvre de Chrétien de Troyes», Otrante, Kimé, n°27-28, automne 2008。

除了魔法的森林在当时大量出现。我们还会回来讲述塔索的《被解放的耶路撒冷》中阿尔米德的魔力。只举一个魔术师的变形：香桃木在不祥的树精盘踞的着魔的树林里最多。

> 久负盛名的香桃木伸展开它巨大的枝条
> 比柏树还要高比棕榈树还要长
> 它的树荫遮住所有的树
> 人们要说这是森林的城堡。[1]

阿尔米德走出奇迹树的树洞，变身为可怕的魔鬼布里亚柔斯（Briarée）的变形，雷诺曾用马刀砍过他。

然而，在同一时期的绘画中，一组北方风景画在奇幻的全景里描绘着想象之树的轮廓。阿尔特多费尔（Altdorfer）油画中的松树和荆棘获得广泛评论，出现在伊森海姆（Isenheim）和格吕内瓦尔德（Grunenwald）祭坛上的树，构成这类日耳曼绘画的典范，饱含神秘。哲罗姆·博施的作品充分表现了迷人的树的拟人化。眼下只举一个例子，一幅题为《耳朵的森林，眼睛的森林》的钢笔画。博施实际上赋予树以人类的感觉器官，使得它们可以听到。人的眼睛是睁开的，而且，看着草地上飞来飞去的小鸟叽叽喳喳，然后停在枯死的树枝上。人们解读这幅画为世间危险的陷阱，应该警惕避开。博施阐明了民间格言，要少说话多看多听；因此他画的树是有耳朵的。[2] 要知道，有耳树的主题还在启迪着我们现代的画家。

---

1　Le Tasse, *La Jésusalem délivrée*, Paris, Classiques Garnier, 1990, éd. Jean-Michel Gardair, p. 957-958.
2　参见哲罗姆·博施的羽毛画：*La forêt des oreilles et la forêt des yeux*, in Hans Belting, *Bosch. Le Jardin des délices, op. cit.*, p. 69。

古典时期对应于寓言和故事的回归，也就是奇迹树的主题。从16世纪中叶开始，特伦托会议的高级神职人员承认了寓言中传递的大自然和俗世的智慧启示；这等于是赋予寓言在正式的天主教文化中以一席之地。伊索寓言的传统得到承认，当时好几本带有伦理学痕迹的寓言集在意大利享有盛誉，在法国却不怎么成功。讽刺诗因为文学品类等级的原因不受推崇。到17世纪中叶，费德尔（Phèdre）的寓言被发现之后，情况就不同了。古代寓言作品，由勒迈斯特·德·萨西（Le Maistre de Sacy）翻译为法文，成为时尚。拉封丹在1668年的一篇序言中放大了这一成功。

> 我让狼开口讲话，他说，让羊羔回答。
> 我甚至更甚，树木和植物
> 在我的作品里成为会说话的造物。[1]

数篇寓言可以为证。受维吉尔启发的《橡树与芦苇》有着深深的古代灵感的烙印，令雅歌中的树木争论不休；这一传统可上溯至卡利马科斯（Callimaque）*，尤其是桂树与橄榄树之间的争论。

与它之前相比毫不逊色的是拉封丹的寓言《森林与樵夫》，其中提到树的抱怨；一定不要仅仅把它看成是有关植物的一个信息。

同一时期[2]，我们还会看到，一批激进者为承认树木具有敏感的灵魂而积极活动；这促使西哈诺·德·贝热拉克表现了一系列阳光帝国生长的神奇植物。这些树木会说话，有记忆，有感情、感觉、欲望，其中一位还会行医。西哈诺骑着白鸵鸟在森林中旅行，畅饮树身流出

---

1 La Fontaine, *Fables*, Paris, Le Livre de poche, 1985, édition de Marc Fumaroli, p. XCVIII. 关于树会说话，参见：*infra*, p. 184 sq.

2 Cf. *infra*, p. 127.

第六章　神奇、梦幻、令人难以置信的树

的蜜。这块土地于是成为福地。

树总是成为故事的象征,尤其是在 17 世纪。森林和矮林被表现为神奇的地域。另一方面,树因为固定而不能移动,令人类的漂泊更加明显。每个人都记得,无法穿越的矮密灌木丛保护了睡美人,却让可爱的王子进入。与夏尔·佩罗(Charles Perrault)相比,奥诺瓦夫人给予奇迹树以更多的笔墨。在她的故事中,植物会看,会听讲述,会说话,乐于助人,有时还会流血;尤其是某位变形的受难英雄。后来,格林兄弟在《七只乌鸦》中,重续树精的意象,故事的女主人公在树洞里独自生活了六年,后来被王子发现并和她订了婚。

浪漫主义作家抓住奇迹树的意象,当然,辅之以新的线索。这首先表现在绘画和油画中,就像 18 世纪和 19 世纪前后德国浪漫主义画作所表现出来的那样,当画的是可怕的树时,便得到证明。

来看看老科尔贝的作品。我们还可以举出他的《幻觉的树》。老柳树的树干,给观者以神奇的印象,在观者面前敞开了树的"痛苦的内心"。它的枝条垂落,哀婉动人,只有空虚。这里不再是描画现实的问题。弥芒西斯计划彻底落空。梦幻战胜了现实的参照;形状的活力,令人想到起疑的变形,促生了焦虑。[1]

安徒生(Andersen)在题为《老橡树的最后一梦》的故事中,没有表现树的梦境。他超越了,因为他要想象和表现植物的梦。这是一棵橡树,四百年的老橡树,沉睡在隆冬圣诞节的夜晚。之前的夏天,就如每年,它远离那个存在于自己和周围生物之间的时间,特别是思考那些蜉蝣的短暂。他觉得,蜉蝣,无法代表橡树的时间;橡树自己也很难想象在它消失后世界的美妙。

就眼下来说,这个圣诞的夜晚,橡树睡去了。在它临死时,它回

---

1 Hinrich Sieveking(dir.), *L'Âge d'or du romantisme allemande, op. cit.*, p. 182.

顾了自己的过去。它想起自己的童年，橡栗就是它的摇篮。它在头脑里细数自己一生充当过的角色：旅行者的坐标，鸟儿的巢穴，鸟儿的音乐厅，旅鸟的歇脚处。特别是，它回忆起那些过去的岁月，骑士和女士们曾来此乘凉，用隼和猎犬捕猎；这里还是士兵的营地、恋人的约会之所，还有朋友开心聚会时挂在树杈上的风竖琴。

老橡树在睡梦中突然感受到生长和舒适。它似乎感受到奔向太阳甚至奔向璀璨星光的欲望。在飞升和升天的梦境中，它觉得自己的根离开了土壤。"往昔的树"，曾长久消失，又相聚了。"我飞起来了。"[1] 橡树这样想着，圣诞夜的风暴将它连根拔起，抹去了水手们习以为常的标志。

1858年的这个故事，因为悲剧的色彩，并没有回到《圣诞颂歌》(A Christmas Carol)的原型，其拟人和不可思议达到了高峰。其间既有对树的记忆能力的夸大，又有它对不同生物时间性差异的思考、它飞向太阳和星空的欲望。总之，脱离了人的神奇的树，其生命和人类同样丰富。不过要说明的是，这棵终结于圣诞夜的树，充满宗教特别是新教的色彩，其使命通常被解释为隐喻。

不需要逐一列举浪漫时期感受到树木之神奇的作家。乔治·桑曾以此为素材创作了童年的鬼怪故事。维克多·雨果的作品里也充斥着这样的树木。我们确实可以注意到榆树的反复出现。实际上，这种树，尤其在夜幕降临之时，在他看来，就像魔怪在舞动。它们被进行滑稽和可怖的奇特隐喻。维克多·雨果写道，在黄昏时分，"榆树具有魔鬼的侧影，甚至笑得前仰后合"[2]。

---

[1] Hans Christian Andersen, *Œuvres*, Paris, Gallimard, coll. «Bibliothèque de la Pléiade», t. I, p. 562-567.

[2] 参见皮埃尔·阿尔布伊（Pierre Albouy）在他出版的 *Voix intérieures de Hugo* 中的评论，Paris, Gallimard, 1970, p. 398。我们将会注意到，20世纪，榆树出现在赫尔曼·布罗什（Hermann Broche）的噩梦中，为诗人的小说《维吉尔之死》的第二部分《火》提供了口实。

至于奈瓦尔，以故事与树结缘。例如，1850年创作的《鱼皇后》，故事发生在瓦卢瓦的维莱科特雷森林。故事的主角之一——小姑娘——对她的朋友小男孩说看到了一棵美丽的绿色橡树，树顶的枝梢是金色的，会恭敬地向她致意。小男孩拒绝把绿色的树枝放进自己的柴捆，因为当他拉扯树枝时会听到树的呻吟。他的主人橡树托德会为了这种行为而打他。作为回应，树会呼啸、战栗、发出低沉的声音；这会吓退那些刽子手。气恼的刽子手叫来伐木工，让他们砍伐整片树林。鱼皇后出现了，她命令埃纳河、瓦兹河、马恩河淹没这块土地。

梭罗的梦境中充满幽灵树林。1837年冬季，他产生了一个神奇的幻觉。"我起了个大早，"他写道，"清晨静谧而寒冷；树木如同沉睡中凋萎的黑暗造物，一边是彼此绞缠在一起，花白的长发一直蔓延到一条终日不见阳光的峡谷里；另一边，一个接一个沿着河流密密匝匝。"[1] 随后是对魔怪树叶的长篇描写。实际上，梭罗自歌德处继承了叶子的结构构成理想形状、是一切植物形态的原型的想法。

另外，梦中充满幽灵树的梭罗，幻想其中一些树可以和他一样长生不老，会在天堂陪伴他。他在叙述马恩河森林探险的书中，说自己最喜欢松树的是"树浓烈的香气，我会得到安慰，平息我的伤痛。它是不朽的，因为我就是它，也许它会去另一重天空，在那里它会继续以其高度影响我"[2]。

20世纪有很多艺术家和作家陷入树的幻觉。在普鲁斯特的《让·桑特伊》中，东方以及东方的情色浸润了雨后丁香的场景。"这是最后的东方，"作家写道，"赋予美丽的丁香以生命，波斯的血肉……苗条的山鲁佐德（Schéhérazade）不着寸缕，在树枝间静止不

---

[1] Henry David Thoreau, *Histoire naturelle du Massachusetts* (1842), in *Essai, op. cit.*, 2007, p. 56.
[2] Henry David Thoreau, *Les forêt du Maine, op. cit.*, p. 213.

动，散发出纯净的芬芳，愈加浓烈。"[1]

让树成为梦幻的材料，安德烈·布勒东（André Breton）多次这样强调。它出现在奇怪的睡眠和超现实的梦境中。作为证明，例如在《天气真好》中，热带树林经常出现在梦境中。

近代艺术家创作的绘画意在摧毁创作者和观者及其他生命体之间存在的鸿沟，用整个章节都不足以充分描述表现人为创作的幻觉的树。有些从自然治理的角度创造植物图形或者结构的作品，尚未与艺术史的潮流彻底告别。大卫·纳许（David Nash）致力于树的生长研究，他在1977年创作了《梣树穹顶》，在植物穹顶形成之前用了四十年的时间种植了二十几棵梣树。1985年的《被分离的欧克斯》，在达到圆满完成之前，花费了同样的时间；就是说一排树的完成偏离了故事中的足迹。

同样有人致力于参考和注释的工作，按照兼收并蓄的原则，将作品写入过去的回忆。伊恩·汉密尔顿·芬利（Ian Hamilton Finlay）就喜欢反复引用奥维德的《变形记》，或者18世纪园艺家的引文。

尼尔斯·乌多（Nils Udo）表现了自愿退化的画面——可以认为是树枝与树叶的文学史和绘画史的终点，曾让加斯东·巴什拉想用树做一个鸟巢的门厅。尼尔斯·乌多在树林中用树枝建造了巨大的鸟巢，让人拍下了赤裸蜷缩地躺在里面的自己。"图像中，"科莱特·加洛（Colette Garraud）写道，"最基本的象征即大自然和母亲一样，与一种被遗弃的强烈感情奇异地结合在一起。"[2]

虚幻的灵感被依据自然可能消失的想法而工作的艺术家推进着，推动他们建造金属的人工植物，比如芬利的《神圣的树林》或者朱塞

---

[1] Marcel Proust, *Jean Santeuil, op. cit.*, p. 213.
[2] Colette Garraud, *L'Idée de nature dans l'art contemporain*, Paris, Flammarion, 1994, p. 25. 后面的内容都可以参看这部非凡的作品，尤其是题为"Un objet de nature. l'Arbre"的章节。

佩·佩诺内的《奥特罗的山毛榉》。金属树闯入树林或森林证明了这一预感。

决定实践大地塑形的艺术家则以略为不同的视角工作。树，再一次，势在必行。这一次不再是表现的问题，而是展示、实现这些乌托邦式创造的"事物"的经验，虽然经常是昙花一现，不为大自然所知。其目的在于改变那些抵触这类实现者的心理结构，唤醒他们内心表达大地经验与社会记忆的感情，组成"世界宁静的档案"[1]，弗兰克·多利亚克（Frank Doriac）如是说。

詹姆斯·皮尔斯（James Pierce）《太阳树—人》（1978）用大地塑形艺术表现了一个以泥土和草为材料的建筑，一棵人树，直立，手臂让人联想到树枝，头则是太阳。还可以举出弗兰茨·克拉格博格（Franz Krageberg）在克雷斯特展出的炭烧树系列。这些树描绘出一个巨大的黑色物体，放置在一个刷成红色的圆形基座上。创作者的目的在于提醒观者树林可预见的死亡。之前提到的作品都证明树在梦境中的大量出现，与当代文学和当代艺术中呈现的愤怒感相左，阿兰·罗杰（Alain Roger）将之定性为在一个逐渐远离梦幻和神奇的社会内部的"树的灾难"[2]。

---

1 Frank Doriac, *Le Land Art... et après. L'émergence d'œuvres géographiques*, Paris, L'Harmattan, 2005, p. 16-18.
2 Alain Roger, «Des essences végétales aux essences idéales», in Jean Mottet (dir.), *L'Arbre dans le paysage, op. cit.*, p. 54.

第七章

# 树之魂

本章的论述成为后面一系列有关树作为个体的章节的背景,即树具有能感知、说话和与人对话的能力,树还具有潜在的道德感和性欲。所有这些资料来自哲学家和先贤们的写作,来自他们是否相信植物灵魂的存在、他们或多或少言辞的广泛影响。这同样来自诗人和艺术家的感受。

在柏拉图涉及这个主题之前,安那克萨哥拉*(Anaxagore)、德谟克利特(Démocrite)和恩培多克勒(Empédocle)已经赋予植物——自然也包括树木——以感性、食欲、思想的能力。苏格拉底之前的希腊哲学家称砍树是杀人行为。在《蒂迈欧篇》中,柏拉图赋予植物以低等灵魂,用米什莱的话说是一种"模糊的灵魂",他认为植物就是不能移动的动物,享有第三种灵魂。这种灵魂,"既没有观念,也没有理性、理解"[1],但它有感觉,愉快的或者痛苦的感觉,还有欲望。"因为总是被动,它不得不承受一切……被外界运动推动着,只能损耗自己。静观自己的状态并思考,它出生的等级不允许它做到。""植物有生命,但只是一种生物。"[2]

泰奥弗拉斯特——先是柏拉图的学生,后来是阿里奥斯托的学生,提到《蒂迈欧篇》时和他的老师略有差异。葡萄能感觉到对其他植物的厌恶或者同情,他认为是可以接受的。在这方面,阿里奥斯托与柏拉图不同,他认为植物生命是有限的。他不认为植物可以感知、感觉、思考。在《论动物》中,他至多赋予植物以某种灵魂,但不认为它是有感知的生命;他承认的植物性灵魂,至多可以生长,就是说吸收营养、生长和繁殖。"有感觉的灵魂",可以有胃口、欲望,和移动的能力一样,是属于动物和人类的。至于"有理性的灵魂",则是后者的特性。在阿里奥斯托看来,这是自然的等级(scala naturae)。因此,植物灵魂以其避开了欲念的单纯为特点,是真正有感觉的灵魂。[3]在公元前1世纪,假托阿里奥斯托的论著《论植物》,将大师的信念广为传播。

教会的神父接受了阿里奥斯托的观点。于是,圣奥古斯丁嘲笑那些谈论植物的痛苦的人。后来,1265年,大阿尔伯特在他的《论植物》中,探讨了植物可能存在灵魂的假设。他同意阿里奥斯托的观点,而不接受柏拉图的观点。因而,米什莱说,经院时代令大自然僵化不前。

从16世纪开始,对植物的调查空前发展;然而,这并未令植物解

---

1 Platon, *Timée,* Paris, Les Belles Lettres, 1963, p. 208.
2 Ibid.
3 上述诸内容和后面的内容,参见:Dominique Brancher, *La Fabrique éqivoque de la pudeur* (1390-1630), 论文, 日内瓦大学, 2012年3月24日。尤其是第三部分。

剖学进步，后者比起人体解剖学的发展来差得远。需要等到马耳皮基，即17世纪末（1675—1679），植物解剖学才真正建立。

这就是说，从现代之初，对植物的灵魂有着消极的和积极的双重评价。消极的评价反映了亚里士多德观点的强大势力。[1] 按照笛卡尔的说法，后者加强和达到了"无生命"的地步。这里，甚至不是植物灵魂的问题，更不用说感觉了。在笛卡尔看来，植物被贬低为"按上帝的工作意旨而行事的简单、机械的力量"[2]。植物失去了灵魂，同时被赋予了动物—机器的视角；帕斯卡写道："一棵树不会遭受苦难。"[3]

然而，在生物的等级中同时有对植物地位的积极评价。这种评价受康帕内拉（Campanella）*关于植物的泛神哲学的启发，属于"渊博的不信教者"的杰作。从这个角度看，世界就是一只巨大的感觉动物；这引发了恢复低等生物价值的潮流。

总之，应该回忆起，根据迪巴尔塔斯（Du Bartas）*在《创世周》中的植物梦想，伊甸园里存在具有运动和情感能力的植物。这样，诗人详细描述了"羞耻的树"拥有感性的灵魂，可以感受痛苦、忧虑、"耻"（即现代羞耻感的雏形）。再有，我们还会谈到菲洛斯特拉托斯（Philostrate）赋予缠绕植物的爱慕之情。最后，也不要忘记，龙萨在其所有诗作中，赋予树以感性的灵魂，尤其是当他让加斯提拿树林或者听到爱情倾诉的树林开口讲话时。当然，人与树在形态上的相似，自古以来就得到承认和强调，于此类信仰有利。

再回头看看，在康帕内拉哲学视野内，"渊博的不信教者"对低

---

1　多米尼克·布朗谢（Dominique Brancher）在论文"L'Éden en luxure. Le Péché, l'arbre et le corp"(p. 533-717) 的第三部分着重强调和展开。

2　Ibid., p. 657.

3　Blaise Pascal, *Œuvres complètes*, Paris, Gallimard, coll. «Bibliothèque de la Pléiade», 1954, t. I, p. 1156.

等灵魂的价值重估，因反亚里士多德的古典哲学的回归而获得加强。

在推动价值重估和推广植物感性的主要因素中，就有居伊·德·拉布罗斯[1]（Guy de La Brosse，1586—1641）。推广植物感性的人认为树是有感觉的，甚至必要时，在性方面是活跃的。实际上，这位国王的植物学家一直在宣扬他 1620 年在《论植物的特性、道德与功用》中论述的植物感觉的存在。关于价值重估的运动，应该强调植形动物研究所起的作用。后者自 16 世纪起，曾引发传奇般的植物热潮；作为证明，比如，人们保证说，"马拉巴的忧愁之树"只在夜里开花。居伊·德·拉布罗斯则强调植物的感情能力，或者换种说法，它的情感。如此，在他看来，梨树在有人陪伴时非常愉快。总而言之，他断言树木喜欢食物而不喜饥荒，被斧子砍到的树在冒犯面前会收缩得更紧。

含羞草曾长期引起人们的争论：人们思考这种"如此纯洁和嫉妒以致不愿意被触碰的植物"[2]是否拥有内在情感。有人说，某些树甚至到了表达道德情感的程度；正如不久前迪巴尔塔斯关于"羞耻的树"和伊甸园里的欲望之树所说的那样。按照拉摩特·勒瓦耶（La Mothe Le Vayer）——一位"不信教者"和价值重估推动者的观点，一棵橄榄树会因为是被荡妇所植而死亡。

我们将会看到更多的虚构场面，其中树木甚至使人作为中心的观念相对化。西哈诺·德·贝热拉克在其月球和太阳的旅行中，遇到拥有人类所有功能的树木，宣称与人类平等，甚至取代了人类。书中多多纳（Dodone）的橡树拥有语言来表达信息，它们大声表达自己身体的欲念，其中一棵树描述了它与大地的交媾。它们要求知识的权利

---

[1] Blaise Pascal, *Œuvres complètes*, Paris, Gallimard, coll. «Bibliothèque de la Pléiade», 1954, t. I, p. 659 *sq*。
[2] Ibid., p. 667.

并证明自己的虚构才能。

1741 年,路德维希·霍尔堡(Ludvig Holberg)的《尼柯莱·克里姆地下之行》讲述了一个人掉入地球深处的故事。他受到一个树族的欢迎,树族从道德上是我们的镜面反射,却是奇怪的变形。[1] 1748 年拉美特利(La Mettrie)的《人—植物》的出版,终结了所有质疑通俗亚里士多德学说的书单。这一次则是树与人的可逆的隐喻和可能性。

同时,在 17 世纪和 18 世纪中,受莱布尼茨(Leibniz),尤其是夏尔·博内(Charles Bonnet)的影响,生物链的理论被再度提起。人们对在自然中观察到的严格界限反复质疑。这样,布丰承认植物可能不具有感觉能力,与这一确信略有分歧。"但是 sentir(感觉)这个词,"他写道,"将很多观念关闭起来,我们不应该在进行深入分析之前就脱口而出。"[2] 布丰在虑及一个古老论争时思考:被认为有感觉的植物可以移动进而抵抗冲击;它似乎拥有"某种感情"。既然我们承认贝类具有感情,布丰想,为什么不承认这样的植物也具备呢?出于同样的思考,人们观察到,植物的根会绕过障碍寻找肥沃的土壤。总之,布丰确信植物和动物之间的区别"并不明显"。

他甚至写道,动物和植物之间没有任何主要的和总体的绝对区别;因为"大自然按照等级递降,其差异是难以察觉的"[3]。繁殖的能力、成长的能力,在植物与动物之间相类似;布丰总结道:"动物和植物是同等级的生物";"大自然几无痕迹地从此转入彼"。[4]

很快,18 世纪末,人们在德国发现谢林(Schelling)1797—

---

1　*Le Voyage souterrain de Niels Klim*, Paris, José Corti, coll. «Merveilleux, n°14», 2001.

2　Buffon, *Histoire naturelle*, in *Œuvres*, Paris, Gallimard, coll. «Bibliothèque de la Pléiade», «Histoire des animaux», p. 137.

3　Ibid., p. 138.

4　Ibid.

1798年进行综合分析并建立的零散的关于自然的哲学。[1]现在我们远离布丰的自然主义以进入极其复杂的德国浪漫主义哲学和诗学——因其难度，无法在几个段落内完成探讨。但还是有必要提到，尤其是在随后的两个世纪，主要由诗人和画家复兴了植物灵魂。自1774年始，歌德在《少年维特的烦恼》中执著于"赋予大自然以生命的、热烈而神圣的内心生活"。"在乡下散步时，我觉得自己就是神，"维特吐露，"因为无边无际的富足、无限世界的庄严形态在我的灵魂里生根和活动……森林与山岳在回响，所有难以进入的力量在创造，我凝视大地深处看到这股力量在震荡，我看到大地之上、天空之下万物麇集。"[2]在诗篇《植物的隐喻》中，歌德颂扬"人类完美地纳入生物性质的等级"[3]。诗人发现，大自然连续而有意识的活动以追求划分等级为目的。和人一样，植物也投入长久的内部变化。植物的变形是温和地完成的、连续而有意识的活动。

诺瓦利斯则提到树的灵魂："每片新叶、每种特殊的植物，都是一个寻求活力的秘密，充满爱和欲望，因为不能移动也不能出声，于是成为一棵安静而平和的植物！"[4]人们还可以在画家那里找到类似的感情。菲利普·奥托·朗格（Philipp Otto Runge）*在一封写于1802年的信中宣称，他的主要计划就是察考"世界的灵魂"。

我们后面还会提到，在浪漫主义诗人看来，树是有身份的。他们拥有感性，而且能说话。如此多的信念与科学分离。在夏多布里昂和雨果看来，整个大自然参与到同一个梦境中。"爱与激情合力令人、

---

1 Schelling, *Idées pour une philosophie de la nature* (1797) et l'*Âme du monde* (1798).
2 *Les Souffrances du jeune Werther, op. cit.*, p. 48.
3 Roger Ayrault, Goeth, *Poésie/Geidichte*, vol. II, Paris, Aubier, 1982, p. 74.
4 Novalis, *Heinrich von Ofterdingen, op. cit.*, p. 511.

动物和植物心神不宁。"¹这样，雨果认为泛灵主义是自发的万物有灵论。围绕着人类，创造物在思考。(《智慧》)"我感觉到，"雨果写道，"……/和我一样与一个灵魂心跳共呼吸，/在阴影中微笑低语，/魔鬼橡树遍布树林。"²

拉马丁写道，黎巴嫩雪松就如同我们曾经见到以及未来将要见到的，呼吸、感受、思考、歌唱神性。它们被赋予了感觉。"它们的植物天性是神赐的灵魂/感觉、判断、预测、思考和组合。"一切都"被一个说话的灵魂推动着"³。莫里斯·德盖兰深受德国浪漫主义的影响，遗憾空有大自然的外形灵巧，却没有感觉和"与上帝同存"⁴的内部语言的智慧；奈瓦尔确信：

> 每朵花都是大自然孵化的一个灵魂；
> 一个歇在物质上的爱的秘密；
> 一切都是可感知的……⁵

米什莱这方面深受亚洲的文化特别是罗摩衍那（Ramayana）的影响，自述被植物灵魂的秘密深深吸引。他在山林间寻找叹息、呻吟、混浊的汁液、微笑、梦境的忧郁和所有他认为是灵魂持续而隐晦的作用的一切。

在大西洋彼岸，先验论者表达类似的直觉和追寻，同时浸润着欧洲的影响。诗人惠特曼（Whitman）在《草叶集》中写道："我发誓，

---

1 Maurice Regard, in Chateaubriand, *Génie du christianisme, op. cit.*, p. 1604.
2 Victor Hugo, «À Albert Dürer», *Les Voix intérieures* (1837), *op. cit.*, p. 179.
3 Alphonse de Lamartine, *La Chute d'un ange, op. cit.*, p. 814.
4 Maurice de Guérin, *Le Cahier vert, op. cit.*, p.46.
5 Gérard de Nerval, «Chimères», in *Les Filles du Feu, Les Chimères et autres textes*, Paris, Le Livre de poche, 1999, p.372.

我现在看到所有的事物都有永久的灵魂!树木深深植根于大地……海藻生长在大海中。"[1]

相反,罗贝尔·杜马斯指出黑格尔著作中的另一种言辞。根据黑格尔的说法,植物构成了生物自我的第一等级(第三卷:自然哲学)。但是植物只是"既不能感觉也不能移动的直接主体单位";它自己,并不"推动个体的自我回归",简言之,没有"自我的感情"。在黑格尔看来,树只是个体的聚合体。整体的每个部分都有其独立性。树不能控制所有部分,(因此)只能维持一个"极低的内在性"[2]。

还可以在20世纪一些作家的作品中找到关于植物灵魂信仰传承自上一个世纪的回声和说辞。马塞尔·普鲁斯特认为,买一棵树就是拥有一个灵魂。在保罗·加代纳的小说《史罗亚》中,树师把自己的智慧传给叙述者西蒙。在1939年访问达夫尼时,亨利·米勒热衷于揭开树的灵魂之谜、停驻在树身上的光以及光晕。灵与肉身的分离对米勒而言,是极为清晰的。[3]

后来在保罗·瓦雷里的《树的对话》中,洋溢着对植物灵魂的颂扬,但只是蕴含其中。"在这暮色时分,树似乎在沉思。"[4]诗人写道。

分析我们时代的人类学家是如何叙述植物灵魂的,这既不是我们的意图,也超出了我们的能力。但是他们在主题中的分量是如此之重,我们无法略过不提。举个例子足以说明:和西方不同的是,在某些文化中,在大自然内部是没有分隔的,植物也被看作主体。它们不被排除在独立的范围之外。这样,在菲利普·德斯

---

1 Walt Whiteman, *Feuilles d'herbes* (1855), Paris, José Corti, 2008, p. 205.
2 前一段落,参见:Robert Dumas, *Traité de l'arbre, op. cit.*, p. 136-138。
3 Henry Millet, extrait de *Regards sur la Grèce*(1971), cité par Hervé Duchêne, *le Voyage en Grèce, op. cit.*, p. 980.
4 Paul Valéry, *Dialogue de l'arbre, op. cit.*, p. 184.

科拉(Philippe Descola)所研究的拉丁美洲印第安人那里,植物的灵魂无处不在。[1] 植物被认为是拥有语言的生物。植物,如木薯,具有感觉能力,被赋予人性。它们表现出感情,特别是嫉妒。它们的意识停留在表面上。幻想在人与植物的接触中扮演了重要作用,如发生在裙带菜精灵和植物之间的变形。

总之,植物的灵魂游走于精神、矿物和植物之间。

---

[1] Philippe Descola, *Les Lances du crépuscule. Relations Jivaros- haute Amazonie*, Paris, Plon, coll. «Terre humain», 1993, *passim*.

第八章

# 树：类比与个性化

令树和人相似，同时便利植物的人性化的，首先在于二者都是直立的。按照柏拉图的看法，人是一棵天上的树，和根部一起向高处生长。圣托马斯·阿奎那思索这令人和树共同的、与爬行动物相区别的直立性，导致他假设植物是爬行动物和人之间缺失的环节。20世纪中叶，马蒂斯鼓励学生们把人看成树。有一天，他向松树致意，对它们宣布："你们在我看来与人一样。"[1] 他引用一位中国画家的教导嘱咐学生们："当你画一棵树时，带着和它一起生长的感觉。"直立性，对于树木和人而言，根据米什莱的说法，代表了激情、生命的潮汐和欲望。

---

[1] Pour ce qui suit：musée Matisse, Le Chateau-Cambrésis, *Matisse et l'arbre*, Paris, Hazan, 2003, p. 108-109 et, 155. 整份目录铺陈了类比和认同的感情。同样可以参见：*Matisse, une seconde vie*, Paris, Hazan, 2005。

这就是说，菲利普·拉耶尔（Philippe Ragel）解释道，本书后面的部分都在阐述这个观点，更意味深长的是，在人与橡树面对面时，激情、内在模式、沉思和"回缩的努力"，与直立的努力以同样的力度在起作用。[1]

树与人的相似，实际上，远未被概括为共同的直立性。老普林尼以不容置辩的口吻，依据动物和人类解剖学的模式，阐述古代信仰是如何管理对树的描述的。"树皮，"他写道，"同样包蕴着液体，应该视为它的血液，而且各有不同。"还有，"树身，有和动物皮毛一样的皮肤，有血肉、神经、血管、骨骼、骨髓。皮肤，就是树皮……边材下面是肌肉，再下面是骨骼，即树木的精华部分……所有的（树）都没有很多脂肪和肌肉，最活跃的动物也没有"。[2]这样，灌木、橄榄、山茱萸没有骨髓，只有很少的血液。某些树，如无花果，全部是肌肉，冬青槲、英国栎、桑树和山茱萸则全部是骨骼。

理解古代文献中上演将人变形为植物的过程——整本书中我们都会遇到——要求考量树的科学描述的拟人说。同样要抓住充斥塔索和阿里奥斯托史诗中的变形以及17世纪的故事，也不要忘记以前《神曲》中对地狱的描写。

列举古代文献中的类比是乏味的。伴随着人类解剖学和生理学的历史，这些类比一直在重复。17世纪，随着哈维（Harvey）的发现，汁液和血液及其循环机制的类比贯穿所有的描写。后来，18世纪，呼吸特别成为树的生理学模式；19世纪之前，还未明确光合作用的特性，后者将植物解剖和生理学与人类机体的描述区别开来。

当需要表现树木时，16世纪的艺术以及17世纪荷兰弗朗德斯绘

---

1 Philippe Ragel, «Les rêveries d'un cineaste solitaire...», art. cité, p. 189.
2 Pline l'Ancien, *Histoire naturelle, op. cit.*, livre XVI, p. 77-78, 79.

画中潜在的拟人化，曾被多次强调；我们以后还会谈到。

1774 年，拉美特利在作品《人—植物》中，认为树和人是相同生命物质的两种方式。受当时赋予呼吸重要性的启发，他写道："肺就是你们的树叶。"随后他长久保持这一论调。[1] 歌德在《植物的变形》中确信，在所有人类中蜷伏着一种原始的植物。我们将会看到，亨利·戴维·梭罗把整篇文字贡献给这种类比；他甚至想变成树。19 世纪末的艺术——尤其是装饰艺术——步批评家海因里希·沃尔夫林（Heinrich Wölfflin）＊的后尘，着迷于植物形态。女性植物、少女花、树精，在拉斐尔前派以及形形色色的象征主义画家中比比皆是。其中居斯塔夫·莫罗（Gustave Moreau），尤其是穆哈（Mucha）大获全胜。这一切都耳熟能详，不值一提，但是我们不能失去类比的线索。

这一切存留于 20 世纪；作为证据，我们反复强调马蒂斯在其创作和教学的最后二十年所感受到的魅惑。他的植物形态的裸体画证明了这一点。他写道，人类只是表象；植物是表面下掩盖的精华。他觉得有一幅画做到了，他成功"表露了埋藏在男人或女人中的植物"[2]。这解释了其艺术的达芙妮化。马蒂斯的植物爱神，在他生命的最后岁月里，被极好地表现为变形的仙女和受难者（？）的循环。[3]

尚须赘言，今天，安迪·高兹沃斯表达了树与雕塑者的类比。当他躺在地上[4]，他觉得双脚就是树根，胸部就是树干，双臂和手就是树枝，他的感官就是树叶；他的动作就像是树枝的运动。

类比有时是电影人提出来的。维克多·艾瑞克（Victor Erice）在

---

1 La Mettrie, *L'Homme-plante*, cité par Robert Dumas, *Traité de l'arbre, op. cit.*, p. 55.
2 *Matisse et l'arbre, op. cit.*, p. 153.
3 Cf. Pierre Schneider, «Matisse et Daphné», in *Matisse et l'arbre, op. cit.*, p. 148-174, Citation: p. 153.
4 Cf. *supra*, p. 43.

《安东尼奥·洛佩兹的一生》中，表达"和树一起长大"的主题。他将儿童和树的生活平行表现。[1]

第一次世界大战战场的恐怖以悲剧的方式加深了人与树类比的主题，他们共同遭到肢解。在人类被撕裂的尸骸旁，残缺的树木也在死去，突出了有生命的树体与人的肉体的相近性。在这个死亡的场景里，树木的碎片似乎与人的肢体同样在流血。[2]

20世纪的文学也没有抛弃类比。我们已经提到萨特和巴塔耶对本体论的心醉神迷，他们在向树发出恳求但没有回答之后，都"感觉变成了一棵树"，"像一棵树"。

儒勒·雷纳尔（Jules Renard）关于类比的话语相当巧妙，这些类比被反复思考并且据说被证实了。关于这一点，他控制并转变了那些老生常谈。在他看来，这种类比的感情，被贴在树身上，实际会造成差异感的放大："一切就像是人自发地将躯干、胳膊、头发、生命、直立性进行投射，以发现树的真相与自身没有任何共同尺度，无论在时间还是空间上。"[3] 儒勒·雷纳尔不无道理地指出第二自我的欲望与无限的感觉的双重运动，这样，"树就像是永恒的图景"[4]。

"认为所有的造物为自己而存在，栓皮槠不单纯是为了我们做瓶塞才生长的，这是康德和我的共同点。"[5] 1827年4月11日，在与爱克曼（Eckermann）谈话时，歌德这样说。这一思考引人尝试去描述——目前还只能是粗线条地——对个体、对存在着树之自我的非线性信仰。

---

1　Santos Zunzunegui, «En accompagnant l'arbre», in Jean Mottet (dir.), *L'Arbre dans le paysage, op. cit.*, p. 103 *sq.*
2　菲利普·罗歇（Philippe Roger）在文章中引用。
3　Alain Roger, «Des essences végétals aux essences idéales», article cité, p. 41.
4　Ibid.
5　*Conversation de Goethe arec Eckermann*, Paris, Gallimard, 1949-1988, mercredi 11 avril 1827, p. 221.

长久以来，罗贝尔·杜马斯不无道理地指出，树的表现不断获得其自身之外的意义；这涉及将它作为快乐、痛苦、罪孽的象征，用它表现《圣经》场景或者只是作为简单的塑形手段，就像用于组织空间的幕布或者后台，如同加斯东·菲布斯（Gaston Phébus）狩猎的场景以及后来 17 世纪众多的油画一样。[1]

阅读达·芬奇的手札——从线条出发的有远见者，发现他只说明了此类规则。当然，在他看来，任何一棵树都与另外一棵不同；甚至每根树枝都不相同。大自然在变化，但是这只能得出造物的无限可能性的单纯结论，而不是关于植物的个性。[2] 从此，以树为题材的绘画融入我们曾多次强调过的吸引人的观者态度的革命。再说一遍，英国国教信徒在阅读《诗篇》时，路德教派和虔信派的神修、牛津学者伊斯科理论的飞跃、大自然理论在欧洲大陆的突飞猛进，这一切改变了将大自然作为造物主，宏大、美丽和造物多变的颂扬视角。关于对海岸以及诸如山岳等的很多评价——我尽力表现这种态度之革新的重要，甚至使得矿脉、植物、动物与直接和宇宙相连的东西区分开。对树的评价，当然也受这一广泛运动的影响。

罗贝尔·杜马斯还曾着重指出，只是随后才在绘画中发生了树的缓慢自决；但是这种上升不是线性的，它在这个树的伟大世纪达到了表现层次的顶点，18 世纪的尽头迎来了印象派的降临；这一上升是断续的，因为在 17 世纪，已经有好几位艺术家把树表现为个体；他们一时间遭遗忘的课程，在 19 世纪初被恢复。比如，吉利斯·范·柯宁克斯洛（Gillis Van Coninxloo）、雅各布·范勒伊斯达尔就表现了关注树的这种方式。其次，树的个性化潮流将树看作值得因

---

[1] Robert Dumas, *Traité de l'arbre, op. cit.*, p. 191.
[2] Alain Mérot, *Du paysage en peinture...*, *op. cit.*, p. 43-44.

其自身而入画。还是得小心，因为，在这宗教具有极强支配力的时代，还是有可能将雅各布·范勒伊斯达尔的画看作服从于对《圣经》注释的建造。[1]

在始于18世纪末的树的个性化过程达成之前，在主体的身份尚未明确赋予、它的身份似乎不配获得肖像之前，观众会根据自己的处境赋予树以不同的身份。甚至在我提到的表现个性化过程之前，树被感知，并不是根据它是野生还是种植，孤独一棵还是同属丛生，在乡间它还是被用作栅栏，置于森林、行道或者树林边缘的位置。观者感受到的情绪是不同的；这是我们应该首先考虑的。

最强烈、最古老的区分在于分离野生树和种植树。泰奥弗拉斯特，还有后来的科鲁迈拉（Columelle）*、加图（Caton）、瓦龙（Varron）、维吉尔，和老普林尼一样，沉溺于这种区分即地位身份上。在整个古代，一致性共谋将不属于人种植的树的作用贬值，这证明因人的关注而获得的资质之丧失。泰奥弗拉斯特认为，这就是说，如同在动物中一样，存在着自然的野生树木，人类的介入无法阻止其退化和保持野性。[2] 至于从野生状态过渡而来的种植树，它失去了果实的质量。它的整体存在变得更加厚重、坚实、错综复杂。野生树经常偏好寒冷，这是它们生长在山地的原因。按照樵夫的说法，它们的寿命比种植树的寿命长。泰奥弗拉斯特认为，这是因为他们更高的密度和茁壮程度。此外，它们没有被子实所累。最后，野生树比起种植树来，更不易感染严重的疾病。

四个世纪之后，老普林尼觉得野生苹果的味道不怎么好，气味也更加刺鼻。[3] 有人为此责备，他写道，野生苹果有过度刺激的酸味以

---

1 Cf. *supra*, p. 000.（原文如此。——译注）
2 Théophraste, *Recherches sur les plantes, op. cit.*, p. 6.
3 Pline l'Ancien, *Histoire naturelle, op.cit.*, livre XVI, p. 46.

及汁液过强的力量；后者甚至会腐蚀金属。"某些树只有野生的。"它们大约只适合提供木材。另外那些不能说是完全驯化的树，比前者更加适合村镇；它们因果实的质量而有用，因为提供的树荫而为人服务（officio humanius juvant）。

文艺复兴时期，评价系统有所变化。源自人类劳作的树并没有被贬低，远非如此，是观者的态度在改变。"那些由大自然出产的高大、粗壮的树矗立在山间，"1544年桑那扎罗在《阿卡迪亚》中写道："通常使观者的视觉愉悦的，是经验丰富的园丁细心维护的可人的绿色。"[1] 还有龙萨，也不断歌唱泉水周围精心维护的绿树成荫之美，他在1564年（或者1565年）写道：

> 绿树成荫的橡树，自然
> 漫无目的抚育的高大森林，
> 对畜群无比温柔，为牧人带来清凉
> 让树木来在人工和果园中间。[2]

田园诗讴歌的天然——或者野生——相对于人工的优越性、自由相对于限制的优势，在古典园林艺术盛行之际悄然无声了。只有在英式园林盛行后才重获影响，特别是在浪漫主义者笔下。

奥伯曼游遍了枫丹白露的森林，他逃开拥挤的花园——那里有为散步者种植的行道树。"我喜欢，"他写道，"坑洼的小路，阴暗的小山谷，浓密的树林。"总之，一切与歌唱美妙之所背道而驰的东西。[3] 桦

---

[1] Sannazaro, *l'Arcadie*, cité in Ronsard, *Œuvres complètes*, t. II, «Bergerie», note p. 1346.
[2] Ronsard, *Œuvres*, «Bergerie», poème cité in *Œuvres complètes, op. cit.*, t. II, p. 143.
[3] Senancour, *Obermann, op. cit.*, p. 103.

树则以"自然的从容、简洁"臻于化境。[1] 奥伯曼歌颂深秋的野生梨实、打落的栗子、松果,在他看来,这一切属于"野生的和谐",它们歌唱苔藓和树莓的新鲜气味,混合着"草莓成熟的土地发出的灼热呼吸"[2]。一旦采摘过草莓,奥伯曼和他的同伴从长着野生梨树的小路返回,这证明存在"一块土地,那里依旧保留着人类早已失去的淳朴"[3]。

可能没有任何一位作家像亨利·戴维·梭罗那样道出野生果实的意义和魅力。我们需要再度停下来,不要忘记宗教——几乎被认为是本能的代表——面对野生树木的永恒敌意。梭罗需要野性的强心剂,不单单是为了发现和静思,而是要将自己"野蛮化"[4]。如果他梦想往昔,那是为了让野人身上的野性在野生树林和乡土美洲往昔的"原始树木"中同时发生。"每棵树都伸出自己的枝条寻找原始的自然……令人类强壮的补药和茎皮来自森林和野性的自然。我们的祖先就是野人。"[5] 这样说来,注意一下,梭罗所用的"wildness"一词用"sauvagerie"来对应并不准确,它比这个法文词汇强调了更多的正面价值。

野生苹果树比任何植物都更好地诠释了这份情感和激情。梭罗曾写过一篇有关野苹果树的散文。在他看来,它不再是引发堕落的禁果,而是通往新伊甸园和再生的机会。他激情洋溢地描述了自己遇到一棵"茂密而野生的"年轻苹果树,枝头果实累累,它的种子已经被飞鸟或者牛带到悬崖峭壁生根。没有人注意到它是何时第一次开花,也不知道它是什么时候第一次结果。"没有人在它的枝叶下、在这块

---

1 Senancour, *Obermann, op. cit.*, p. 104.
2 Ibid., p. 264, 278.
3 Ibid., p. 279.
4 Pierre-Yves Pétillon, présentation de Henry David Thoreau, *Cap Cod*. 这些内容参考梭罗题为 "Marcher" 的文章, in *Essai, op. cit.*, 特别是 p. 196。
5 Henry David Thoreau, «Les pommes sauvages», in *Essai, op. cit.*, p. 348.

村镇的土地上为它起舞,现在也没有人来采摘它的果实,只有松鼠在啃噬,就像我看到的一样。"[1] 梭罗说他尊重这株"晚熟而顽强的"灌木。他的好奇被它挑起,就像是面对一个野孩子;他称自己一直在寻找不带甜味的野果。

这样一棵树上结的苹果,就像生长在一棵垂死植物上的果实,味道更见醇厚,"以野性更显美洲特色"。暴露在雨雪风霜中,它吸收了时间和季节的所有特征。梭罗写道:"这些苹果用生命力刺激和浸润着我们。"必须挂上"在风中食用"[2] 的标签。只有在草地和田野才能吃到"大自然出产的又酸又涩的果实"[3]。梭罗歌颂在苹果身上达到顶点的自然土地的味道,那些病态的味觉是不懂欣赏的。为了品尝这样的果实,应该让"我们的感官强烈而正常,让我们的味觉神经在舌头和上颚之间闭合和活跃起来"。野生苹果树是真正的生命之树。我们也应该学会找到那些悄悄掉落的果实——潮湿、发亮,被兔子啃过,被胡蜂和蜜蜂蜇过。

另一个一直存在树之间的显著区别,强调了生长在森林和树林边缘的树。它们属于活的围篱,其特性显而易见。脱离群体的树,面对大地矗立着。罗贝尔·杜马斯从这种面对面的情势中看到了强加给观者的一种"奇异的镜像关系"。在中世纪,森林的边缘是极其干旱的,却成为"显示精华和生命的幸运之地"[4]。光明和黑暗的精华在这里交会。植物群系比林下灌木内部更为丰富。

相反,从木材出产率的角度来看,完全可以理解人们为何将

---

1　Henry David Thoreau, «Les pommes sauvages», in *Essai, op. cit.*, p. 358.
2　Ibid., p. 359.
3　Ibid., p.360.
4　Robert Dumas, *Traité de l'arbre, op. cit.*, p. 53-54. Roland Bechmann, *Des arbre et des hommes, op. cit.*, p. 14.

边缘树放在另一个维度来思考。杜阿梅尔·杜蒙梭（Duhamel du Monceau）*对此嗤之以鼻。他写道，这个问题并不重要，因为树木在天空中大量生长。这就是说，他承认这些树保护里面的树不受风的侵袭，尤其是它们的根，远远地深入相邻的地下，阻止了树木折断或者被连根拔起。[1]

生长在森林边缘或者树林附近，有利于树的个体化。罗贝尔·杜马斯还曾将这种情势归结为一种巨大的"繁殖隐喻"[2]。离开森林，树木在地表孑然而立，就像人立于地面一样。和后者一起，结成面对面的、奇异的镜像关系。在绘画层面，则极有力地证明了康斯太勃尔（Constable）1801—1802 年间所画的题为《林边树》的油画。大约两个世纪之前，雅各布·范勒伊斯达尔的油画《格兰菲尔德森林边缘》已经体现了罗贝尔·杜马斯提到的"面对面"。

梭罗没有漏过林边树的特点，在他看来，它们极具重要性。阿兰·苏贝尔什科（Alain Suberchicot）强调康科德居民的作品中表现林边树、界限、邻接空间的执念。[3]

20 世纪中，弗朗西斯·蓬热重新感受到林边树激起的情感力量。"我很喜欢这些边缘松树"，他写道，自由地面对田野、空间和没有树的世界，"它们承担了划定集体边界、隐藏奥秘以及内部贫瘠（严苛、牺牲、匮乏）的功能，因为它们的下部在发展。"[4]

就在现代，边缘林逐渐改变了意义；其间的树所引发的情感同样

---

1 Duhamel du Monceau, *Traité des arbres et arbustes qui se cultivent en France en pleines terre*, op. cit., p. 14.
2 Robert Dumas, *Traité de l'arbre*, op. cit., p. 53.
3 Alain Suberchicot, «Massachusetts, 1837-1861. Henry David Thoreau et la fabrication du paysage rural», in Odile Marcel (dir.), *Le Défi du paysage. Un projet pour l'agriculture*, Paris, Champ Vallon, 2004.
4 Francis Ponge, *La Rage de l'expression, op. cit.*, p. 146.

发生改变。长久以来被认为是树林和森林的保护者，承担着路障和无法进入的高密度屏风的角色，边缘林逐渐成为过渡和进入的空间、接待之所。[1] 再有，它还倾向于被认为在环保方面非常有益。从此，边缘林受到公众欢迎，因为它提供了树林间开放的场所，那里可以形成光之井，与光的接触让人愉悦，让散步者安心。

我们还没有谈论过屏障树。初看上去，它们和边缘林差不多。然而，却因为引发的情感而极为不同。乔治·艾略特（George Eliot）曾言，屏障林的变幻无常赋予树以令人安心的品行。《弗罗斯河畔的磨坊》的主人公玛姬，"当她溜进树篱后，美妙地感觉受到保护"[2]。

奥迪尔·马塞尔（Odile Marcel）曾分析过树篱引发的特别令人着迷的形式。这样的情感完全来自"世纪的厚度"与被藏入植物世界的感觉——与森林引发的情感极为不同——之间的冲突。置身于"有生命的奢华、野性的能量"的幸福感，令"世界的强度"更加显而易见，并立足于"我们从属的现实"的壮丽感。从这一点而言，奥迪尔·马塞尔不无道理地写道，当我们生于斯，我们学会一种谦恭、一种生活方式、一种存在的方式。

同时，绿树成荫带来受树篱保护的感受，后者兼有静止、缓慢、层叠的形态。它创造了一种私密感，这种私密感表现在树荫为其庇护之地带来的悠缓、保护树荫下的小径不受风的侵袭和不会出现所有可

---

1  Peter Breman, «Paysage et perception», *in* Jean Mottet (dir.), *L'Arbre dans la paysage, op. cit*., p. 75-76.

2  Georges Eliot, *Le Moulin sur la Floss*, Paris, Gallimard, coll. «Folio classique», p. 155. 关于绿树篱，参见：Odile Marcel, «Art et réalité. Le Berry de Jacques Vilet», in *Bocage-Regards croisés, Cahier de la compagnie du paysage*, n$^0$2, 2000 ; «Décrire le paysage de Saint-Benoît-du-Sault, du style à la légende», in *Territoire du bocage, Cahier de la compagnie du paysage*, n$^0$1, 2002, p. 35-45, *passim* ; Philippe Pointereau, «L'art du bocage et des vergers...», in *De Défi du paysage*, Seyssel, Champ Vallon, 2004, *passim*。

预见的过度侵犯——在暴风雨来临的时候。当然，绿树成荫带来的情感与花园相比，更加接近人间天堂的意象，尤其是这里没有主人，树木因此而自由生长。于是它们向上生长，带着充满诗意而无法预测的丰富和前所未有的庄严。

无论如何，在还未达到 18 世纪开始的个性化进程之前，单独、孤立的树，更多是田野的树，更为引人注目。列奥米尔（Réaumur）*则强调，孤立树远没有其他树长得高，因为它的周围没有其他树的竞争。它不需要斗争，不需要行使对邻近植物的制约。[1]

歌德注意到老橡树生长在光线充足的一小块高地上，在"一种潮湿的寂寞中坚守，在昏暗的环境中被照亮，凝视着自己在这块荒漠中的映象"[2]。之后不久，贝尔纳丹·德·圣皮埃尔也注意到孤独的橡树。相反，他写道，与相互支持的松树不同，孤独的橡树带来特殊的愉悦："可以说，我们感受到这种强壮之树的力量，大自然赋予它独自对抗暴风雨的能力。"[3] 随后，塞南古撰写了一篇孤独桦树的颂歌："我注意到桦树，令我悲伤的孤独的树。"[4]

在枫丹白露这个"绿色博物馆"完成的作品中，孤独的橡树像是期待自己被描绘，因为人们认为"橡树的特点就是孤独、孑然、独立：一个居高临下的雄性"[5]。其中一些橡树甚至在德奈固（Dennecourt）之前就已闻名。[6]

弗罗芒坦（Fromentin）在撒哈拉度夏时，凝视着马赫迪被战火

---

1 Robert Dumas, *Traité de l'arbre, op. cit.*, p. 135.
2 歌德经常被孤独的树吸引。文中所举例子摘自歌德对威廉·蒂施拜因（Wilhelm Tischbein）收入 *Poésies* 中的田园诗的评论，*op. cit.*, p. 211。
3 Bernardin de Saint-Pierre, *Harmonie de la nature, op. cit.*, p. 58.
4 Senancour, *Obermann, op. cit.*, p. 104.
5 Jean Borie, *Une forêt pour les dimanches, op. cit.*, p. 58.
6 Cf. *infra*, p. 211.

摧毁的花园，写道："唯有一棵树活了下来；它在荒芜的包围中悲伤地生长。"[1]

大量描写孤独之树的文字，再一次要归功于亨利·戴维·梭罗。他描写"小红械树"难忘的特点：默默无闻地生长、起因于被遗忘、令人心安的孤独和局部的画面，就像孤独的橡树，没有任何同属的伙伴，在梭罗看来，如同"硬挤到这个世界上，它的存在就是多余"，因而，成为"人类抵抗和顽强价值"的承载者。[2]

小械树代表了梭罗年复一年观察到的特殊树种的样本。他为此写下令人激动的篇章："这样的现象，肯定发生过不止一次，应该通过传统传于后世，最终将其纳入神话。"不为人所知的是，小械树"忠实地保存自己的汁液，为迁徙的鸟类提供遮蔽，在风到来之前让种子慢慢成熟"[3]。"树叶对它说话，向它发问。"[4] 总的说来，在红械树林里，总有一棵，闪着特殊的光芒，吸引着远处的目光。

黑泽清（Kurosawa）在电影《超凡神树》（*Charisma*）中提出了树林中一棵孤立的树与周围其他树的关系问题。他思考着整体的一部分如何能够成为一个自主的整体，并要求相对于其他树的权利。名叫沙利斯玛（Charisma）的树罕见而神秘，黑泽清在这部影片中讲述孤独的树相对于树林整体，即树的个体面对社会。[5]

现在让我们来思考田野树。确切地说，它不是种植的树，它不属于边缘林，它也不是不为人所知的孤独的树。它生长在乡间，和同类

---

1 Fromentin, *Un été dans le Sahara*, in *Œuvres complètes*, Paris, Gallimard, coll. «Bibliothèque de la Pléiade», 1984, p. 172.
2 Henry David Thoreau, «Teintes d'automne», in *Essai, op. cit.*, p. 274.
3 Ibid.
4 这里不是指树对其他对话者说的话，而是对自己说的话。
5 Ludovic Cortade, «Charisma: l'arbre de la non-substance (film de Kiyoski Kurosawa)», in Jean Mottet (dir.), *L'Arbre dans la paysage, op. cit.*, p. 137-151.

一起,构成了乡野景观的决定元素,仅凭一己之力,就为周遭增添了魅力。康斯太勃尔作为田野树画家极为重要;静观他的画作比一篇长篇演说更能令我理解。

田野树矗立在一块有限的土地上,不断被观赏。它虽然不属于树篱,但也组织着空间的分割,在那里上演着农事和田野活动。它装扮着风车,突出了教堂。它在道路、沼泽和池塘旁陪伴着人类。它与天空和河流浑然一体,陪伴着工作与休息。它联结动物与植物。总之,它重建了农事的传统。这种树极少被砍伐、受损、受难,确切地说,虽然它们不是被种植的,却参与到与人类日常的亲密关系中。

康斯太勃尔和梭罗,在近半个多世纪以来进行着的个性化进程中,至少分别在各自的艺术领域里为我们介绍了某些树种,从而引发树的心理分析,勾勒了物质的和道德的画像,并且未强制其仅作为象征。这是此一过程必需的步骤,最好是粗线条地谈及。

这个对树的标记步骤,罗贝尔·杜马斯不无道理地视之为最基本的。[1] 林业技术员们给树取的名称保护着它们,同时也使其具有个性。树上刻写的标记证实着主体身份。这种身份同时也与保护和开发紧密相连。然而,正是在这同一时期,在吉利斯·范·柯宁克斯洛和雅各布·范勒伊斯达尔的画中,树有时成为表现的主体,就像《高大的橡树》(1652)一样。于是形成了树本身是值得被表现的观念。这也将是,在18世纪末,尤其是下一个世纪的前三分之二,艺术家们寻找到和表现出来的确信。

17世纪中叶,橡树在英国获得了人性;它在斯图亚特被看作正直的树。[2] 作为证明,在范·戴克(Van Dyck)的油画中,国王查理一世

---

1 Robert Dumas, *Traité de l'arbre, op. cit.*, p. 172-173.
2 Cf. Simon Schama, *Le Paysage et la Mémoire, op. cit.*, p. 178, 185, 188.

在树下被打败。后来，橡树逐渐更受尊敬，真的成为旧式英国的人格象征。它在 1703 年的暴风雨中所表现出的力量，还有它的木材可以用来建造船只，都令它为人称道。后来威廉·古柏（William Cowper）撰写了当时相当著名的诗篇赞美它。英国田野所有著名树木，有时人们会以国王、英雄、著名作家的名字为其命名，为 18 世纪末突然强势起来的树的人性化做好了准备。于是，在大陆，布丰不再把森林看作一系列的树，而认为是彼此相互作用的个性的整体。

尚有其他资料可以被认为是属于树的人性化的前史。吊诡的是，人们想尽力从法国古典园艺中分辨出属于树的人性化的内容。[1] 园艺家们很注意每种果树承担的"教化"身份。培育这样的植物明确属于教育的范畴。人们将品质赋予"培育"的果树，说某些树是"有德的"，另一些树是"恶毒的"。下列表现都属于"美好之树"的典范：驯顺、强壮、笔直、整洁、不扎人，枝条的结构严谨。在有经验的人看来，美好之树具有人的特征，被纳入乐土中。

在这个领域，树，尤其是果树因其特性而被人性化[2]；它赢得了人格。指责它，就是损害它的主人。从某种层面，它被看作参与了人的身份。损伤它，甚至它的果实，就是与它的拥有者为敌，就是侮辱他、损坏他的名誉。这一切导致了果树的类人化。当一棵树最美好的枝条被折断，人们说它"受到侮辱（déshonoré）"，这是一个很多世纪以来属于看林人的词汇。[3] 果树和用作产业标记的树一样，使空间个性化，证实着社会的存在，因而它经常成为争端的对象。它的美好

---

1 本页参见：Florent Quellier, *Des fruits et des hommes. L'arboriculture fruitière en Île-de-France (vers 1600 - vers 1800)*, Rennes, PUR, 2003。

2 让人想起：Maurice Halbwachs, *Les Cadres sociaux de la mémoire, passim*。

3 Cf. Alain Corbin, *Le Monde retrouvé de Louis-François Pinagot, sur les traces d'un inconnu*, Paris, Flammarion, 1998, *passim* et coll. «Champs», 2001.

和健壮证明了秩序的存在。当它被砍伐、躺倒在地上，对它直立的荣耀的破坏摧毁了它所承载的希望，遭到嫁接也是一样。

在英式花园里，借用18世纪园丁们的词汇，露天的树从此被看作一种生物，随时间变化并具有人格。人类应该尽其所能给它自由，并尽量使自己的参与不被发现。甚至出现了威廉·梅森（William Mason）拟写的《植物权利宣言》，发表在《英国园艺》上，1788年被译为法文。作者写道："每种植物，在其出生时即享有权利，如同人民出生在一个自由的政府治下。"[1]

简言之，尽力定位个性的谱系、对树肖像的趣味，就像19世纪上半叶显现的那样，是相当微妙的行动。尤其是可以加入另一个仪式。自古以来，就有在孩子出生时种下一棵树的习俗。老普林尼写过，在罗马，女孩降生时会种柏树。多少世纪以来，相传在维吉尔出生时家里种的是一棵杨树。乔治·桑在诺昂为她的孩子莫里斯和索朗日种下的树，一直都在。[2] 这种"诞生树"的种植只能引发人与树之间的身份认同，进而赋予后者以少量人格。

人种学家安杰洛·德·古贝尔纳提斯在1878年开始撰写一份冗长的地名录，收录所有具有这种习俗的地区。[3] 在俄罗斯、德国、英国、法国、意大利的乡村，人们在孩子出生时都会种树。在日耳曼地区，生男孩种苹果树，生女孩种梨树。人们希望树是好兆头，希望它的生长同步陪伴孩子的生长，希望它能保护孩子。这种命中注定的一致性成为信仰的目标；人们还认为植物能预感到人的命运，它能预知

---

1 Sophie Le Ménahèze, *L'Invention du jardin romantique...*, op. cit., p. 526.
2 Michelle Perrot, «Une maison romantique : le Nohant de George Sand», in Évelyne Cohen, Pascale Goetschel, Laurent Martin, Pascal Ory (dir.), *Dix ans d'histoire culturelle*, Lyon, Presses de l'Ensib, 2011, p. 140.
3 Angelo de Gubernatis, *La Mythologie des plantes, op. cit.*, p. XXVIII, 40, 116, 286.

同伴的不幸或者发达。

在 18 世纪末的英国，人们用人名命名某些著名的或值得纪念的树，威廉·吉尔平，牧师、风景理论家——众多头衔之一——的参与，在 1777—1791 年之间，揭示了与我们相关的非常重要或者可以说是决定性的东西。在他看来，不存在完全相同的两棵树。因此艺术家应该抓住每棵树的"总体特征"[1]。树叶的特殊形状、伸出枝条的不同方式赋予这种植物每个个体以清晰的形状或者"性格"。在他的著作《森林景观》中，吉尔平赞美树，详述树的历史，区分那些不是在用途上与它极为相似，而是作为欣赏对象与其相似的树。借此机会，他表达了自己对粗糙、凹凸不平以及原始状态的偏好。他赞美老栗树粗糙的树皮，后者令它与众不同。这本书后面的部分致力于树的美学，尤其是它的个性。

1770 年，吉尔平（瓦伊河的后裔），和好几位同伴一起观察超越了所有权概念的大自然，实地记录了他看到的一切景色。因为希望见到因视角不同带来的惊奇，他宣称在远离城市的地方，幸运地遇到一个废墟，"一棵孤立的树"，"一块骄傲的岩石"[2]。

康斯太勃尔与梭罗，和其他森林画家一样，坚定地为我们介绍了某些树种的自我。从此以后，它们有力的个性化过程，引发了对树的心理分析、对树的倾听、勾画树的物质或者精神肖像，并独立于所有的象征参照。梭罗在日记里写下了对"小红槭树"最纯粹的思考。他觉得它很谦逊，描述它就像"在自我满足"。小树"很高兴活着"，因

---

1 William Gilpin, *Trois essai sur le beau et le pittoresque*, Paris, Éditions du Moniteur, 1982 (préface de Michel Conan), p. 42, 90.
2 William Gilpin, *Observation sur la rivière Wye*, Pau, Presses universitaire de Pau, 2009. Traduction de Frédéric Ogée , p. 49.

为它尊重自己"槭树的道德"[1]。梭罗责备17世纪朝圣的神父——美洲的发现者——没能感受到红槭树"洋溢的快乐"。他谈论树就像谈论一个生命和伙伴,好似在科德角遇到的一位农民。

再谈谈虚构作品,不久前,塞南古的奥伯曼自问,他身旁年轻的松树枝关于自己的生长都知道些什么。总体而言,他寻找树的个性。他确信,舍塞尔(Chessel)的山杨树和桦树与其他山杨树和桦树都不一样。

康斯太勃尔在《树干》中,不再将橡树作为田野树。此处,树干成为唯一的风景,它成为一个人物,康斯太勃尔着手画它的肖像。不久,柯罗作品中出现同样的需要,人们说他的一生就是"树的诗人"。如欲理解,只需要看看他给画起的名字,比如《树的肖像》。我们将会长时间谈论泰奥多尔·卢梭(Théodore Rousseau)与森林树的事。后来,库尔贝赋予橡树的力量被画家的力量代替;这回,不是植物个性化的简单问题,而是一个清晰的身份认同过程。

19世纪前叶,树的肖像画作为题材,具有个性、道德、记忆、感觉的特点,既丰富又平庸。枫丹白露橡树林中孤独的树,比如《橡树》,拥有自己的名字。从此,树作为对话者而出现。我们在后面的章节要详细展开的正是这一点。

后来,至少在画家中,出现了对树作为主体的拒绝。树作为主体的言论越来越弱。在印象派画家的作品中,树失去了个性,重新出现在一个群体中。它的表现失去了质感,它的图像越来越轻浅、纤细。人们希望它表现光线的不同、水渠和河流的两岸、草地的边缘。"皇家的树死了。"[2] 米歇尔·拉辛(Michel Racine)写道。蒙德里安

---

1 Henry David Thoreau, *Journal, op. cit.*, p. 182-183.
2 Michel Racine, *Arbres. Carnet de dessins*, Bibliothèque de l'image, 2007, p. 9.

(Mondrian)以抽象的方式结束了这场树的葬礼和贬值。对20世纪初的艺术家而言,拒绝将树作为主体就是忘记田园,就是表示他属于现代的、技术的和工业的世界。

然而,在作家笔下并非如此;文化的历史是由滞后和相反运动组成的。我们看到,巴莱斯在《背井离乡者》中,花费笔墨描写一棵具有历史和道德价值的树。他赋予它以人的身份。我们还会回到普鲁斯特在《让·桑特伊》中提到的树的个性和道德特征,以致开始了一场人和植物的对话。作者写道:"似乎在树叶绿色的表面下……存在着一种特殊的生物,一个我们爱的、任何人无法代替的人。"[1]

20世纪末,与雕塑艺术史给我们的预感相反的是,人们观察到一股植物传记强迫症的回潮。朱塞佩·佩诺内是贡献了大部分作品以寻找树的历史的艺术家之一。他研究树来重构过去、更好地再现树在其初始阶段的状态。

我不知道朱塞佩·佩诺内是否知道拉马丁在《天使谪凡记》中,以先知的方式描述的黎巴嫩的柏树:

> 如果人们切开你比钻石还要坚硬的树身,
> 人们就会发现千百年的光阴
> 书写入你的纹理,
> 如同写入元素的纤维。[2]

朱塞佩·佩诺内和贫民艺术(Arte povera)的艺术家们不是孤独的。我们已经被引领着遇到陆地艺术(Land Art)的信徒,如安

---

[1] Marcel Proust, *Jean Santeuil, op. cit.*, p.159.
[2] Lamartine, *La Chute d'un ange*, in *Œuvres, op. cit.*, p. 824.

迪·高兹沃斯和被腐殖质吸引的摄影家们。我们还遇到了约瑟夫·博伊斯（Joseph Beuys）*和尼尔斯·乌多。

  诗人们也没被落下。伊夫·伯纳富瓦在评论亚历山大·奥朗（Alexandre Hollan）的画作时，抛弃了所有的拟人说，执著于艺术家描绘的树的个性；大树在"生长、舒展"；一棵树"是与所有其他现实不同的自我，绝对的力量"。树林中，模糊地经受了考验的植物生命"现在附着在这个直立的生命上，具有轮廓、线条，只属于它，无法被替代：就像我们生命中重要的人一样"。于是，精神在树身上预感到一个"因为更直接故而比我们的愿望更为警醒的愿望"。他（奥朗）"开始像一棵树一样思考，令他在这无法看见的事物中发现了世界思维更加根源、比我们的语言所失去的直觉更加丰富的运动"。"树依附于一个地方……自然而然地能够在相异性中意味着独一无二。"[1]

---

[1] Yves Bonnefoy, Alexandre Hollan, *L'Arbre au-delà des images*, William Blake and Co, 2003, p. 17, 22.

第九章

# 树的感觉与人类移情

在整个西方历史中，树是否具有感知能力引发了广泛争论。当然，争论是与植物的灵魂问题紧密相连的，它建立在是否接受植物具有感觉的基础上，值得我们略作探讨。

问题自古以来就存在了：泰奥弗拉斯特就曾长久思考树的痛感、它们为愈合伤口所做的努力、它们对冷热的感觉。他认为，树因为忍受痛苦而对极端温度极为敏感。[1] 普林尼伫立在悲伤的树前，面对着刺柏表达恐惧的阴郁面孔。在他看来，某些树会讨厌甚至抵触被移植。月桂树用"明显的爆裂声"表达对火的憎恶，普林尼认为这是"一种抗议"[2]。

在《农事诗》译本的序言中，戴立林

---

1 Théophrast, *Recherches sur les plantes, op. cit.*, p. 110-117.
2 Pline l'Ancien, *Histoire naturelle, op. cit.*, livre XVI, p. 51, 63 et XV, p. 63.

(Delille)神父指出维吉尔赋予树以所有的激情、爱和人类感情，尤其是欲望、惊讶和遗忘。在中世纪，拟人说组织了树以及木头的表现。我们看到，将树身比作人的肉身很常见。树有生有死，和人一样，它会生病，拥有的缺点也"和人一样"。米歇尔·巴斯图罗（Michel Pastoureau）写道："它会痛苦，会腐烂，会受伤；和人一样也会被虫子侵扰。"[1]中世纪大部分的木质雕像会流血流泪。和动物的父亲一样，在果实成熟、离开喂养和孕育它的父体和母体之前，树也会施以照拂。

在现代之初，认为存在着将植物和动物与宇宙相联的标记的信仰依旧盛行，汤克莱德在《被拯救的耶路撒冷》中向布永的戈弗雷（Godefroi de Bouillon）致意，宣称树木受人类精神的支配，可以感觉，可以说话；所以他决定绝不"剥树皮"和"折断树枝"[2]。在塔索的诗中，树会思考。它会痛苦、流血、战栗。

人们思考，在阿尔布雷希特·丢勒（Albrecht Dürer）的作品中，为何树主要以空心、受伤、多瘤，有时扭曲，经常有裂口，挥舞着折断的枝条，或以残存树桩的形象出现？[3]这种衰败是否为了让人想起人类的持久？还是说只是源自后哥特悲剧的简单继承？只是在象征性地阐释人类的痛苦？无论如何，静观丢勒的作品，树身从来不是光滑的。《圣厄斯塔什》前景中的树全部受伤严重。在《骑士、死神与魔鬼》中，树的扭曲形状与魔鬼阴郁的出现暗合。无论丢勒的作品如何复杂难解，观者都会感受到，植物有痛苦、恐惧和仇恨的感觉。在这

---

1 Michel Pastoureau, «Introduction à la symbolique médiévale du bois», *Cahier du Lépard d'or*, op. cit., p. 26.

2 Le Tasse, *La Jérusalem délivrée*, op.cit., p. 741.

3 Cf. Anja-Franziska Eicher, *Albrecht Dürer*, Könemann, 1999, *passim*. Erwin Panofsky, *La Vie et l'art d'Albrecht Dürer*, Paris, 1987; Pierre Vaisse, *Albrecht Dürer*, Paris, 1995, et le catalogue de l'exposition de 1996 au Petit Palais à Paris.

里，树在不幸中被赋予人性。痛苦创造了植物与人类之间的共同体。

17世纪，痛苦的树构成荷兰绘画的**母题**，表现折断的树身、枯死突起的树枝、扭曲或者向前倾斜的树。关于这一主题，雅各布·范·勒伊斯达尔的《走入森林》构成了典范。在随后一个世纪，华托（Watteau）、朗克雷（Lancret）、布歇（Boucher）等也同样流连于痛苦的树以及狂暴的树。他们表现腐朽、丑陋的树身和竖立的树桩。尤其是布歇，为了让追随者的目光聚焦，"在柳树以及破碎的树身……在紧抓住土地的扭曲的树根上添加皲裂、紧张"[1]。

贝尔纳丹·德·圣皮埃尔曾经很明确地写道："每棵树都拥有自己的表达……混合着爱与尊重、快活、保护、享乐和宗教的忧郁，似乎是源自它自己的身体。"[2] 要知道，启蒙时期的学者当时已经预感到树的生理特性，努力界定树受损和生瘤的区域。

浪漫主义强调树拟人化的表现。"屋后那四棵高大的松树，不时受到粗暴的打击，似乎受了惊吓，发出令人战栗的恐惧叫喊。"[3] 莫里斯·德盖兰写道。在他的文字里，对树有感觉的确信引发了忏悔；比如，他曾揪掉新萌的树叶。"它们曾经是有生命的，"日记作者写道，"曾经享受阳光的照拂，在风中摇摆，我揪过之后想。"[4] 清晨7点钟散步时，莫里斯写下"据说树整晚哭泣，流干了最后一滴泪"[5]。后来，他历数树的外形特征，"几乎就是人脸"，表达着这些静止生物的表皮下产生的无言激情。当遭遇陌生的力量，树变得狂暴。但是莫里斯·德盖兰将树的变形想象为上天的补偿，以弥补凝固在当下的静止对漂

---

1 Daniel Mornet, *Le Sentiment de la nature en France de Jean-Jacques Rousseau à Bernardin de Saint-Pierre*, Genève, Slatkin, 1980, p. 338.
2 Bernardin de Saint-Pierre, *Les Harmonies de la nature, op. cit.*, p. 77.
3 Maurice de Guérin, *Le Cahier vert, op. cit.*, p. 64.
4 Ibid., p. 65.
5 Ibid., p. 66.

泊激情的怀念。[1]

维克多·雨果曾对古老的柳树预言："您将摆出悲伤的姿态。"[2]并认为植物的痛苦就是受惩罚的大自然的组成部分。[3]他捕捉到干枯树枝未曾发出的呻吟。科里奥利（Coriolis），龚古尔兄弟的人物，在枫丹白露森林被橡树的景致吓呆了，"强力的抽搐"、"绝望的臂膀"、"从头到脚笼罩的痛苦"。他觉得有些厌倦所有这些"痛苦的巨树"。[4]

树经常被看作、被表现为痛苦的、没落的、垂死的，或者被阐释为移情——以弥补植物与人类之间遥远的距离，以便后者可以洞悉树的语言。

这就解释了痛苦的树、承受悲剧的树的常见模式，这一切都保留了痛苦痕迹。因为无法移动，所以无法忘却不幸，这在弗朗西斯·蓬热看来，构成了植物的诅咒。穷其一生，树都在展示自己的伤口。它们的每个姿势"不仅留下痕迹，就像人类及其写作，它留下了无可阻止的表面和生命，与它们自身密不可分"[5]。从这一点来看，树的表面是"一张三维的毯子"[6]。不仅是它的姿势，还有它的伤口，将永久结合在一起；树应该"与自幼年时既有的姿势的分量永久共存"[7]。在指出松林的社会地位的同时，弗朗西斯·蓬热认为如果它们是单棵生长的，这些树"将会因绝望和烦恼（或者入迷）而扭曲"，站成"痛苦英雄的雕像"的姿势。聚生的事实将它们从植物的诅咒中解救出来，

---

1　Maurice de Guérin, *Le Cahier vert, op. cit.*, p.127.
2　Victor Hugo, *Les Rayons et les ombres*, Paris, Gallimard, coll. «Poésie», 1964, p. 280.
3　Cf. Pierre Albouy, in *ibid.* p. 436.
4　Edmond et Jules de Goncourt, *Manette Salomon*, cité par Jean-Borie, *Une forêt pour le dimanche, op. cit.*, p. 289.
5　Francis Ponge, *Le Parti pris des choses, op. cit.*, p. 84.
6　Ibid., p. 91.
7　Francis Ponge, *La rage de l'expression, op. cit.*, p. 150.

这便于它们忘却。[1]

约瑟夫·博伊斯从树的悲剧中总结，后者的榜样应令人类表现自己的伤口。他认为，当今的树比人类更为敏感；这就是为什么他要种树。在他看来，赞扬树就是稳妥地安放人类的智慧。[2]

树在老去和死亡之前的痛苦与不幸的详细目录相当长。泰奥弗拉斯特看到被不妥当地种植和灌溉的树，会感觉非常遗憾。他惋惜种在沼泽旁的树的命运。损毁、残缺、被剥皮、截去顶枝、过度修剪或劈开的树都令他怜悯。这些树被园丁折磨和粗暴对待，直至变得滑稽。有一些被蚂蚁和寄生虫啃噬，另外一些因为雨季过长而腐烂。[3]

这份充满同情的目录不断被重提和补充完整。在中世纪，罗兰·贝希曼指出，人们会为被羊啃伤、被动物爪子剥掉皮的树而痛惜。列奥纳多·达·芬奇之后，贝尔纳丹·德·圣皮埃尔和夏多布里昂充满同情，分享了风、阳光、冰霜对树造成的痛苦。

18世纪的园丁责备前辈们曾经折磨树。瓦特雷对在英式园林和浪漫主义花园中找到自由的那些树表示祝贺。[4]

当今，"作为牺牲品的树"引发了同情。人们觉得它既脆弱、受威胁，又勇气十足。它成为战斗者的隐喻。[5] 它的面貌与19世纪的道德树联结在一起。

自古以来，老树的衰败令人联想到人的衰老。贺拉斯为干枯

---

1　Francis Ponge, *La rage de l'expression, op. cit.*, p. 151.
2　1994年表达的判断，1994年展览目录中引用，见 *Joseph Beuys*, Paris, Musée national d'Art moderne。
3　Théophraste, *Recherches sur les plantes*, livres V et VI, Paris, Les Belles Lettres, p. 7, 8 et livre IV, p. 112 *sq*.
4　相反，威廉·吉尔平夸赞树扭曲歪斜之美，与帕提尼埃的弗拉芒艺术紧密相连，因为它符合如画风景的概念，就是说粗糙、断裂。
5　Cf. Monique Sicard, «L'arbre dans l'ouragan ou les images brisées», *in* Jean Mottet (dir.), *L'Arbre dans le paysage, op. cit.*, p. 218-227.

树的残缺而惋惜，这令他想到人类的残缺。后来很久，荷兰艺术家们尽力描绘的不是既痛苦又衰败的树，而是能证明它们曾经活过的树。派勒斯·波特（Paulus Potter）喜欢画老树，布满突起和伤痕，长满了蘑菇。[1]

无论如何，至少在文学界，最新的母题是流血和呻吟的伤树。有时，是关在树洞里的人的血，或者变形为树的英雄的血。在史诗中，尤其是但丁、阿里奥斯托或者塔索的作品中，树实际上是酷刑和惩罚之所。不然，则是树自己在流血，在清晨或夜幕降临的灼烧的天空之下。[2]

奥维德，在描绘厄律西克同（Érysichthon）的不幸命运时，提供了若干个世纪都要借用的原型。可怕的樵夫，对天神的能力相当蔑视和疯狂，侵犯一棵神圣的百年橡树，橡树饰有纪念牌和花冠。他砍向恳求他停下野蛮斧子的色萨利人。在厄律西克同的砍伐之下，树在流血，树下的仙女于是出声，她责备樵夫残忍，宣布了他要受的惩处。正在林中嬉戏的森林女神也流下泪水，大树被砍倒了。得到森林女神通知的克瑞斯（Cérès），狠狠地惩罚了厄律西克同，后者被判在孤独光秃之地受饥饿的惩罚。[3]

在中世纪，人们担心砍伐时树会流血。[4] 樵夫被看成是树的刽子手、森林的屠夫，"生命的切割机"。他的斧子被认为是魔鬼的工具、施酷刑的刑具。树的黄色木质，在被砍伐时变成红色；所有人都为此害怕。至于木锯，它的使用要到很晚的时候，它引起特殊的痛苦，就

---

[1] Cf. Michel Racine, *Arbres. Carnet de dessins, op. cit.*, p. 25.
[2] Angelo de Gubernatis, *La Mythologie des plantes, op. cit.*, 有很多内容讲述树的痛苦（流血的树、干枯的树、树根、被雷劈的树……），1<sup>re</sup> partie, p. 284-294.
[3] Cf. Ovide, *Les Métamorphoses, op. cit.*, p. 281-283.
[4] Sur tous ces points, Michel Pastoureau, «Introduction à la symbolique médiévale du bois», *Cahier du Léopard d'or, op. cit.*, p. 30 *sq*.

如以赛亚被关在树洞时身体被锯的痛苦。

但丁的地狱充满变形为树或灌木的灵魂，日夜号哭流血，但还保留着自己的身份。自杀之树，树枝发出的哀叹引起怜悯。"断裂的树同时 / 讲话和流出血。"[1] 维吉尔引着但丁来到"伤口流出鲜血的哭泣的灌木前"，前者对一个受难者说："你曾经是谁，枝杈在受苦 / 痛苦的言辞和血一齐涌出？"[2]

这与奥维德相去甚远。但丁继承了认为古代公共场所的树被折断时会受难、流血和呻吟的看法。他坚持血液与树液、声音与风声的对比。但是被惩罚的痛苦在别处还有：灵魂参观酷刑场所的旅行结束后的地狱。这里不是真正的变形。逝者的遗骸留在地上。地狱之树上，孤独的灵魂在萌芽和生长成树，期待着肉身的复苏，确实，自杀没什么好处。因为，在讲述自杀树的第十三章，灵魂因极其严重的错误而有罪。

到 16 世纪，阿里奥斯托似乎更接近古代。罗杰（Roger）骑着他的半马半鹰兽，落到一个生长着被施魔法的树的岛上，攻击一棵翠绿的香桃木，他的坐骑猛抖才摆脱了树枝。于是，阿斯托尔普变形而成的受伤植物不停地低语和喊叫，他敲开树皮，责备罗杰。人们看到树皮渗出液体，覆满汗水。[3]

在塔索《被解放的耶路撒冷》里，汤克莱德进入一圈被施魔法的魔鬼偶像，魔鬼偶像手执武器并被火焰包围。他听到从森林中心传来人类的哭泣声，令他心生怜悯、痛苦和恐惧。他敲打一棵高傲的柏

---

1 Dante, *La Divine Comédie*, Paris, Flammarion, 1985, traduction de Jacuqeline Risset, «L'Enfer», chant XIII, «La forêt des suicideés», p. 127.
2 Ibid., p. 131.
3 L'Arioste, *Roland furieux, op. cit.*, t. I, chant VI, p. 144-146.

树。"血从切开的伤口喷涌而出 / 将周围的土地染成红色。"[1] 科罗琳达责备汤克莱德让她死去，然后打他。她告诉他，被打败的武士，无论自由的还是异教的，都被变形为树，这些树和树枝拥有感觉。布永的戈弗雷描述场景时，汤克莱德宣称血会从树上的每个伤口流出，就像树身是温柔的肉身。[2]

但是龙萨认为树同样具有感觉伤口和流血的能力。他在1584年出版的著名的《哀歌》第二十三首——最近小学校还在教授，在法国，出于保护自然的目的，有的学校想修改他的出生日期——他坦承自己受奥维德的启发，叙述厄律西克同的故事，并假设他的读者都知道。诗人向砍伐加斯提拿森林的那位樵夫说道：

听着，樵夫（停一下你的手臂）
你砍倒的这些不是木头，
你没看到正在喷涌的血？
那是栖息在树下的仙女在流血。
该诅咒的凶手……[3]

在一首引用的赞美诗中，龙萨提到了树的血。他长时间为他钟爱的松树和围栅担忧，当时内战战火正猛。他担心会出现某个新的厄律西克同，他预先对后者判以奥维德写下的酷刑。

流血的树的主题从此永无止歇地在西方文学中反复被提及，建立一份完整的目录将是件乏味的事。在卡尔德隆（Calderón）名为《最

---

1 Le Tasse, *La Jérusalem délivrées, op. cit.*, p. 737.
2 Ibid.
3 Ronsard, Élégie XXIII, 1584, «Contre les bûcherons de la forêt de Gastine» (titre apocryphe), in *Œuvres complètes, op. cit.*, t. II, p. 408.

好的水果树》的篇章"圣事起诉"中，当堪达斯按照所罗门的命令砍倒了唯一的树——未来的十字架，人们看到一条血河流了出来。在奥诺瓦伯爵夫人的故事中，人们不再历数变形为树、被砍伐时会受伤流血的英雄。19世纪，奈瓦尔在1850年题为《鱼皇后》的故事中，安排小男孩拒绝把绿色的树枝放入柴捆。他这样做时，听到树的呻吟。

同样，火被认为是树在分解前遭受的特殊痛苦。维吉尔在《农事诗》中，花了很多篇幅描述森林火灾是如何因牧羊人的不慎而产生和传播的。燃烧的木头发出的噼啪声、爆裂声被看作痛苦和（或者）抗议的信号。

我们还会回来，砍伐的历史关涉社会对待树的历史，根据各地相异的风俗而不同，是每个共同体的标识。它与伦理学科的象征相联。现代的英国兴起对一切剥树皮行为的抨击，这有利于自由生长，是英式自由的象征。砍伐的痛苦令人恐惧。1653年，玛格丽特·卡文迪什（Margaret Cavendish）回到以树和樵夫的对话构成的文学形式，回忆树的喊叫和在人身上引发的感同身受的痛苦。海峡对岸，属于真正的树的信仰，使得自我、家庭、国家完成在植物上的投射成为可能。[1]

安德莱·科沃尔强调，根据古老的信仰，砍伐构成对树及其灵魂的谋杀。应该避免对植物复仇，尤其应在树根部放置祭品。重要的是，合理地选好砍伐的日子，并小心以尽可能减少树液流出的方式砍伐。最好是砍树的底部。[2] 在美洲，某些印第安人为了不砍树，把树捆起来摇。

按照艾里塞·雷克吕的说法，在19世纪末，古代山区的樵夫谈森林色变。他们认为超自然的生命藏在树皮下，树的汁液是神圣的

---

[1] Cf. Keith Thomas, *Dans le jardin de la nature*, op. cit., p. 289-291.
[2] Andrée Corvol, *L'Arbre en Occident*, op. cit., p. 65-67.

血。"如果你是神仙,如果你是女神,"亚平宁山民说,"如果你是天神,请原谅。"[1] 对天神复仇的担心让樵夫们忧心忡忡。

砍伐树时,连根拔起被认为是树遭受痛苦的顶峰。这样的场景因为感同身受而令人深为恐惧。这个主题——被雷击或者连根拔起的橡树之脆弱的反常象征——源自维吉尔和贺拉斯,引发了对树的死亡感的思考。拔起的树令人惊愕,它见证了过度的愤怒和斗争,为艺术创作带来灵感。愤怒的提坦巨人在与天神的斗争中拔起了大树。几乎全裸的女祭司可以拔起橡树;特洛伊的英雄像柏树一样被打倒,被斧子打败。17 世纪,莎士比亚在《雅典的泰门》中用隐喻提及,他的同名主人公曾看着无数依附他的人被风暴拔起,并令他全身赤裸。

19 世纪初,夏多布里昂怜悯开满花的年轻橄榄树的命运,在出生的土地上被狂风拔起,倒在为它的根系带来汁液的河水旁。[2] 人们应该将被拔起的橡树最令人惊愕的场景归于画家米勒题为《风》的油画。画家暗示大自然灾难性的狂暴和力量。

达尔文、奈瓦尔、米什莱,在旅途中为石化树的场景所震惊。达尔文造访安第斯山脉时看到了隐匿在火山砂岩中变成岩石的折断的白色树干,岩石依旧保留着树皮的痕迹。米什莱提到"石头树"、"幽灵树"、"凄凉的阴影",被幽禁在死亡中,有时可以在沙滩上遇到。[3]

再有,树倒在脚下死去的场景。艾里塞·雷克吕极尽精细地描述了树死亡的缓慢过程:裂缝里汪着水,蜥蜴布满地面,根部和树桩裸露,水灾和暴风雨粗暴侵袭……[4]

应该在西方文学和绘画中赋予树木这些意象以什么含义?受伤、

---

1 Elisée Reclus, *Histoire d'une montagne*, Arles, Actes Sud, coll. «Babel», 1998, p. 132.
2 Chateaubriand, *Génie du christianisme, op. cit.*, p. 778.
3 Jules Michelet, *La Mer*, Paris, Calmann-Lévy, s. d., p. 8.
4 Élisée Reclus, *Le Ruisseau, op. cit.*, p. 115-116.

弯曲、痛苦、流血、光秃、被截断、被砍倒、连根拔起。这种坚持表达了十字架模式的影响，痛苦之树或者树需要的力量、稳定的欲望、对摧毁一切的担忧，就像让·莫泰（Jean Mottet）意指的那样？[1] 受难、脆弱、受威胁但依然昂首的树的近代形象无所不在，就像媒体报道1999年风暴时一样引人深思。让·莫泰还在思考，这是否就是说树的葬礼对我们而言尤为难以接受？[2] 还有枯树，在家园中的草地上石化，暴风雨过后的许多年后变得晦暗，没有人敢触碰。但是树的痛苦引起的移情，我们已经看到，是古老的、来自前基督教的远古时期；移情、同情表达了与植物相近的深刻感情。

有感觉的树承受的远不止这一种痛苦，它会思考、感动、喜悦、兴奋、享受。贺拉斯和奥维德提醒我们，树被俄耳甫斯感动，他优美的竖琴声引得着魔的橡树翩翩起舞。不久之后，橡树为诗人的谢世脱去叶冠。[3]

在亨利·戴维·梭罗看来，科德角的落叶松应该为能装饰碎石山坡而感到幸福。[4] 维克多·雨果在写给夫人的一封信中，描绘了自娱自乐的榆树；[5] 然而马塞尔·普鲁斯特更经常驻足在树的"舒适"和"微笑"面前。公证人府邸栅栏的两边，"在拂过因阳光的照射而温热的小叶子的阵阵微风中，似乎为自己的舒适和灿烂的笑容而战栗"[6]的一排榆树，时不时轻轻抖动。叔叔让的花园里，巨大的山茶花的树叶"微笑着"回复"刚刚落在身上的阳光"。光芒与微风从树的"宁静的力量"、"壮丽的安静"中分离出微笑和抖动。花季刚过，阳光灿烂，

---

1 Jean Mottet (dir.), *L'Arbre dans le paysage, op. cit.*, p. 10-11.
2 Henry Cueco, «Abattages», *in* Jean Mottet (dir.), *L'Arbre dans le paysage, op. cit.*, p. 245.
3 Cf. *supra*.
4 Henry David Thoreau, *Cap Cod, op. cit.*, p. 91.
5 Victor Hugo, *Correspondance familiale et écrits intimes*, t. II, *op. cit.*, p. 521 (21 août 1838).
6 Marcel Proust, *Jean Santeuil, op. cit.*, p. 215.

树在微笑，像一位"威严"、"亲切"的夫人。[1]至于保罗·克洛岱尔，提到可可树"幸福而心醉神迷"，在"炎热而漫长的中午"走出自己的枝脉。[2]

在对自然景色的描写中，贝尔纳丹·德·圣皮埃尔在拟人方面走得更远。他写道，每棵树都有自己的个性，根据场景不同而变化，这可以说是在表达一种热情。巴比伦的柳树是忧伤的，柏树则是属于葬礼的，蔷薇是快乐的象征，香桃木是肉欲的象征。另外，动物为与之相联系的植物染上了道德色彩。哀怨的夜莺"在低语的杨树林里"，"蜜蜂在金雀花丛中、蝴蝶在蔷薇丛中、恋爱的斑鸠在香桃木上"非常协调。[3]此外，贝尔纳丹·德·圣皮埃尔明确写道："每棵树有自己的表情，每组树有自己的协调。混合着爱与尊重、快活、保护、肉欲和宗教忧郁的感情，似乎来自它们的身体……"[4]

处在山谷深处观察树时，贝尔纳丹·德·圣皮埃尔发现它们被激情鼓舞："其中一棵树向邻居深深弯下腰，就像是对着上级，另一棵树想如朋友一样拥抱它；还有一棵树像面对敌人一样四处摇晃。尊重、友谊、愤怒似乎逐一传递，就像在人类心中。"总之，出于对自己观点的质疑，贝尔纳丹·德·圣皮埃尔补充说，这些动摇不定的激情实际上是"风的游戏"[5]。

莫里斯·德盖兰也曾回忆树的激情，但他承认它们的神秘、节制的特性以及拟人性。"孤独的树，"他写道，"显露出的面貌、性格，我敢说几乎就是表达这些静止生物内部可能发生的无声激情和未知事

---

1  Marcel Proust, *Jean Santeuil, op. cit*., p. 222, 223.
2  Paul Claudel, «Le cocotier», *Connaissance de l'Est*, 1895.
3  Bernardin de Saint-Pierre, *Harmonie de la nature, op. cit*., p. 792.
4  Ibid., p. 77.
5  Ibid., p. 147.

物的脸。"¹

至于树的爱情,² 老普林尼认为植物和动物一样,根据本能在不同的日子受孕。对于树而言,"生育,就是开花"。这时,花是"树的快乐"。棕榈树因爱而弯曲的传说启发了启蒙时期的龙萨。他向现代人介绍了树的欲望模式。他模仿斯塔斯(Stace),诗人描写入迷的冬青前来聆听朋友歌唱。惊奇的植物来到窗前,听候主人的调遣;把头探入房间来拥抱布里农(Brinon)。³

20世纪,瓦雷里反复提及树的欲望和快乐。他让人对蒂蒂尔说:"你看,树似乎超越了我们,享受它不为我所知的天赐的激情:它充满激情的存在,无疑是女性的精华,要求我歌唱它的名字,赋予一种音乐形式给穿过它、温柔地纠缠它的微风。"⁴

春天伊始,西蒙——《史罗亚》的讲述者——每天都要来到树前。他独自前来看它,想要变成它,在树叶掉落时变成树枝,后者是"欲望神圣的延伸"。

亨利·戴维·梭罗在米什莱之后不久提到树幻想多产并因为多子多孙而高兴的情感。小红槭树纯净的肉红色吸引了偶然投向寂寞山谷深处的目光,"他很满足于知道成百成千生长良好的小槭树可能已经安顿在某处了"⁵。

我们还会回来,在西哈诺·德·贝热拉克和左拉的精神世界里,看树是如何真正交媾并通过战栗、感受到快乐时的噼啪声和叫喊声表现出来。这构成了有感觉的树欣喜若狂的表现的顶峰。

---

1 Maurice de Guérin, *Le Cahier vert, op. cit.*, p. 74.
2 Cf. *infra*, p. 226 *sq*.
3 Ronsard, «Le houx», in *Les Hymnes, Œuvres*, t. II, *op.cit.*, p. 792.
4 Paul Valéry, *Dialogue de l'arbre, op. cit.*, p. 177.
5 Henry David Thoreau, *Teintes d'automne*, «L'érable rouge», in *Essai, op. cit.*, p. 274.

讲述人类如何想象植物的感情，这是件讨巧的事。我们已经看到梭罗是如何在《日记》中表现秋天垂死的落叶所感受到的激情的甜蜜。

在这些延续十几个世纪的分散的参照系列中，一个疑问始终挥之不去：树的真正感觉是什么？通过拟人化能够猜到吗？人类应该忍受自己所处的状态，从而永远保留这个谜吗？

第十章

# 道德的树

19世纪盛行的是赞美对敌人进行各种形式抵抗的雄性逻辑，对树的赞美有如下套话：从它身上发现那个在诸多战场上展示英雄气概的人。

拟人化在这里通行无阻。健壮、有活力、强大的树，主宰者或者粗鲁的抵抗者召唤一系列英雄化的参照，在钦佩的观者身上引发一股激情，对左拉的女主人公阿萍而言，就是感受到"大地的雄性"[1]。由此，树成为榜样。橡树的这种价值属于古典文化。描写埃涅阿斯抵抗狄多（Didon）眼泪的方式，维吉尔用奠基性的篇章，使树成为英雄的象征："如同经年后木

---

1 Émile Zola, *La Faute de l'abbé Mouret*, in *Les Rougon-Macquart*, Paris, Gallimard, coll. «Bibliothèque de la Pléiade», t. I, 1960, p. 1404 et le texte de Virgile traduit *in* Pierre Gallais, Joël Thomas, *L'Arbre et la forêt…, op. cit.*, p. 48.

质坚硬的橡树，阿尔卑斯山的北风到处吹动，比着赛着要连根拔起；风在吹，吹过树身，树巅的叶子飘落铺满地；树站在岩石上，它将正面迎着宇宙的风，同时将它的根伸入大地。这就是英雄……"

在 18 世纪的英国，橡树——尤其是"橡树心"，木质极其坚硬、结实——的个人主义、无纪律、以不守成规为傲，被看作王国对抗专制主义和外国力量威胁的英雄壁垒。这是完全不同于稍后德国浪漫主义对树的价值的解读。在 19 世纪之初，英勇的橡树和松树的主题扩散到莱茵河彼岸。比如，卡斯帕·大卫·弗里德里希的《雪中橡树》象征了异教悲剧般的英雄主义，它独自对抗基督教，同时引发观者精神上的恐惧和巨大的悲伤。

对树的英雄化视角在奥伯曼那里只是个开始，当他漫游枫丹白露的树林，那里才刚刚成为景观。他说喜欢观看桦树和刺柏"抵抗风的侵袭，虽然那里没有肥沃的土地和适合的土壤"，但可以"保持自己的自由和贫瘠的存在"[1]。

从 1830 年开始，在绘画教育中，"树的肖像"已经盛行十年，统领着风景画，英雄化的拟人手法席卷了枫丹白露森林。比如，枫丹白露这个地名因德奈古优美的配色得到大肆传播。这样，橡树被叫作"狂野者"，画家一幅接一幅地勾勒，表现其一生都在展现的抵抗力量。他把忍耐的力量拟人化。画家、作家和旅行者自发而坚定地将之视作一系列道德之树的主体。根据这一阅读，正符合橡树孤独、孑然、个体的特征。这样，在《政治和宗教的和谐》中，拉马丁将橡树强有力的树身化作斗争的典范。

为了寻找树的灵魂，泰奥多尔·卢梭终日孤独地呆立以勾勒橡树的肖像，描绘其德行、分享其痛苦。他不满足于表现树的形态，而是

---

1　Senancour, *Oberman, op.cit.*, p. 129.

抓住其富表现力的样子，了解其历史所反映的特性；他尽力为其道德价值定位。他将树比作神话人物、《圣经》和荷马史诗中的英雄以及莪相（Ossian）的吟游诗人，进而在他的信函和谈话中提到树的廉耻、勇气和英雄主义。看到树被砍伐，他觉得不幸，认为这是对"无辜者的屠杀"。他觉得倾倒的巨树就是倒下的阿喀琉斯（Achilles），卷缩的枝干在他眼里就是被打垮的英雄。

同样地，英雄的树、灾难牺牲品的树都引发人类的同情，虽然树被连根拔起经常伴随着对自然秩序默默的接受。

19世纪中期，民族历史在地名中表现得更加有力，而最美丽样本的拟人化和个性化同时得到加强。库尔贝以自己的方式阐释了他将之作为主题的树的道德价值。《维钦托利的橡树》充满当时作为树的记忆的参照，描绘了弗朗什-孔泰"韦尔森热托里克斯的橡树"，说明树与英雄之间的关联已经很常见，同时还有对故乡的依恋、对往昔的赞美和对地区自治的要求。根深蒂固、具有绝对的和自然的权力、拥有力量，特别是结实的树干、材质的硬度和结节表达的有机耐力，维钦托利的橡树代表了不可征服。

第二帝国期间，赞美橡树英雄的斗争成为老生常谈。泰奥多尔·德·邦维尔（Théodore de Banville）献上了一曲充满激情的颂歌：

> 你这骄傲的巨人，多节而巨大的橡树……
> 这斗士的姿态渴望杀戮……
> 看看往昔，在这片广阔而湛蓝的天空下，
> 你曾经战斗，噢，百岁巨人！
> 在被雷电击中的提坦巨人中间。

穆杰（Murger）提到巨大的百岁橡树"被世界末日般的狂风扭

曲"，它们的根系插入暴雨过后的淤泥中……像是沉睡中的赫丘利斯……蜷缩成一团。[1] 勇士树的回忆抹去了近代历史与其挫折——革命的失败。似乎石化了的巨人带领观者"走向地质时代令人晕眩的海岸"，"无比狂野的大地革命"。[2]

我们看到，在大西洋彼岸，和霍桑（Hawthorne）等其他艺术家一样，亨利·戴维·梭罗在受先验主义影响的同时，间接受到德国浪漫主义的影响，对树的出现和相遇表现得心醉神迷。道德层面也逃脱不了这一阅读。这里要建立一张梭罗承认的德行清单就太长了。比如，他对不结果的"贞洁的树"大加赞美，他赞美设拉子花园的柏树，笔直、苗条、倔强，伫立在风暴与黑暗之上、肉身与世界之巅。[3]

在作家1856年1月和1857年10月献给"他的榆树"的长篇《日记》中，这一道德评判充分展开。在他眼中，这些树体现着抵抗和顽强。它们藐视风暴，从不退缩。它们死在自己的位置上。梭罗赋予它们一系列纯属拟人化的心理特征和道德价值。高贵、庄严、自尊、伟大、视野宽广（原文如此）、独立为其特征。他多次提到，榆树的顽强证明了一种自发的保守主义、自然的激进主义。梭罗幻想这些树成为议员，代替那些尸位素餐的傀儡。榆树因为根系扎得很深，"不假思索地为他们的原则投票"[4]。另外，梭罗觉得，新英格兰的红色橡树曾经因为色彩的浓烈，在刚刚下船的朝圣神父看来，是胜利的预兆。

法国在1870年普法战争中失败后，对树的看法比任何时候都浸润了更多对抵抗德行的赞美。作为闪光的证明，可以举出米什莱描绘的

---

1 Théodore de Banville, «À la forêt de Fontainebleau» et Murger, «La Mare aux fées», cités par Jean Borie, *Une forêt pour les dimanches, op. cit.*, p. 209, 210.
2 Jean Borie, *Une forêt pour les dimanches, op. cit.*, p. 213.
3 Cf. Roland Tissot, «L'écriture extravagante», *in* Michel Granger (dir.), Henry D. Thoreau, *op. cit.*, p. 300.
4 Henry David Thoreau, *Journal* (éd. Denoël), *op. cit.*, p. 155-156, 184.

山区瑞士五针松肖像。对他而言，后者应该体现了我们从大自然获得的德行。勇敢的原型在他看来就是"紧紧攀住陡峭山坡的英雄的树"；牺牲的面貌，真正斯多葛主义的面孔。逐渐年老的米什莱，无疑从瑞士五针松看到了激励着他的神话和自给自足的实践者，另一个他自己。[1]

从《山巅》所画的树中，人们读出模糊的道德价值。瑞士五针松，"因其痛苦而美丽"，"在没有生命的地方统治，在一切都结束的地方获胜"，终结了大自然。它的外表下面，保存着热情和生命，在它的孤独、高贵、牺牲中，证明了友爱。瑞士五针松是群生植物，是受苦、斗争和劳作的兄弟群体。通过自身的努力和工作，这些树成为保护山岳免于庸俗化的卫士。

在米什莱看来，多亏了"高级的松脂"，"空气无法穿透"，"不溶于水"，"不导电"，瑞士五针松才能够面对冰雪。这些山岳英雄，不仅以其勇敢表现了抵抗，而且还表现了反对。清晨，米什莱独自向英雄的瑞士五针松致意。这个分析引起维克多·雨果的愤愤不平，他从植物紧紧攀抓的方式中看到了反抗意识的体现。[2]

然而，瑞士五针松不是米什莱评判其德行的唯一树种。在最显英雄气概的树中，他钦佩的是云杉，生长迅速，靠拢成行。面对山崩，山峦似乎向它们大喊："孩子们，保重！"[3] 根据另一篇拟人化阅读，米什莱赞美战败者的德行，海滨树感觉到"强大暴君的靠近"（海洋），"它的呼吸的压迫感"，"如果它们没有被从根部拔起"，就会"肉眼可见地逃走"。与山巅的瑞士五针松相反，这些海滨树"似乎……蓬头垢面，四散奔逃"。有时它甚至出现在沙滩上，这些呼吸

---

1　Cf. Paule Petitier, préface à Jules Michelet, *La Montagne, op. cit.*

2　Jules Michelet, *La Montagne, op. cit.*, p. 336, 341 et, plus largement, le chapitre intitulé, «L'arolle, décadence de l'arbre et de l'homme», p. 334-344.

3　Ibid., p. 216-217.

困难的个体变成"石树"[1]。

1880年，艾里塞·雷克吕推荐同样类型的英雄气概的阅读。它颂扬了冷杉铺遍所有悬崖峭壁的"顽强意愿"。可以在这些文字内找到与米什莱作品一样的拟人化、一样的英雄化语气、一样的军事象征。雷克吕颂扬"列兵阵前的战士"，"因为具有相同思想而聚集"，这支队伍内部有自己的"优胜者"。"人们会说，这些树（冷杉）拥有顽强的意志。"他注意到一个"孤立的英雄"。他不厌其烦地描述这棵树抗击风雨的方式，与某些"胆小的"树相反——这些树虽然很高，却匍匐并躲在凹陷处。[2]

当时这种文学模式很普通。1876年，是他们定制了斯蒂文森（Stevenson）的油画《不可征服的栗树》，"一队竞技者"，"如同成群大象走在山脊上"——有天晚上他游览塞文山脉时看到的景象。[3]

后来，这种拟人化过多用于德行，逐渐被人们忘却了，逐渐变得奇怪。树的道德价值不再被反复讲述，而在绘画方面，个性化越来越淡漠。树的肖像作为主题，曾经统治风景画并引发人们化身为植物的自传尝试，也失去了它的合法性。艺术家们似乎忘记了它的根深蒂固和一时的深度。一下子，它失去了叙述的稳定。

画家和观众更喜欢在公园、花园、河边的森林步道散步。他们从此专注于水与光线的精致游戏，而不再激情地描述树林。根据这一逻辑，不再是能量、抵抗、耐力、英雄主义的问题，也不再是古代参照和模糊的历史记忆。文学界也是同样。之后很久，"二战"前夕，悲伤、同情的阅读时代来临，将树的表现引向另一条轨道。

---

1　Cf. Jules Michelet, *La Mer, op. cit.*, p. 7-8.
2　Élisée Reclus, *Histoire d'une montagne, op. cit.*, p. 137-138.
3　R.L. Stevenson, *Voyage avec un âne dans les Cévennes*, Paris, coll. «10/18», 1978, p. 146 *sq*.

第十一章

# 树作为对话者、密友和良师

根据观者的地位、感受力、空闲、表现和信仰，树对观者的自我产生了一系列影响。比如，我们曾提到惊愕和同情；我们还会看看属于性的部分。这里涉及的是另外的激情与情感：神秘关系、亲缘关系、相似性、最初的好感等，以及由此生出的亲近、私密、和谐进而融合的愿望；甚至梦想变成树、将人类与植物置换的激情。

与树的亲密接触被认为是再度体会祖辈人的激情并感受与城市文化相关的前后关系和找回野性的方式。在今天，感受衰老、孤独和树的消失就是表达景物悲剧。

这就是说，此类情感来自相似感和彻底相异感之间的张力。

如何启动这些情感？接收树的信息，尤其是它发出的所有声音信号，一句话，它的语言起着重大作用。树有时可以化身为对话者、密友、听忏悔的人、良师。这是所有植物被幻想的角色,我们应该到构成自身群体的源头去寻找。

与植物最大限度融合的愿望古已有之。贝尔纳丹·德·圣皮埃尔自18世纪就已说过。色诺芬转述,垂死的居鲁士(Cyrus)希望被埋在田野间的树下,以便让他的躯体迅速地与大自然结合,并且"重新为美好的果实做贡献"[1]。

作为美国先验主义发言人,爱默生(Emerson)在1836年写道:"田野和树木带来的最大快乐就是人与植物之间神秘关系的假设。""在暴风雨中弯曲的树枝对我来说既新鲜又熟悉。它们的问候让我吃惊,但是我对此一点也不陌生。"他对照希腊人补充说,"原始的形式,"其中就有树,"为我们提供了存在于它们和为了它们的快乐。"[2] 雪莱(Shelley)此前不久曾宣布:"春天的树叶在蓝色天空下摇曳,与我们的本心有一种神秘的契合。"[3]

日复一日,亨利·戴维·梭罗无疑是最好的尝试勾勒这种感情的人了。在他看来,落在树身上的目光、倾听它的话语直接引发了与自己有关的意识。这些经验表明,区分人类和非人类的差异非常细微,大自然在人性化的同时,人也在自然化。与非人类可以互换的感情,是模糊的感情藏匿亲缘关系、藏匿使自我界限扩展的联盟的结果,这一联盟造成身份的缺失但"获得了新的存在"[4]。梭罗写道:"为什么我没有达成与土地智慧的默契,难道我的一部分不是树叶和腐殖土吗?"他补充道:"我对摇动的桤树叶和杨树叶感受到的亲近令我几

---

1 Bernardin de Saint-Pierre, *Études de la nature, op. cit.*, p. 538.
2 Ralph Waldo Emerson, *Essais*, Paris, Michel Houdiard, 2010, «Nature» (1836), p. 19 et 20.
3 Cité par Gaston Bachelard, *L'Air et les songes, op. cit.*, p. 277.
4 Kenneth White, «Le journal de Thoreau: un Chantier de géopoétique», *ibid.*, p. 280.

乎喘不上气来。"[1]

与树和睦相处或者认同、融合之愿望的历史参照是什么？有可能建立一张年表吗？变形为树的主题，贯穿整个古代，树精挥之不去的存在进入了这个谱系。我们还会回到这里来。不幸的是，由于能够清晰表达的修辞极度贫乏甚至不存在，很难决断某种激情或感情在中世纪存在与否。无论如何，尤其是在这一时期末，出现大量关于树、花和果实的表达出来的感受甚至入迷的迹象。大量徽标装饰着服装，刻在首饰、钱币、印章上，表现在墙纸上，表达了对植物象征的公开喜好。这种着迷还体现在表现树叶和果实的方式、繁复的绿色植物装饰，甚至逐渐出现在打猎的场景中——皇室和王族出场时必然有树。此外还加上植物种类的大量象征性参照。[2] 经常是以默认的方式，对人间天堂的参照，往往隐晦地成为这些表现的基础。无论如何，很难从所有这些迹象中归纳出因为树的出现引发的激情的清晰纹路。

相反，在龙萨的作品中，与刺柏的认同，特别是诗人对这种树阐发的长篇大论、诗人温柔的姿态足以证明文艺复兴时期古代感情的回潮。[3]

两个世纪之后，在《散步者的遐想》所描述的第七次散步过程中，让-雅克·卢梭（Jean-Jacques Rousseau）感受并描述了一种心醉神迷和狂喜，这是与生物系统融合、与整个大自然认同的结果；这令完全沉浸在存在情感中的个人失去了反思的意识。当然，这种内心的慌乱超出了植物的范围，但是植物引发的遐想与提到的心醉神迷相吻合。

同一时期，园艺设计师的艺术促成与灵魂对谈的可能和愿望，其

---

[1] Cité par Kenneth White, *ibid.*, p. 279-280.

[2] Cf. Christian de Mérindol, «De l'emblématique et de la symbolique de l'arbre à la fin du Moyen Âge», *Cahier du Léopard d'or*, n°2, *op. cit., passim*.

[3] Cf. *infra*, p. 193.

目的在于表达特别是制造一系列感情的空间。感觉主义的影响致使感官的信息与散步者的心理回响紧密联结在一起。"情感的花园"应该创造一种惊喜、一连串通过不同树种传递的种种激情。通过这种方式，园艺师避免了烦恼，保持了快乐的希望完好无缺。悲伤、忧郁但也是舒适和快乐，灵魂内部的满足表明建造和布置花园者的情感布局的成功。这样，他必须知道，松树是哀伤的绿色，悬铃木则是快活的绿色。在19世纪初，勒布兰（H.G.N. Lebrun）就曾分析每种树的心理效果。[1]

这就是说，不应该混淆情感的调色板和植物幻想的深度。花园散步者出现的忧郁、哀伤或者快乐只能与卢梭在第七次散步时提到的心醉神迷相通。懂得选择按照感觉和想象的本能摇动的树种，不等于拥有在树面前开启和谐、私密感情的知识，更不是拥有融合或者变形的愿望。

在19世纪浪漫主义及其继承者身上却并非如此。我们还会回到德国、盎格鲁-撒克逊诗人的情感；我们在这里要举唯一一个例子，从而在我所谈论的情感与上个世纪内行地赋予花园的情感之间澄清两者的区别。莫里斯·德盖兰幻想变成一只虫子，趴在"根的尖梢上"，以便能够在私密的树林里静观"呼吸生命"的气孔。[2] 他放弃了变成树的愿望——按照神话中被天神选中以奖赏其品德的树的榜样。"在所有元素中保持自己选择的汁液，包裹自己，用根系向人类显示其强大，与某些人们极为赞赏的森林中的树根极为不同的是，只是盲目地发出模糊而深沉的声音，就像某些茂密的树梢模仿大海的低吟，这是一种生命的状态，我觉得值得尝试。"[3]

---

1　H.G.N. Lebrun, *Essai sur le paysage. Pouvoir des sites sur l'imagination*, 1822.
2　Maurice de Guérin, *Le Cahier vert, op. cit.*, p. 112.
3　Ibid., p. 127.

半个世纪之后，赖内·马利亚·里尔克（Rainer Maria Rilke）在灌木的分叉中找到了支撑，"嵌入自然"，因而提到支持其梦想的有机印象。"这就像从树的内里，从它身上发生的几乎无法察觉的颤抖……""他没能很好地定义他赖以接收既细微又广阔信息的感觉。"[1] 这情势造成了一种状态，与所有其他状态不同，它如醉如痴但并不快乐，是被带到世界、自然的另一边的感觉，加斯东·巴什拉这样评论。

西蒙——保罗·加代纳出版于1941年的小说《史罗亚》的人物——希望"达到人树混合的艰难的喜悦"[2]，他沉浸于树与女性的错杂的双重欲望中。当他用手穿过情人阿丽亚娜的头发，"他以为自己触碰到在土地里生根的东西"[3]。几乎在同一时期，马蒂斯说感受到变为树的欲望。

这个年表可以帮助明确主题。让我们首先从有关"树的话语"的内容开始。实际上，树的话语一直在讲述西方历史中的人。这是一个有关集体表现的极其强大的模式，作家们乐此不疲。我们仅限于讨论这个主题的某些方面，即使如此也足够写一整本书了。[4]

在古希腊罗马时期，树首先是作为决定性的预兆出现的。这样，老普林尼认为战争前夕[5]菲力普斯柳树的倒下是好的征兆。汉尼拔（Annibal）被征服那一年，小麦在树下生长。很久之前，薛西斯到达寮奥地希时，一棵悬铃木变成了橄榄树。与希腊和罗马人看成预兆的这些现象相比，超越的话语、树的权威能力对我们的意图而言更为重要。尤其是橡树，体现宇宙起源和人类学的完美的树，雷和闪电之神

---

1 Rainer Maria Rilke, *Fragments en prose*, cité par Gaston Bachelard, *L'Air et les songes, op. cit.*, p. 267.
2 Paul Gadenne, *Siloé, op. cit.*, p. 490.
3 Ibid., p. 472.
4 Esquissé par Angelo de Gubernatis, *La Mythologie des plantes, op. cit.*, 1$^{re}$ partie, p. 266 *sq*.
5 Pline l'Ancien, *Histoire naturelle*, livre XVI, 32 et XVIII 18, *op. cit.*, p. 63.

宙斯的树，表现了神示的力量。

在埃皮鲁斯国的多多纳，神被认为是通过羊麦栎的壳斗橡树回答求助者的提问的。神父们解释树叶在无风时的窸窣声。他们以这种方式收集神的信息。[1] 类似的占卜方法也出现在其他地方。人们说，宙斯阿蒙神殿在西洼绿洲的神树上得到启示。

在古人的思想中，橡树不是唯一能说话的。奥维德确信是芦苇出卖了弥达斯（Midas）隐秘的弱点。"在南风轻拂中摇摆"，它们重复着背叛了国王的仆人的话；"它们散布主人耳熟能详的东西。"[2] 桂树在古希腊罗马人看来有利于神谕的传播，女占卜者在预言之前都要吞吃树叶。

在现代降临之前，多多纳的回忆在文学中一直是经常出现的参照。尽管有信仰的作用，这个母题维持着传承自古代异教占卜术的树会说话的模糊概念。埃皮鲁斯橡树的参照与睡眠和梦想紧密相连。在文艺复兴时期，神谕树的出现进入专家们称为"超自然幻想"的系列。沉睡的灵魂可以与神交流。这样，杜·贝雷（Du Bellay）说在梦中看见"多多纳的树"[3]。要知道，即使没有后一个参照，索莱尔的弗朗西庸在梦中听到长满铁线而不是叶子的树的"喃喃低语"以及不断的责备与詈骂声。

尤其是，西哈诺·德·贝热拉克在巨大的树荫里沉寂而孤独的睡梦中，描绘"太阳国度和帝国"的追寻者，听到橡树的长篇演说。在他的描述中，橡树讲的是古希腊语。它们确信自己的父辈出身于多多纳的森林（诸如此类）。子孙后裔保存了它们的语言和预言的天赋，并服务于病患。它们的语言是种"低语"，"微弱的声音"，"一种

---

1 关于 Dodone，参见：Jacques Brosse, *La Mythologie des plantes, op. cit.*, p. 839 *sq*。
2 Ovide, *Les Métamorphoses, op. cit.*, p. 357.
3 Du Bellay, «Le songe», in *Œuvres poétiques*, Paris, coll. «Classique Garnier», 2009, t. II.

叹息"。它们师法"温柔、轻盈的风,一直在树林边缘呼吸"[1]。与古代科学相参照,西哈诺·德·贝热拉克确信这些树具有三个灵魂:植物的、感觉的和智慧的;这就赋予它们一种巨大的感觉,使它们感受到激情。梦中人陷入位于山谷深处的这些橡树的信息中。这是些耄耋老者;在它们含混、低沉和忧郁的低语声中,主人公听到它们对他讲述神秘的话语,就像来自多多纳,令他陷入"甜蜜的梦乡"。

作者花费大量笔墨讲述"树的声音"[2]。树行使着人类肉体和灵魂的所有功能,他赋予这些树的言辞,无疑是法国文学中赋予植物最长的话语了。

每个人都记得拉封丹令树开口讲话,后者责备樵夫为了谋利的残忍。一个世纪之后,贝尔纳丹·德·圣皮埃尔热衷于植物的梦想。他讲述感受到老橡树信息的巨大冲击。他驻足聆听这些既含混低沉又忧郁、将灵魂丢入"甜蜜的忧伤"之中的声音。"好像它们在对我讲一种神秘的语言,"贝尔纳丹·德·圣皮埃尔写道,"就像多多纳的那些树,把我带入难以形容的梦境。"[3]

这种神谕话语的联想在20世纪的文本中依然存在。马塞尔·普鲁斯特在著名的《三棵树》的对白中提到了神谕。圣琼·佩斯在长篇诗《风》中向"充满神谕的预言的巨树"致意。[4]

在《殉难者》中,夏多布里昂遗忘了多多纳,却提到了凯尔特。他令泰乌塔特斯在德鲁伊特祭司称作"圣洁"的树林中开口讲话。在枯萎、暗淡、幽灵般的树旁边,几棵橡树被刀剑剥下树皮,以伊莱森

---

[1] Cyrano de Bergerac, *Les États et Empires du soleil*, in *Libertins du XVII<sup>e</sup> siècle*, Paris, Gallimard, coll. «Bibliothèque de la Pléiade», t. I, 1998, p. 1062.

[2] Ibid., p. 1063.

[3] Bernardin de Saint-Pierre, *Harmonies de la nature, op. cit.*, p. 147.

[4] Saint John Perse, *Vents* (1954), «c'étaient de très grands vents», in *Œuvres complètes, op. cit.*, p. 180.

贝尔之名受到崇拜，成为十足的神，其树根被浇灌以人类的血，让挂在树枝上的武器和战利品发出不祥的低语。之后不久，维蕾妲自称是仙女，变成一棵草，在欧多拉（Eudore）窗下的微风中呻吟。

《圣经》中很早就承认树具有传达神谕的能力。占卜者的橡树也是如此，还有对亚伯拉罕说话的幔利橡树（创世记18）；不要忘记上帝在朴树林里的脚步声。无论如何。来自《圣经》的两大主题将树的话语模式或者自愿的动作模式固定下来。第一种与逃离埃及这一段有关。根据卡西奥多鲁斯（Cassiodore）假托的马太福音，后来，弗拉津的雅各的《金色传奇》，马利亚和耶稣从希摩波利到了底比斯一棵能治病的树下。随后，全家歇息在一棵高大的棕榈树下，圣母表达了摘些果实的愿望，约瑟开怀畅饮。于是少年耶稣下了命令，棕榈树在他的命令声中弯下枝条从根部涌出水来。多少世纪以来，这段插曲经常被艺术家们引用。

黎巴嫩的雪松令浪漫主义者心醉神迷，后者毫不犹豫地让雪松开口说话。夏多布里昂在《基督教真谛》中，依据古典时期的自然神学，确信宇宙的总体表现是上帝存在的证明。这样，"山谷里的小草和山峰上的雪松感谢上帝"[1]。然而，1802年书出版时，这个主题已沦为老生常谈。1783年，在《查尔特勒修道院》中，丰塔内提到了上黎巴嫩地区的雪松"将热忱的祈祷直带入云霄"。无论如何，还有拉马丁长篇累牍地大力颂扬"祈祷树"绝妙的预言。在《天使谪凡记》的一个精彩片段中，黎巴嫩的雪松齐唱"一千个声部的赞美诗"。"神性的内在本能，"树吐露，"让我们从头到脚都在战栗。"[2] 树叶和树的纤维被游荡的微风变成歌颂造物主的琮琤乐弦。"树的

---

1 Chateaubriand, *Génie du christianisme, op. cit.*, p. 558.
2 Lamartine, *La Chute d'un ange, op. cit.*, p. 822, 823.

每片叶子都是一个声部",树的每次弯曲都是一次祈祷。黎巴嫩的雪松充满"任何造物都不具备的"感觉。[1] 它们是"不死的一生"的神秘因素。因此,它们粉碎了优越于自己的人类这个在"它脚下干枯"的轻薄的幽灵。

黎巴嫩的雪松由上帝手植,成为自大洪水以来的避难所。它们为约柜提供木材。这些所罗门的树被选中建造庙宇。它们还是建造十字架的材料。当然,这一切都是诗人想象的结果。

黎巴嫩的雪松成为并一直是朝圣的对象和宗教灵感的源泉。"在我们预言的树荫下",雪松保证道,天使们入迷地聆听雪松的齐唱,那些人(朝圣者—诗人)"谱写最美的赞美诗/我们树枝的低语"[2]。

1832年,拉马丁前来拜谒七棵一直存活的雪松,他确称一直有崇拜雪松传统的阿拉伯人赋予了它们灵魂。他们认为雪松是以树的形状存在的神。

在这些涉及多多纳或者黎巴嫩雪松的神圣召唤声中,树的神谕与声音联结,与树叶的低语、树枝、树身的褶皱联结。夏多布里昂特别在《基督教真谛》中不懈地将风声、树声和流水声与祈祷声、赞美造物主的声音联系起来。他写道:"没有比这些风、橡树和荒漠中的芦苇吟唱的赞美歌更加宗教的了。"[3] 后来,他提到了格利高里圣咏。他在它们的凸出部分、升阶部分、单调的低吟中认出了"荫庇着修道院墓地和教堂的紫杉和老松树的嗡嗡声"。[4]

在植物梦幻过程中,也不乏这种说法,树对人说的话语更多是非宗教的、没有直接的宗教参照,涉及的声音资料系列可以说非常之宽

---

1　Lamartine, *La Chute d'un ange, op. cit.*, p. 822, 823.

2　Ibid., p. 825.

3　Chateaubriand, *Génie du christianisme, op. cit.*, p. 1358.

4　Ibid., p. 1360.

广。树枝间的风声、颤抖和寂静的游戏，因地点不同而造成的不同声音，"舞蹈的窸窣声"[1]，轻微或者强烈的敲击声令景色为之颤抖，噼啪声和折断声，这种音乐、这种和谐、这种音乐会的元素，一切使其力度在夜晚树木发出倒下的声音时达到顶点。这一切有时被概括为"风奏琴"和音叉树的面貌。

"这里的一切都发出噼啪声，"于连·格拉克写道，"当朗德的松树干枯到可燃时的赞美歌，阳光将树皮层剥离，松果噼啪开裂，散步者脚下干枯的松针。"[2]

无论如何，仅仅是音乐会的分析还不够。对树的声音永恒的诘问是：这是什么？这意味着什么？这难道不仅仅是一个纯粹的事件？这难道不仅仅是某种力量经过的标记？或者这是不是一个微弱的、尽力让人听到的嘟哝？马塞尔·普鲁斯特在《追忆似水年华》中思考，当他遇到前面已经提到过的三棵树时写道："在它们朴实而激情的动作中，我辨出了一个失去话语能力的被爱者的**无力的遗憾**，它感觉到无法告诉我们它想要的东西，而我们也猜不到。"树挥舞着"绝望的手臂"[3]，因为不可能被理解，人作为听众和观众，永远无法判断讲述者，揭示这些作为自身一部分的树努力要说的内容。《让·桑特伊》的字里行间较为平静，同名主人公在果园漫步时说："我们从这些树叶中（爱的苹果树）、从这些白色的花里感受到类似我们在人群中遇到一个对我们说话的微笑的友爱者的东西。"[4] 秘密仍然继续存在下去。

对树的倾听和注视的激情，当然与人们的空闲密不可分。它取决

---

1 Alain Mons, «Le bruit-silence ou la plongée paysagère», *in* Jean Mottet (dir.), *Les Paysage du cinéma, op. cit.*, p. 246.
2 Julien Gracq, «Éléments du paysage des Landes», *Lettrines*, Corti, 1967.
3 Marcel Proust, *Du côté de chez Swann, op. cit.*, p. 719.
4 Marcel Proust, *Jean Santeuil, op. cit.*, p. 159.

于注意力的觉醒和个人的伊奥利雅文化。诺瓦利斯已经提到大自然真正的审视者的益处，安静而丰满的灵魂，在寂静和孤独中静静冥想、不断沉思。

是否可能建立——哪怕是模糊的——一个直观的感情年表？尤其是，与我们相关的是面对我们的感情的有声表达，并且，拥有能表达的修辞。让我们来勾勒一个提纲。贝尔纳丹·德·圣皮埃尔明确引证贺拉斯，说自己对"摇动的树叶"的颤动非常敏感，对某个场景元素间的协调非常敏感，他强调根据情况与植物类型契合的概念。

"能够听到杨树叶的颤动，在我们的树林里，小溪的湍流声……还有风中摇曳的、静谧的森林代表了山谷和山坡，海浪被击碎在岸边的起伏和低语……"他坚持植物在寂静和孤独中颤动的说法。[1]

夏多布里昂在《基督教真谛》中强调这种他判定为孤独交响乐的树的音乐。他建议音乐家谱写树的忧郁的乐符和墓地草丛的低语。在联想到精妙的风奏琴和树的音乐时，他要求对每种树的特殊声音敏感起来。这样，"当松树轻轻摇动时，它会有一种温柔的颤抖"[2]。维吉尔因此给这种树绑定了修饰语"和谐"。

每种树叶都讲着属于自己的语言，在这种情况下，"每一根草都发出了特殊的音"，聆听的欲望引导着夏多布里昂进行特殊的行动。从布雷斯特回来，《墓畔回忆录》的作者在贡布雷小住。这将是他童年的终结。在广阔的树林里，整个秋天，他写道，"我们（和卢希尔）前后行走，竖着耳朵聆听风穿过落叶后树的低吟，或者我们脚步带起的干枯落叶的声音"，还有关于孤独的树的声音，"我听到所有不常去的地方发出的声音，竖起耳朵聆听每一棵树"。接近冬天了，"夜晚……我听

---

1 Bernardin de Saint-Pierre, *Études de la nature, op. cit.*, p. 81.
2 Chateaubriand, *Génie du christianisme, op. cit.*, p. 718.

到落叶的声音，我当时处于极为自在的状态"。[1] 树叶掉落的声音，是这位作家作品中常见的主题以及他的有声风景中的基本素材，夏多布里昂明确要求我们倾听这构成树所演奏的最精巧音乐之一的元素。

塞南古表现出对树的信息极细腻的敏感度。他分析风穿过远处落叶松的"素朴的"颤抖。作为"事物安宁和谐"、简单和"和弦"的爱好者，当感觉扩张到音乐会的地步时，他评价一个场景：

> 大地上有什么不确定的东西。可以听到桦树的哗哗声，杨树叶掉落的声音，松树发出野蛮的低语。

在塞南古的灵魂里，有时树枝的摇动和水流的震颤创建的和弦能加剧欲望，可以成为爱的颂歌。《奥伯曼》的作者能区分不同性质的植物声音：在布伦塔河宁静的岸边，杨树"运动的"树叶的摇动与"被来自深渊的风吹弯的挪威老冷杉"根本不同。[2]

即使在祈祷树之外，拉马丁也被和声迷住了。在向这些植物致意时，他证明了一种真正的风文化。例如在《约瑟兰》中，他致颂歌：

> 和谐的树啊，冷杉！木制的竖琴，
> 所有来自天空的风都来弹拨声音，
> 你是一切哭泣和一切歌唱的工具，
> 无数的回声令大自然狂喜不停。[3]

与此同时，在大西洋彼岸，亨利·戴维·梭罗证明了自己对树的

---

1 Chateuabriand, *Mémoires d'outre-tombe, op. cit.*, p. 137, 145.
2 Senancour, *Oberman, op. cit.*, p. 175, 289, 534.
3 Lamartine, *Jocelyn, op. cit.*, p. 606.

声音的敏感是属于另一个宇宙和其他伦理的冲动。"我的心，"他写道，"在风穿过树的啸声中开裂。我的生命昨天还是浅薄、无条理的，借助这些声音，我突然重新找回了力量和灵性。"[1] 梭罗注意到，树叶的飘落发出和下雨一样的声音，但和雨声有所不同的是，一旦掉落，它还会在脚下发出声音。在探寻曼恩省的森林时，他强烈地感到植物的声音。他写道："在一个极为宁静的夜晚，树叶飘落的声音里……有一种庄严和强烈的东西，就像不需要质疑树倒下的动机，而是要以敏捷、清醒和深思的力量行动。"[2]

维克多·雨果自述他深信风会对树说话。在成为人的对话者之前，树与风交流。"风对橡树说……"他在《秋叶集》的结尾诗节中写道。这将我们引到另一个主题：树不仅代替风充当低语、颤动和摇动的角色，而且它成了对话者。然而人在随时待命，树促使人类交换话语和对谈。甚至在史诗或者寓言中主人公和人物语言隐喻的联想之外，好几位作家不断重复着与树的对话。

龙萨在法国古典文学中开启了诗歌中与树的对话。他好几次和刺柏讲话，诗人把它看作同伴、兄弟，言说被同样的爱连接在一起。龙萨是法国文学中与树对话最长的作家。"我恳求你，"他对刺柏宣布，"来安慰我。"他向植物表明心愿：

> 这样我和树讲话，然后亲吻它
> 又亲吻它，我还要对它讲话……[3]

---

1 Henry David Thoreau, *Journal* (Denoël), *op. cit.*, p. 69.
2 Henry David Thoreau, *Les Forêts du Maine, op. cit.*, p. 114.
3 Ronsard, «Second discours à Genèvre en forme d'élégie», *Œuvres complètes*, t. II, *op. cit.*, p. 327.

他对它重申自己的善意、它的命运和对主人的陪伴。但是龙萨不是容易上当的人，至少不比他的读者更容易上当。他声称这一切都只是戏拟，表现"狂热"，就是一种疯狂：

> 这样我对树讲话，而它，摇动树巅，
> 好像听懂我，学会了我的韵脚，
> 然后重新对风吟唱。[1]

龙萨进一步明确：

> 就像它听懂了我的困难和我的忧虑。[2]

对树讲述自己的爱、困难和忧虑，以及所有感情，构成16世纪和17世纪田园小说的母题。主人公期待可以安慰自己的同伴，尤其是当树已结荫时很容易把它拟人化。有时，对植物讲话也混合了隐私和对神谕的期待。

在这些诗意或浪漫的文本里，对话意味着孤独、被自然遗弃的安静和移情，后者引发了对树的激情、感情和假设的痛苦感受。这也解释了对植物讲话的结构的巨大差异。自《阿斯特蕾》始，对树的长篇讲话表明关系的丰富。老柳树同时是对话的树、密友、誓言的保证。它的实际寿命使它成为回忆的保存者。瑟拉多以家常方式向树打招呼："嗨，老柳树……你还记得那一天……"[3] 人们理解为何历史学家

---

1 Ronsard, «Second discours à Genèvre en forme d'élégie», *Œuvres complètes*, t. II, *op. cit.*, p. 327.
2 Ibid.
3 Honoré d'Urfé, *L'Astrée, op. cit.*, p. 105.

让·拉丰（Jean Lafond）坚持强调，被归功于浪漫派的很多情感在于尔费的书里早已经出现了。

无论如何，与树的对话在于尔费的作品中出现，要多于田园文学，至少更有力度，在其作品中成为常见的内容。拉马丁在《秋》中直接致以亲密问候为众人熟知。在几十年内，他甚至经常开玩笑：

"你好！带着丁点儿绿冠的木头！"

对垂柳致以同样的问候，以你相称，或者在《橡树》中给读者下命令：

对这百年的树身讲话
问问它是如何长大。

当然，将树作为说话对象的类似感叹和命令，给人以简单的文学手法的印象。在约瑟兰的真心话中，激情显露无遗。在离开母亲和故乡土地的时刻，对她们告别，他再度感受到根、友情和将之与童年连在一起的植物的力量：

……我对每棵树讲话，
我走过一棵又一棵并且拥抱它们，
我对它们洒下泪水，
我似乎感受到，我们的灵魂是如此有力，
一位朋友的心脏在树皮下怦怦跳动。[1]

---

[1] Lamartine, *Harmonies poétiques et religieuses*, in *Œuvres poétiques complètes, op. cit.*, «Le Chêne», p. 367, et *Jocelyn, op. cit.*, p. 588.

拥抱"植根于此的"大地，约瑟兰说感觉自己像是一棵树。将人与植物连接在一起的扎根共同体构成诗人作品的主旋律。

莫里斯·德盖兰寻找另一种激情，将人与树连接起来，可能更具深度。《绿色笔记》的作者希望穿透树，甚至进入树叶的心，他醉心于比简单接触更激烈的行动。他于1834年表达的隐居在植物间、呼吸树木芬芳的需要成为先驱式的激情，随后在艺术家中间传播，尤其是20世纪的朱塞佩·佩诺内。

"我分开黄杨、灌木和浓密荆棘的枝条，"莫里斯·德盖兰写道，"将头探入其内以呼吸它们散发的野性芬芳，进入它们的内里，也可以说，**从心里与它们对话。**"[1]

维克多·雨果的作品中与植物对话的重要性值得进行专门研究，我们只能摘引一些。在静思、聆听和与树对话的过程中——不过还有草，维克多·雨果向我们指出他认为最主要的："我感觉有个高大的人聆听我、爱我！"[2] 植物在这里只是居间者。交换，主要在于提问。维克多·雨果表达了想了解雪松看见什么、榆树猜到什么、橡树感觉到什么的需要，就是说上帝、存在、无限、永恒、毁灭。让我们回想《在无限旁边》提到的树：这些树表现出它们是人与上帝之间的居间者。诗作《永恒之树》表达得更好。

在维克多·雨果的作品中，与树的对话没有那么苛求。这样，在《静观集》（第XXIV首）经常被提到的《致树》中，他同样赋予提问以优先地位，而不是倾诉、透露隐私或者寻求安慰。

您经常看到我……

---

[1] Maurice de Guérin, *Le Cahier vert, op. cit.*, p. 92.
[2] Victor Hugo, *Les Contemplations*, «Aux arbres», *op. cit.*, p. 230.

低声询问您颤动的树枝。¹

诗人在寻找答案时，明确引证多多纳的树，"专注于您的声音"和"树梢"的颤动。

维克多·雨果更直接地表露对树的爱。在晚年题为《在无限旁边》的诗中，永恒之树用低语和加强信息的垂直隐喻，命令不信教的人："应该相信。"

我们曾提到，米什莱远离雨果超验的视角，清晨向靠近受难人民的英雄的瑞士五针松致敬，"和它们交谈"。眼见它们悲伤，他安慰它们："亲爱的树啊，我觉得你们就像人……你们遭受的，是世纪普遍的一击。"²

除了简单的对话者的角色，树有时还起着聆听忏悔的作用。艾里塞·雷克吕引证，在布列塔尼有人临终时，当忏悔神父不在场时，可以在树下忏悔。树枝听取垂死者的临终之言，"它们发出的声音将垂死者最后的祈祷送上天空"³。在这里，多多纳神庙的步骤被颠倒了。

20世纪中期，保罗·瓦雷里在《树的对话》中大量重提对植物的忏悔。蒂蒂尔对榉树表达了爱意，拥抱它、倾听它，听着它含混的话语，喊道：

> 我回答你，我的树，我对你讲、对你说我最秘密的想法。**我全部的真实**……你知道我的一切还有苦恼，最简单的生命的天真，最接近你。我看着周围，是否只有我们，我对你倾诉我是谁。⁴

---

1 Victor Hugo, *Les Contemplations*, «Aux arbres», *op. cit.*, p. 229.
2 Jules Michelet, *La Montagne, op. cit.*, p. 344-345.
3 Élisée Reclus, *Histoire d'une montagne, op. cit.*, p. 133.
4 Paul Valéry, *Dialogue de l'arbre, op. cit.*, p. 178.

同时，在保罗·加代纳的小说里，滔滔不绝的西蒙重续与树的对话，颂扬自己的存在与植物的伟大之间自发的和谐。"这是在我存在的深厚基础上发生的。这是内在的，在我身上，比我的意识更为深邃。"[1] 于是，西蒙自然而然地倾诉他对树的爱恋。树，在小说中，不仅接受倾诉、忏悔，它还是向导、忏悔神父、忠告者、良师益友。这正是我们现在要思考的角色。

　　关于这个主题，有理由参照中世纪这个依靠树的话语维持信仰的时期。[2] 树是《圣经》灵感言辞的承载者，成为智慧和教义的象征。树的这一方面经常被提及的，是圣贝尔纳的说法。他对一个想尝试新城市教派的年轻人宣布："树与岩石将教会你科学大师们不会教给你的东西。"

　　在法国读者的记忆中，有关这一主题，莫里斯·巴莱斯相当晚近的一段文字很有分量。在《背井离乡者》的一个章节中——保罗·布尔热在《门徒》中用了相当长的篇幅提及，在荣军院广场第三十根栅栏那里生长的悬铃木，被看作年老的伊波利特·泰纳（Hippolyte Taine）的良师。它教给他扎根。根的需要，解释了返回凋零土地的原因，树是虽然深深扎根、生长但受到无声威胁的象征。莫里斯·巴莱斯描述不断出现的场景："几乎所有时间，泰纳宣布，每一天，我都来看望它。它会是我晚年的朋友和**顾问**……多么好的思想向导！它，美好的事物，我们看不到有法国式的对称，但是却能看到一个有活力的灵魂及其繁衍的逻辑。"[3] 在巴莱斯看来，这是给过于热爱逻辑和对称的泰纳上的一课。这一课教人观察树如何向着自由生长。这是一课，因为悬铃木散播最崇高的哲学，即宣扬接受生命的必然。

---

1　Paul Gadenne, *Siloé, op. cit.*, p. 520.
2　Roland Bechmann, *Des Arbres et des hommes, op. cit.*, p. 339.
3　Maurice Barrès, «L'arbre de Monsieur Taine», *Les Déracinés*, Paris, Bartillat, 2010, p. 152-153.

树作为良师益友的一面，为巴莱斯的章节提供了素材，也为保罗·加代纳的《史罗亚》提供灵感。西蒙受到树的巨大影响。他信赖自己的智慧，以一己之力和最大的平和来与之认同。"西蒙走向它，"保罗·加代纳写道，"就像走向老师、走向法官、走向能决定善与恶的无可辩驳的裁判一样。"后面，他对它说："大树啊，我来找你为自己辩护，因为我需要你指点我……我来找你，因为你是我的老师。"[1]

儒勒·雷纳尔被一个树家族感动，等候着教益："这些树将会逐渐接受我，为了配得上它，我学习应该知道的东西：

> 我已经学会观赏天空的流云。
> 我也懂得留在原地不动。
> 我几乎学会了沉默。"[2]

"树是个课堂，"伊夫·伯纳富瓦写道，"多亏了树，人们可以爱、思索、思考知识而不是生命的期限：就像往昔在伊甸园里那样。"[3]

如果不是对树的存在的赞颂引导着作家的笔，那么如何理解克洛德·西蒙（Claude Simon）《金合欢》的最后一段？树张开的叶冠为写作带来灵感。[4]

很久之前，亨利·戴维·梭罗也曾觉得小红槭树是教益的散播者。他从树身上读出与自己的关联，感受到爱和与植物认同的愿望；这又放大了情感和激情系列。这正是我们现在要思考的。

---

1 Paul Gadenne, *Siloé, op. cit.*, p. 468, 519.
2 Jules Renard, «Une famille d'arbres», in *Histoires naturelles*, 1896, 1904, cité par Eryck de Rubercy, *Des poètes et des arbres*, Paris, La Différence, 2005, p. 42.
3 Yves Bonnefoy, Alexandre Hollan, *L'Arbre au-delà des images, op. cit.*, p. 18.
4 Claude Simon, *L'Acacia*, Paris, Les Éditions de Minuit (1989), 2003, p. 380.

首先，一见到树就发抖表明了爱树、渴望树；保罗·加代纳曾对此发表长篇大论。当西蒙发现冷杉会成为自己的良师益友——和爱恋对象，"他的心因为深厚的激情狂跳不已……"他写道。[1]

阿尔塔薛西斯（Artaxerxès）与树的相互爱恋——这种感情可以发展到妒忌，希罗多德和老普林尼曾经描写过。西哈诺·德·贝热拉克、福楼拜都提到过。薛西斯在征服希腊过程中来到萨迪斯附近，因为一棵悬铃木的无比优美而陷入激情。他用金子装扮它，派他的一位"神灵"来日夜守护它。西哈诺·德·贝热拉克提到的在"阳光帝国"也能听到的"树之声"，薛西斯在他父亲刚比亚斯（Cambyse）吃掉悬铃木的果实后也以为听到了。这就是为什么他只爱树，特别是曾经迷惑了他的树。他每天都要去拥抱它，在睡梦中只想念它。人们发现，悬铃木喜欢这些爱抚，因相互的热情而生机勃勃。根据西哈诺的叙述，它的树叶看见薛西斯就乱动和抖个不停，树枝弯向他的面庞，像是要拥抱他。特别是悬铃木还表现出嫉妒。至于国王的爱，根本没有边界。他让人把床搭在悬铃木下，后者的叶子每天早晨都分泌蜜汁和玫瑰露滴到薛西斯身上。伟大的国王最终死在他亲爱的悬铃木的怀抱里。波斯人想把他的遗骸与这棵树的树枝一起焚烧。"当柴堆被点燃"，按照西哈诺的说法，还在讲述"树之声"，"人们看到树的火焰与尸体脂肪的火焰纠缠在一起；彼此的须发燃烧着，缠绕着，散落成金字塔，直至消失不见"。[2]

不要对这个幻觉报以嘲笑。它用自己的方式，可以被看作人类尸体与树之间交换 DNA 的前身，就像今天某些美国公墓的做法。

西哈诺·德·贝热拉克以很多资料为基础的文学夸张，不应令我

---

1　Cf. *infra*, p. 204, 245.

2　Cyrano de Bergerac, *Les États et Empires du Soleil, op. cit.*, p. 1071.

们忘记，古代的插曲绝对不是孤立的。老普林尼曾说，在图斯库鲁姆一座献给狄安娜的树林里，有一棵榉树，演说家帕西安努斯·克里斯普斯（Passienus Crispus），尼禄姑母蕾必妲（Domitia Lepida）的丈夫，对其如此热爱，竟至于亲吻、拥抱它，躲在它的树荫里，用酒浇灌它。[1] 马克罗比乌斯（Macrobe）将用纯酒浇灌树的做法归于演说家霍腾西乌斯（Hortensius）。当阿西阿提库斯决定割腕自杀时，塔西佗叙述道，他把火堆移开，以避免园中的树叶被火的热度灼伤。[2]

与维吉尔作品中建立的人与树的关系相比较，这样的场景值得记载下来。另外，皮埃尔·格里马尔（Pierre Grimal）强调当时的罗马人承认植物外形的美。这种感情在贺拉斯、奥维德、斯塔斯、卡图卢斯（Catulle）的作品里都有体现；第一位曾诉说他对自己庄园里巨大松树的爱恋，这并非对希腊和亚历山大体诗人的简单模仿。这种赞美的感情与当时存在的对装饰植物的真正感觉相一致。再有，这种对树的愉悦在浸润了文化的环境里，通过一个"所有的罗马森林……都还在台伯河的水边"的时代得到解释。[3] 罗马帝国初期的作家提到，那时的人民懂得对物体说话并且认为任何东西都不是无生命的。在它与人民之间，雷蒙·舍瓦利埃（Raymond Chevallier）写道，建立了一种神秘的服务交易，诗歌不过是一种遗迹。

对树表达爱情的场景在中世纪似乎很少发生。如果人们亲吻木头，那一定是十字架。当然，浪漫主义文学赞美无法进入的、带有色情意味的森林，在那里人们可以撒野，还有树叶搭的窝棚，然而人们不会赞美个人表现出的对树的异教爱情。当依恋一旦表现出来，应该

---

1 关于这一插曲，参见皮埃尔·格里马尔的评论, *Les Jardins romains, op.cit.*, p. 141。
2 Tacite, *Annales* XI, 3, Paris, Gallimard, 1993, éd. de Pierre Grimal, p. 243.
3 Pierre Grimal, *Les Jardins romains, op. cit.*, p. 423.

是集体的。保留直至当时作为信仰之地的树，也是如此。

在进入现代之前，表现爱恋的激情以灵巧的方式重现，我们在龙萨的诗以及田园小说中都能看到。后来，儿童时期的让-雅克·卢梭寄予重要感情的不是朗拜尔西埃先生种植的庄严的胡桃树，而是他在堂兄陪伴下在它的竞争者八步远的地方亲手种下的柳树。"我们的树，"他在《忏悔录》中写道，"占据了我们全部身心，使我们无法做任何事、学任何东西……我们就像是在发狂。"[1] 直到朗拜尔西埃先生拔掉那棵柳树。

随后不久，贝尔纳丹·德·圣皮埃尔转述丹东被关在监狱里，马上要被执行死刑，边叹息边喊道："啊！如果我能看到一棵树就好了！"[2]《保罗与维吉妮》的作者总结说这个人还没有完全堕落。

在欧洲浪漫主义者后来是美国的继承者们中，对树的爱明确回归，并且因为受回忆、怀旧以及"往昔不再"的情感的影响而更加严重。夏多布里昂表达了他感受到的对消失的橡树的爱。他写道：贡布雷城堡的主塔也好像在为曾经保护它免受雷电袭击的同伴而哭泣。[3]

塞南古宣布："我喜欢桦树；我喜欢白色、光滑、有裂隙的树皮；这种乡野的树，向着大地弯曲树枝；树叶的摇动，是彻底的放松，大自然的简单、荒芜的状态。"[4] 遇到桦树总是很愉快的，他保证。当然，这些文字可以理解为某种简单的欣赏方式；但是，显然它表明了一种极有情感反响的依恋形式，不是对某棵树，而是对某种特定的树。达尔文在乘坐"贝格尔"号的长途探险中，表现出远多于兴趣的、对树的真正需要。在为看不到树而痛苦之后，他谈到重新见到树

---

1 Jean-Jacques Rousseau, *Les Confessions*, Paris, Garnier-Flammarion, 1968, t. I, p. 60.
2 Bernardin de Saint-Pierre, *Harmonies de la nature, op. cit.*, p. 87.
3 Chateaubriand, *Mémoires d'outre-tombe, op. cit.*, p. 154.
4 Senancour, *Oberman, op. cit.*, p. 104.

的快乐，哪怕是棵枯树。1834 年 4 月 24 日，他写道："我们是多么高兴地发现了一棵漂浮的树干啊……就像我们在南美的圆形山脉看到生长的森林。"[1]

在维克多·雨果的作品中，有时不仅会出现对话的树、密友和良师益友，还会出现兄弟情谊的体现："一棵榆树、一棵榉树、山谷的老居民、树兄弟……"[2] 他在《静观集》的《行进中的休息》中写道。

尽管如此，亨利·戴维·梭罗还是明确地表达了对树的爱情，他写道："是的，今晚我感受到对某种灌木的真正欲望。我终于找到了一位伴侣。我爱上了一棵年轻的橡树。"[3] 埃米尔·维尔哈伦（Émile Verhaeren）这样写一棵树："这棵柳树，我像爱人一样爱它。"[4]

马塞尔·普鲁斯特的作品里到处是因树引发的情感证明；还有当树伴着明媚的阳光和笑意出现时，它所引起的激情。让·桑特伊自述就像"站在一位面带微笑、陌生而美丽、穿戴得令人赞叹的女士……面前"一样惊愕。微笑的树，与微笑地看着他的女士略有不同，"不过没有活泼地走过来……只是充满善意和端庄地站在那里，就像树一样"。[5]

尚须赘言，看到所爱的苹果树的白花，让·桑特伊似乎感觉，在叶子的绿釉和花的白缎下，有一个"奇特的存在"[6]，与情感记忆相连。苹果树的情况，不同于其他树的花引起的情感："这一次，每朵花、每片叶子都满足了我们的一个愿望"[7]，引发了完全不同的生

---

1 Charles Darwin, *Voyage d'un naturaliste, op. cit.*, p. 193.
2 Victor Hugo «Halte en marchant», *Les Contemplations, op. cit.*, p. 109.
3 Henry David Thoreau, *Journal, op. cit.*, p. 166.
4 Cité par Eryck de Rubercy, *Des poètes et des arbres, op. cit.*, p. 256.
5 Marcel Proust, *Jean Santeuil, op. cit.*, p. 223.
6 Ibid., p. 159.
7 Ibid., p. 160.

命感觉。回应强烈的时间深度的情感，来自话语，或者说是一个爱慕对象的微笑。

保罗·瓦雷里明确探讨树引发的爱的感情。蒂蒂尔承认迷上了榉树——后者要求他歌唱爱并赋予穿过它的微风以音乐形式，对它说："我爱你，巨大的树，我疯狂地爱你的枝干。既不是花，也不是女人，多只臂膀的巨大存在，比你更令我感动。"[1] 蒂蒂尔在卢克莱修的要求下，歌唱它的山毛榉：

爱的大树，不停地延伸出
一种奇异的活力在我的软弱里。[2]

树和爱情，在这里，彼此都是"不可感知的萌芽"的果实，在生长、壮大、伸展、分叉。

前述的情感调子孕育了对直接接触的追寻。不久前，卢梭，在描述第七次散步时，说感受到与大自然的事物同化时的醉心和陶醉。当然，诺瓦利斯写道，人类不懂得树的语言甚至会想树是否能说话，但是他的心充满绿色和安静新鲜的精华。他引发了令树的汁液上升并溢出叶子的"温柔的欲望"[3]。

亨利·戴维·梭罗说他非常享受温情、温柔和善意面对树木的社会，就像感觉到雨滴；可以产生强烈激情的感觉：某种来自宇宙频繁出现的快感，"重组福地"的感情。在讲述曼恩森林探险时，他保证最喜欢的是接触"树的活力的汁液，通过它我感受到善意，我的伤口

---

[1] Paul Valéry, *Dialogue de l'arbre, op. cit.*, p. 178.
[2] Ibid., p. 183.
[3] Novalis, *Les Disciples à Saïs* (écrit en 1792, publié en 1802), in *Romantiques allemands*, t. I, *op. cit.*, p. 490, 491.

因此而愈合"¹。如果说它构成了协和广场秋叶的画面，那是因为树叶的红色对着我们的血脉在说话。

在《去斯万家那边》里，叙述者停下来以便呼吸让他产生少年般欢乐的山楂气味。让·桑特伊拉过丁香花枝和周围的几片叶子，以便嗅闻并寻找它们无法解答的秘密，那时它们就像是在等待主人。

这样的激情在向植物衰退的幻想中达到顶点，我在谈到莫里斯·德盖兰时已经提到。保罗·加代纳的整部小说《史罗亚》中都在研磨这个欲望。西蒙不懈地分析他的两种需要：女人和树。"树的品质"对他"能够从混合了树的人出发，进而达到人树混合的艰难快乐"是必要的。阿丽亚娜则等待，"双手抱紧树身，感到她的肉体里有神秘的根系在生长"²。两个情人的搂抱使得向植物的双重衰退更为强烈。

同时，还关系到萨特式存在的本质或者醉心的存在，按照乔治·巴塔耶的说法是希望维持一个神圣的世界，《恶心》中的罗昆丁或者《内部经验》的人物，在这两种情况下，本体的醉心与变异——树是密不可分的。前者宣称："我是栗树的根……迷失其间，只是它而已。"而后者："在黑暗的房间里，我曾经觉得变成了一棵树，甚至是被雷劈了的树。""像一棵树"，《缓期执行》主人公的独白，萨特的小说³……

近代艺术家们，如高兹沃斯、尼尔斯·乌多、米歇尔·康波和他腐殖的经验以及朱塞佩·佩诺内走得最远，在植物梦境中，他们与树认同。之后讲到受这种冲动引导的行动时还会提到。

---

1　Henry David Thoreau, *Les Forêts du Maine, op. cit.*, p. 134.
2　Paul Gadenne, *Siloé, op. cit.*, p. 490, 491.
3　上述内容，参见：Jean-François Louette, « existence, dépense : Bataille Sartre », *Temps Modernes*, n⁰602, 54ᵉ année, déc. 1998-janv. 1999。

但另一种引导的情感左右着情绪：人与树根本相异的情感，树完全的无所谓、它对侏儒的蔑视。从这种情感产生了不可能对话的确信，甚至对没有灵魂的植物不可能存在话语的确信。必须听任作家们站在树的角度说话，成为腹语者。[1] 就这个话题，罗贝尔·杜马斯列举了于连·格拉克的《大路笔记》中描写加利福尼亚巨杉的一页。它暴露了来自根本的时间差异的相异性基础，后者源自它们的一切被移到另一个时代，移到完全消失了的气候，根本无法与这些"尼安德特森林"和史前石柱认同。

当关系到说明相异性情感时，专家们习惯在长长的书单中列举几部重要的文学作品。近代作者们决定放弃拟人的姿态，通过写作把树变成自己，以便用现象学方法仔细分析。

"树，对散步者的情感是陌生的"。——福楼拜在《情感教育》中描写弗雷德里克和罗萨奈特去枫丹白露郊游时这样说过，因而提供了人类世界的对位思考。"这个自给自足的植物世界的相异性令罗萨奈特感到焦虑。"[2] "任何情况下，树都不能作为保护者或者密友，最多成为世界末日的无所谓的见证者。"[3] 福楼拜的浪漫主义和其植物幻想的结构之间不能相互印证。拉马丁和雨果渐行渐远，泰奥多尔·卢梭和好几位巴比松派艺术家的油画因为这一醒悟而变得无法理解。

相异性、无法言传、漠不关心将会不停地被提到，对融合的追寻到 20 世纪更为加剧。最后的几十年以与情感、欲望、激情彻底对立的压力为特征。"你绝不会跟一棵树聊天。"乔治·佩雷克（Georges Perec）在《睡觉的男人》中写道。罗贝尔·杜马斯还就此列举吉尔维克（Guillevic）、苏佩维埃尔（Supervielle）、吉欧·诺尔日（Géo

---

1　Cf. Robert Dumas, *Traité de l'arbre, op. cit.*, p. 68.
2　Ibid.
3　Ibid., p. 69.

Norge）为例。[1] 吉尔维克提到树的寂静没有区别。吉欧·诺尔日责难十字架树对身边的酷刑折磨无动于衷——如果想到中世纪的灵修形式，绳套已经系住：

> 血，垂死，它都无动于衷
> 树干没有任何颤动。
> ……
> 耶稣死在无生命的木桩上。[2]

相反，读乔治·巴塔耶的作品使人想到某种微妙的情感，后者既来自意识，同时也来自树的相异性及其并非根本的可能性。**没有得到回应的哀求**和来源于粗暴的偶然性的痛苦，二者兼而有之。这样，建立在沟通的意愿之上和意识到不可能的压力更加强烈。[3]

19世纪的作家，尤其是浪漫主义作家，他们相信自己关于树的言辞或者树自己的话语吗？对话、私语难道不仅仅是文学手法？否认这些作家和艺术家所表达的一切激情、一切欲望、一切冲动以及一切移情的直觉的好处和重要，这就过分了。

关于树的话语，还应该不要忘记，一件事情的表达如果不借助隐喻就很难说出来。这适用于激情历史的所有方面。"没有隐喻的树，"让·柏立（Jean Borie）写道，"就没什么可说的。但是如果你写'巨人橡树'等，一切都活跃起来，一切都变了。"隐喻打开了无限激情的大门，它使人看见。然而，人们还可以认为，近前来看，"它压倒

---

1 Cf. Robert Dumas, *Traité de l'arbre, op. cit.*, p. 72-73.
2 Ibid., p. 72.
3 Jean-François Louette, «Existence, dépense : Bataille Sartre».

了本来要表现的东西"。¹ 橡树无疑是这样，尤其是泰奥多尔·卢梭的《橡树》和它的同伴们。无论如何，植物的幻想因其丰富超过了信仰的多样性，引发了大量激情，我正在尽力搜寻，无论解决植物的神秘关系与根本相异性感情之间的张力的方式是什么。

对于树收获的爱慕、热情甚至爱，无论是个体的或是集体的——不要忘记其象征的重要性——催生了保护它的需要和欲望。

1987 年，芒蒂利镇的椴树在下诺曼底风暴时折断，又被保护、救活，人们甚至可以说复活了它，因为当地一个后来成为画家的孩子爱上了它。1999 年，在更可怕的暴风雨来到时，芒蒂利镇的居民，和当地其他村镇的居民相反，不去操起切割机结束倒下的树。他们成功地保住了树的生命，因为他们对树感受到了巨大的爱。然而，人们只复活那些"爱到发狂的"树，研究过这段故事的帕特里斯·普拉多（Patrice Prado）称。"当一棵树受伤就要死去，"他写道，"首先必须让它留在原地，并且安慰它、爱抚它、抚摸它。"²

在这件事情上，芒蒂利镇的居民有着遥远的榜样。保住树的愿望在罗马人那里同样存在，我们曾经看到过，它们成为祭祀的目标，有时甚至拥有神示的功能。在中世纪，教会曾经打击过被称为植物偶像崇拜的现象。在爱尔兰、大不列颠，尤其是斯堪的纳维亚，民众实际上表现出对崇拜的树的依恋。为了拯救他们神圣的橡树，生活在现在德国地区的居民曾经哭泣、祈祷、使用计谋。民间歌曲歌颂受伤而血溅当场的橡树。

后来，树受伤害引起的痛苦和为了保住树采取的行动一直没有中断。我们看到过龙萨抗议毁掉加斯提拿森林的方式。在英国，从 17

---

1 Jean Borie, *Une Forêt pour les dimanches, op. cit.*, p. 211-212.
2 Patrick Prado, «Paysages avec et sans oiseaux», in Jean Mottet (dir.), *L'Arbre dans le paysage, op. cit.*, p. 206.

世纪以来，保护树木的运动愈演愈烈。基思·托马斯（Keith Thomas）列举了众多基于这种感情的游行示威。在他看来，这种信仰，尤其是自 18 世纪以来，与对"宠物"——陪伴动物——的崇拜相得益彰。在这个时候，树之美与树的形态占据了**绅士们**的对话。艺术家们在表现植物时趋于专业化。在 1770—1850 年，大量的书探讨老树、看上去极为壮观或者因与历史事件相关联而成名的树。与我们相关，重要的是大量反对砍伐这些树的示威活动。

"诗意的惋惜"，就此题材发出的哀叹足以成就一种文学体裁；由此引起针对森林经营者的某种蔑视和敌意。类似情感甚至为抨击风景画和园艺师的文章提供了依据，因为他们过分改造自然，对老树缺乏尊重。"表现"、消遣、装饰的需要遭到考伯（William Cowper）、高兹沃斯、约翰·克莱尔（John Clare）、丁尼生和其他好几位诗人的哄笑。

大不列颠居民的情感表现为对墓地紫杉的尊敬，宗教的感情加强了人们保护树的愿望。对树皮损伤的批评和对树自由生长的颂扬以英式自由原则的名义扩展开来。[1]

对砍伐所感受到的痛苦，自 1653 年开始，玛格丽特·卡文迪什就已经疾呼过——比拉封丹早了几年，重续了树与樵夫的对话。从此，这种依恋映射了自我、家庭和国家。贵族成员津津有味地使用树根与祖先的隐喻，老树也被表现为记忆的守护者。同一时期，树的种植多了起来。

在 17 世纪的法国，对树的依恋解释了为什么树是最后一个作为图形在明信片上表现出来的，当时的图片正逐步经历合理化的变迁。

---

[1] 有关话题的主要内容，参见：Keith Thomas, *Dans le jardin de la nature, op. cit.*, p. 278-291。

树于是成为风景的卡片。[1]

相反，侵害果树在当时被认为是对个人的侵害。这伴随着这种植物的拟人化，"文学地阐释了，"弗洛朗斯·克利耶（Florent Quellier）解释道，"为此的关照和希望。"对树的侵害等同于侮辱。它可以——尤其是在偷果实的情况下——具有象征意义。

1776年，路易十六让人砍了凡尔赛公园的一部分树；休伯特·罗贝尔（Hubert Robert）画下了这个事件，人们会说，他把自己的痛苦告知了国王。

前两个世纪的人种学家，也属于这个阵营，曾记载了对树的依恋，尤其是那些在家附近、很熟悉的树。在孚日的好几个地方，人们把主人死亡的消息通知园子里的月桂树，"喃喃地宣布消息后，轻轻摇晃它，使它不会干枯"。[2] 在卢昂地区的布雷斯和塔恩，人们甚至通知整个园子要在葬礼后摘去所有的花。在北方和下加莱地区，人们让植物也披麻戴孝，给灌木枝系上黑纱。另外，田野的树——如同农家场院里的动物——可以预告死亡。

这一切导致了现代的保护政策。西蒙·沙玛认为这一政策始于1829年，当时托马斯·马利荣（Thomas Maryon）建议用篱笆把汉普顿的一部分荒原围起来成为景观公园。建议招致了抗议。一场司法辩论开始了，分成保护树木的拥护者和反对者。前者援引国民健康作为依据；在他们看来，伦敦人需要原始的空间。但只是到了1871年——在拿破仑三世决定攻取大陆之后——荒原、草木的保护才成为法案的主题。[3]

---

1　Cf. Florence Quellier, *Des fruits et des hommes, op. cit.*, p. 168.
2　Arnold Van Gennep, *op. cit.*, t. II, vol. II: *L'Arbres et rites funéraires*, p. 679.
3　关于这一插曲，参见：Simon Schama, *Le Paysage et la mémoire, op. cit.*, p. 592-593。

在法国，研究者一丝不苟地列出了保护行动的单子。[1] 七月王朝期间运动开始了。1837 年和 1850 年，儒勒·雅南（Jules Janin）以画家、诗人、流浪者……还有情人的非正式共同体名义保卫枫丹白露的树木。他还从爱国的角度辩护，他写道："应该为画家——法国风景的保护者和插画家，保护**国家的树**。"[2] 在他看来，森林于大自然的爱好者而言构成了**诗意的保护区**，这些爱好者形成无害的波希米亚人。人们本来可以理解，雅南的言谈并非反抗，作者保护的是他与波希米亚人的利益。

乔治·桑参与了运动。后来，1873 年，她把森林视作健康的储备："树木，巨大的扇面，搅拌和更新空气，保持……地下的腐殖。"[3] 就这样，乔治·桑与不久前胜利的空气主义达成一致。

1868 年，米什莱在《山岳》中揭露了阿尔卑斯山麓森林遭砍伐。其他人援引 19 世纪中期相当风行的循环理论。自然被生命永恒的轮转所驱动，不应该去妨碍，更不应该打断。另一个论据由一些保护区的信徒提出。阿尔弗雷德·莫里（Alfred Maury）在其杰出的献给森林的书中提到过。在这里，令人焦虑的是文明的发展。这种发展，实际上，可以引发所有本能情感的削弱，无论是强有力的还是天真的。然而，树的整体构成了这一领域的珍贵的博物馆。[4]

但是，德奈古实现了枫丹白露森林的重置。前面提到的观念运动、拿破仑三世的个人信念促进了表现为一系列法令的保护政策的诞生。

在美国，树的保护史文献非常详尽，要一一列举就太多了。只

---

1 让·博里（Jean Borie）在 Une forêt pour les dimanches 中概述了这一问题：*op. cit.*, Anne Vallaeys, *Fontainebleau, la forêt des passions*, Paris, Stock, 2000。

2 Cité par Jean Borie, *op. cit.*, p. 174.

3 George Sand, *Impressions et souvenirs*, 1873, cité par Jean-Borie, *op. cit.*, p. 178.

4 Cf. Jacqueline Carroy, Nathalie Richard, *Alfred Maury, op. cit.*, les craintes exprimées par Alfred Maury, p. 62 *sq*.

举成形于先验主义摇篮的集权论布道者波士顿的托马斯·斯塔尔·金（Thomas Starr King）的例子。在加利福尼亚发现内华达山脉的大树，他在上面发现天神清晰的面孔，带有天然的神性标记。在他看来，这些树是神圣的（1860），应该保护这些"美洲天然的神庙"。这些树的诞生与上帝的诞生相关。这样，它们的壮丽与大西洋之外孕育的植物理论融为一体。[1]

---

1　Cf. Simon Schama, *Le Paysage et la mémoire, op. cit*., p. 217-218.

第十二章

# 树与遥远记忆

　　熟悉的树出现时常常伴随着愉悦和乡愁，让人回忆起童年的时光和激情。这条寻根之路，这种与最初年代的关联，自古以来不断被提及。这种感情的欲望引发了朝圣，并同时带来了纪念。18 世纪末大约几十年的光景里，这类情感在私人写作中非常普遍。随后，这一主题日渐深入。从此，树不再只是引发童年回忆的温情，它还引起记忆的震荡，它激发了不由自主的回忆，20 世纪前夕心理学家非常关心这个主题。

　　因为尤利西斯辨认出那十三棵梨树、四十棵无花果树、十棵苹果树和五十行葡萄藤——儿时在拉尔特的父亲送给他并由他选定和命名，以此说服父亲相信了自己的身份。他对老人回忆童年的情景："我跟在你后边，跑遍花园，从一棵树到另一棵树，谈论着每一棵；

你，你还让我给它们起了名字。"[1]

后来很久，17世纪初，在虚构文学范畴内，对树的观察引发了温柔的回忆。坐在树下，在利尼翁的边界上，瑟拉多低吟一首名为《回忆》的诗。植物就是往昔爱情回忆的保存者、交换誓言的保证人和阿斯特蕾感情发生变化的见证人。

几十年后塞维涅夫人提到对树的观察产生的温柔情感。1688年10月18日，她写给格里尼昂（Grignan）夫人的信中说，很高兴女儿保留着对住处可爱的树木的"温柔回忆"[2]。罗歇小路的树，"这些小树苗，"她转年写道，"是我种下的，已经长得那么高大，我简直不明白怎么还可以共同生活。"[3] 她把小路的氛围与往昔还"年轻的"树的气氛相比。她体会到"更严肃的"植物的当下之美。[4]

尽管如此，在18世纪，对儿时树的回忆常不由自主地出现在自我写作中，于是，树的存在与儿童文学产生了共鸣。卢梭在《忏悔录》中，以先驱的方式强调，对童年小胡桃树的回忆引发了他朝圣的愿望。"我最令人愉快的计划之一就是1754年去日内瓦旅行，到博塞重返我童年游戏的地方，尤其是亲爱的胡桃树，应该有三分之一个世纪了。"[5] 这个朝圣的愿望没能满足，但一直留存在他心里，卢梭补充道："我几乎可以肯定，如果有一天回到这个亲爱的地方，我会找到还活着的亲爱的胡桃树，用泪水浇灌它。"[6]

后来不久，贝尔纳丹·德·圣皮埃尔深入分析这类感情。他撰写他称之为故乡孤独赞歌的东西。"一棵树，有德之人在它的树荫里

---

1　Homère, *L'Odyssée, op. cit.*, p. 487.

2　Mme de Sévigné, *Correspondance, op. cit.*, t. III, p. 368.

3　Ibid., 29 mai 1869, p. 604.

4　Ibid.

5　Jean-Jacques Rousseau, *Les Confessions, op. cit.*, t. I, p. 61

6　Ibid.

休息，赋予它以崇高的回忆。"[1] 当然，作者在这里只提及历史场景：杨树令人想起赫丘利斯之战和卡皮托利山的橡树叶冠。但是贝尔纳丹·德·圣皮埃尔不满足于叙述回忆的能力。"我知道不止一个背井离乡之人，"他肯定道，"在年老时被小榆树的回忆带到故乡的村头，在那里他曾经年轻，曾经舞蹈。"[2] 我们家乡最出名的植物，与它的用途无关，是那些唤起我们最愉快感觉的植物。"它们不会把我们抛在外面，就像那些奇怪的植物，它们把我们带回来，带向自己。"[3]

另外，贝尔纳丹·德·圣皮埃尔赞美他称之为植物记忆的东西，还给我们"如此亲切、如此迅速的童年时光……我们随身带着这些有画面感的回忆"[4]。

在同一时期，寻求与灵魂对话和使人产生寻根感的园艺师，尽力制造瓦特雷在《论花园》中称之为的"遥远记忆的快乐"。[5] 树对此很有贡献。在虚构文学中，1794 年，德·塞南热先生，阿黛拉伊德·德·苏扎（Adélaïde de Souza）小说女主人公的父亲，拒绝看到女儿砍掉他童年的树，比他还要老的树。这些树，"我的老朋友……对我而言不可或缺。"老人宣布。[6]

浪漫主义者极度赞美存驻于植物的记忆能力。这不仅是童年的遥远回忆被找回，更是找回失去的天堂，并引向深度的乡愁。这是因为对诺瓦利斯而言，植物被理解为"土地最直接的语言"[7]，这种强大的

---

1 Bernardin de Saint-Pierre, *Études de la nature, op. cit.*, p. 433.
2 Ibid., p. 531.
3 Ibid., p. 560.
4 Bernardin de Saint-Pierre, *Les Harmonies de la nature, op. cit.*, p. 87.
5 Claude Henri Watelet, *Essai sur les jardins*, cité par Sophie Le Ménahèze, L'Invention du jardin romantique..., *op. cit.*, p. 511.
6 Cité par Sophie Le Ménahèze, p. 290.
7 Novalis, *Heinrich von Ofterdingen, op. cit.*, p. 511.

能力得到了解释,并推动人们不要再远离"会使人幸福的邻居"。"如此,童年,从深度上讲,极为接近土地。"[1]由此产生了怀念这失去的天堂的力量。为了从沉睡中醒来,人类应该学着触碰、感受,令向往的旧时光、儿童失去的天真再度归来。

再赘述一遍,歌德的《少年维特的烦恼》中,妻子坐在胡桃树的树根上编织,还是个穷学生的神父第一次看见了这位年轻姑娘,二十七年前,对他来说永远极为珍贵。

类似的情感在英国也有表述:威廉·哈兹里特(William Hazlitt)在他出版于1814年的题为《世纪之爱》的书中,强调了树和花——还有动物——的价值是如何根据它们使人联想到过去的程度而确定。它们以最直接的方式唤起童年的回忆。

"树荫的宁静!细碎的波涛!寂静!月光!夜间歌唱的鸟儿!年轻时光的情感,你变了没有?"[2]塞南古的奥伯曼写道。唯有幽灵留了下来。树在此成为第一个被提到的因素——在这种永远不再的愉悦中。

夏多布里昂在《墓畔回忆录》中承认,他在一次散步途中看到一棵桦树,尤其是听到一只站在高高树杈上的斑鸠鸣叫时,仿佛中了魔法,眼前重现了故乡的田野。后来,在狼谷草园,他的树——保护着他的老年——呼唤他去旅行。在长长地列举了他在《基督教真谛》中提到的故乡的一切之后,夏多布里昂回忆了乡间半夜吠叫的狗、教堂的钟,还有墓地的紫杉。再后来,这棵树因为能唤回失踪者而闻名。[3]

一旦说起树引发的童年回忆,人们习惯于强调弗罗芒坦作品的重要,这不无道理。[4]感官的回忆使得寻找童年的存在、汤布勒城堡花园

---

1 Novalis, *Heinrich von Ofterdingen, op. cit.*, p. 512.

2 Senancour, *Oberman, op. cit.*, p. 348.

3 Cf. *supra*, p. 48.

4 Cf. Jean-Pierre Richard, *Littérature et sensation*, Paris, Le Seuil, 1954, «Paysage des Fromentin», p. 227 *sq*.

内化的描写、以多米尼克灵魂的寓意为目的的内部景色的回忆成为可能，经常伴随着聚集了鸟儿的树和穿过树枝的风声。远远地看出巴旦杏、梣树、月桂树、巨大橡树的轮廓，所有这些树争着唤起回忆。弗罗芒坦将这些树看作"记忆的封条"，承受时间的敬意。"整个围场里，"多米尼克承认，"没有一棵树我不认识的，因为一直见到，所以它们比我老；或者是我看着种下的，它们就和我的年龄差不多。"[1] 可以说，在弗罗芒坦身上我们看到了激情回忆的诗人——普鲁斯特的先声。

还可以说说司汤达，当然没那么坚定。《论爱情》中的一个虚构人物莫蒂梅，只保留着和情人在合欢林里令人心慌意乱的回忆，在那里他亲吻了美人的裙子。从此，他每次看到合欢林都会战栗。司汤达明确道："这真是他保留的唯一清晰的回忆，那是他一生中最幸福的时刻。"[2]

这个时期，找回生动的童年的愿望和朝圣的愿望在不久前抓住了卢梭，此后则成为老生常谈。我们应该举几个例子。"我曾去过我出生的地方。"维特这样说，5月9日，又补充说："在巨大的椴树附近……在……路上，我停下……脚步，由着性子品味每份遥远回忆的新鲜和强烈。我停在椴树下，往昔，童年时，我散步的目标和界限。"[3] 拉马丁因回到童年的地方而写下"灵魂的圣诗"，构成了《葡萄与屋舍》的主题。1832年7月10日，莫里斯·德盖兰坐在凯拉的树林里，以便去朝圣和找回"最初的痕迹"[4]。

奈瓦尔提到自己瓦卢瓦童年的回忆，构成了当时将树与此类回到起点的朝圣相联的毋庸置疑的范例。人们知道，在诗人看来，为了产

---

1 Fromentin, *Dominique*, in *Œuvres complètes, op. cit.*, variante, p. 1442.
2 关于这一插曲，以及关于司汤达的引用，参见：Philippe Berthier, «Love? ou le chèvrefeuille et l'acacia», in Daniel Sangsue (dir.), *Persuations d'amour. Nouvelles lectures de De l'Amour de Stendhal*, Genève, Droz, 1999, p. 101-110。
3 Goethe, *Les Souffrances du jeune Werther, op. cit.*, p. 69.
4 Maurice de Guérin, *Le Cahier vert, op. cit.*, p. 37.

生深刻的情感，回忆是必不可少的，即使过去的痕迹已烟消云散。在《火的女儿》中充满与树相关的遥远回忆。逐一列举构成童年回忆结构的内容未免过长。比如："这是绿色的草坪，周围种着椴树和榆树，我们曾在这里翩翩起舞……"[1]

在雨果的作品中，永远不再的情感有时也求助于同样的手段。他在《奥林匹欧的悲哀》中写道：

他看着每棵树，唉！矗立在阴影中
那些一去不回的时光！[2]

在《雕像》中，雨果无疑是影射维庸（Villon），

另一个夏天的叶子，另一个时间的女子。[3]

后来，巴莱斯让人告诉泰纳——后者每天到荣军院广场的树下朝圣——树的话语就是回忆，悬铃木会对他讲述他爱的一切。

遥远回忆招致另一种感情。当记忆不再仅仅涉及简单的回忆，而是第二次引发了关于往昔的情感，感觉与回忆在现实中紧密连接在一起。树经常被选作此类往昔体验到的感情的见证，因为，与其他许多物体相比，它以时间性成为天生的保存者。

在乔治·艾略特1859年出版的小说《弗罗斯河畔的磨坊》中，感情的再生能力第一次成为细腻分析的对象。作者详细列举了我们在出生的环境里感受到的舒适感，那里的一草一木显得极为珍贵，在时

---

1　Gérard de Nerval, *Les Filles du feu, op. cit.*, p. 260.

2　Victor Hugo, *Les Rayons et les ombres, op. cit.*, p. 316.

3　Ibid., «La statue», p. 331.

间的参照中,"外部世界似乎只是我们个人的延伸,我们接受它,爱它,就像我们接受自己的存在、自己的身体"。[1] 随后,她强调一系列已经决定性地深深扎根于记忆的内容,远比其他可能造成记忆地震的内容要好。乔治·艾略特举例:"接骨木树叶探出斜坡上的围篱,站在树丛前感受到一种幸福……我喜欢这丛接骨木的最佳理由,是它唤起了一份久远的回忆——这在我一生中不是第一次,只是通过我现在对形状和颜色的感觉对我说话,**却是我之存在的忠实伴侣**,在我感到强烈的快乐时,与我的快乐相连。"[2] 得知马塞尔·普鲁斯特很年轻时就发现了这部小说并对作者极为钦佩时,我们毫不惊奇。童年时光的美学再生、当时感受到的激情力量由普通的树而不是那些最美的树体现出来,因为它拥有极高的唤起回忆的能力。

乔治·艾略特多次提到童年的感情与"秋天围篱上的"犬蔷薇和山楂相联。围篱使得内心深处柔软的心弦颤动,其力量即使热带的棕榈树也有所不及。小说人物之一,陷入孤独的菲利普,"特别喜爱棕色山谷里树的陪伴,他被压抑的快乐似乎释放出来,就像幽灵一样。"[3]

半个世纪之后,在这里,即使是粗线条地,也无法分析普鲁斯特作品中连接无意识记忆与树的文字。至少有三段极有说服力的文字不得不提,尤其是那段描写遇到三棵树的文字。此刻,我们只记得:贴墙种植的苹果树的话语,在《让·桑特伊》中反复出现,出现在乔治·艾略特提过的接骨木丛中。"这些白花似乎跟随着贴墙植物……或者就像一时出现在我们生活中的某张面孔,我们刚刚遇到并且还认得。""我们很高兴在这快乐中感受到的,是我们在内心深处感受的、某些不属于今天的东西,因为往昔看见这样的苹果树的情感是在里面的,它在过去却不

---

[1] George Eliot, *Le Moulin sur la Floss, op. cit.*, p. 214.
[2] Ibid., p. 69.
[3] Ibid., p.697.

是。"¹ 这不仅是单纯的对过去的记忆、对往昔情感的承认，而是某个时刻的时间深度的感情，回应的是某个欲望，与所爱之物的话语相连——贴墙种植的苹果，特别是，和话语一样，其无法替代的笑容引入了另一种与日常不同的生活，引入了某个极为幸福的时刻。

伊夫·塔迪埃（Yves Tadié）写道，召唤无意识的记忆在书中比比皆是。经常地，让（Jean）同时看到两个时间；"回忆嬗变为可以直接感受到的现实令人感到幸福，因为它具有使人摆脱现在的能力。"² 听听马塞尔·普鲁斯特怎么说：一切"就像我们的真实本质脱离了时间，用于品味永恒，对当下不开心，对过去感到悲伤，当现在和过去的冲击迸发出既非今天又非昨天的东西时，**突然打个冷战**……却在时间之外，是我们生命的真正精华"³。然而，这种冲击、这种从现实的奴隶境地中解脱出来的揭示、这种战栗、这种惊奇，数度是植物，尤其是公共的**树**——在普鲁斯特的作品中，更多是灌木而非高大的橡树——具有引发这类情感的能力。

20世纪似乎并未加深树作为回忆的符号、创造冲击和成为无意识回忆催化剂的分析。但树与童年回忆的关系不断被提起。海德格尔就曾在《乡村的路》的优美文字中提到过。"经常是时间，"他写道，"路边的橡树将我们引到童年的游戏和最初的选择"，因为"保住了所有持久和伟大的秘密"。⁴ 但是，这一回，威胁笼罩着19世纪被如此细腻分析的持久情感。在海德格尔看来，危险是人们不再有耳倾听乡间小路，简单对他们来说显得单调而不新鲜，寂静的力量枯竭，扎根被遗忘。

---

1　Marcel Proust, *Jean Santeuil, op. cit.*, p. 159, 160.
2　Yves Tadié, préface, ibid, p. 25-26.
3　Marcel Proust, *Jean Santeuil, op. cit.*, p. 465.
4　Martin Heidegger, «Le chemin de champagne», in *Questions III et IV, op. cit.*, p. 11, 12, 13.

第十三章

# 树与情色幻想

在马塞尔·普鲁斯特看来,树本身足以唤起对女性的欲望。疯长的草、树木、钟在《寻找》的叙述者身上创造了"对一位现身的女性的欲望"。他保证说,这是因为大自然放大并颂扬了使人联想到女性的树。想到可以把她抱在怀里,他渴望看到出现一位农女,她是"这块土地必然而且自然的出品"。"我长久地盯着远处一棵树的树干,她会突然从那后面出现走向我。"后来,夜幕降临,希望消失:"不再是喜悦,而是狂怒,我拍打鲁森维尔森林的树,那后面不会走出生命,如全景油画中描绘的那样。"[1]

秋末回到巴黎,叙述者在布洛涅森林散步,带着未被满足的欲望。"这样,我看着树林,"他写道,"以一种无法餍足的温柔,越过

---

1　Marcel Proust, *Du côté de chez Swann, op. cit.*, p. 156-158.

树林，注视着我也不知道为什么每天要花几小时在其间的美丽的女散步者。"远处，他确认有松树，尤其还有金合欢林，"更令人心慌意乱的是特里亚农的栗树和丁香"，勾起对美的渴望。"很多年来被迫以嫁接的方式与女人共同生活，它们让我想到山林仙女、轻快而多彩的漂亮名媛，偶尔它们用树枝掩住她们。"[1]

长久以来，马塞尔·普鲁斯特在写作中强调树与情色之间的关系；让人想到中世纪淫靡的花园、文艺复兴时期森林这个冶游之所，但还不至于上溯到《创世记》。哲学家阿兰·罗杰就此主题强调树的性感化的重要性。他认为，很多世纪之后，树的性感化为景色增添了情色的意味。这值得略作停留。阿兰·罗杰指出了他觉得是普遍化的倾向，即将树的类型，根据语言、文化和"原始区分的"诗人进行分配。[2]

实际上，树的性别属性一直纠缠着古代希腊和罗马的学者。在泰奥弗拉斯特看来，树的某些特性使得区分树的性别成为可能。冷杉可以根据树叶的不同形状来区分。雄性冷杉的树叶更尖，更锐利，叶尖更弯曲。这个树种雌性的木质更为苍白、柔软、容易变形；雄性的木质更加坚硬、粗壮和一副"平凡的样子"。椴树雄性的木质更干燥、多结、紧实、发黄；树皮一旦被剥下来会变得厚和坚硬。雌性的木质更白和有香味；它的树皮更薄，很容易卷曲。山茱萸树雄性的木质"紧实、坚韧如动物的角"；所以人们用来做标枪。雌性的木质"极其柔软"。雄性松树尤其坚硬，"很难加工"；而雌性的木质更为柔软，很容易加工。[3]

至于橡树，则极佳地表现了树的雄性特征。它的出产就能说明。

---

1　Marcel Proust, *Du côté de chez Swann, op. cit.*, p. 423-424.
2　Alain Roger, «Des essences végétales aux essences idéales», p. 42.
3　Théophraste, *Recherches sur les plantes, op. cit.*, p. 27, 31, 34.

它结的籽粒中，有一个就像权杖，在生长过程中，它会变硬、竖直、尖端开裂。

根据樵夫们的说法："所有雄性树木更短，更弯曲，更难砍伐，颜色也更深。"松树的"雌性树木的身姿更美"[1]，木质松脂较少，因此没那么黏，颜色更漂亮。相反，雄树木质是一种很难闻的味道，它不能燃烧，会跳出火堆。

前述内容解释了雌树通常结果实更多，而雄树是不结果的。如果有例外，两种树都结果，"雌树结的果实更多更美"；[2] 这让人想到家树与野生树之间的区别。

老普林尼受希腊科学的影响，正面谈论树的性别问题。他不容置辩地断言："雄树更矮更坚硬，雌树更细长，树叶更肥厚，单叶不僵硬。雄树的木质更坚硬、不易加工，雌树的木质更柔软。"[3] 照此说来，在所有树种中，斧头帮我们认出雄树，因为它被树弹回来；要揳入会制造更多的噪声，拔出来也更费劲。

受泰奥弗拉斯特的启发，在强调冷杉在实用方面的好处的同时，普林尼写道，雌树的木质更软、容易加工。树干更圆，总体看上去"更喜气"[4]。而在椴树中，雄树和雌树的区别更彻底。

我们把古代学者作品中列举的区别集中到一起就会看到，雄树矮而粗壮，多节而粗糙，树皮坚硬干燥，被揳入时会将斧头弹出来，因为密度大而很难弯曲。雄树的木质坚实、极为坚韧，可塑性不强，树叶尖而弯曲，更接近野生树，结果很少或者不结果。雌树更为细长，树干浑圆，树皮柔软，容易弯曲，树质柔软、洁白、湿润、散发香味，

---

1 Théophraste, *Recherches sur les plantes, op. cit.*, p. 25.
2 Ibid., p. 21.
3 Pline l'Ancien, *Histoire naturelle, op. cit.*, livre XVI, p. 36.
4 Ibid., p. 36-37.

木质容易加工。所有这些性质将这种树自然地归入家生树的范畴。

掌握这些区分的特质使辨认树的雌雄成为可能，但并不意味着承认树也存在性行为、分娩和妊娠。直到17世纪，与柏拉图、亚里士多德和圣阿尔伯特一脉相承，科学的正统流派摒弃这种性行为的说法。"有性派"和"无性派"的争论只是在后来掀起狂潮。无性派的论据非常丰富：树没有感觉器官。它们不会移动，不能相遇、交配。植物与欲望无关。用他们的话说，一切有关树交配的想法都是应当被摒弃的。

无论如何，自古代起，很多学者表达了他们的预感。先是泰奥弗拉斯特，后来是老普林尼为此辩护，强调被运到雌树果实那里的雄花粉，他还说过"某种交配"。有关春天的受精，两位作者使用的词汇让人想起婚礼、怀孕和分娩。泰奥弗拉斯特认为如此树会怀上果实。

另外，在古代，受性欲支配的树的表现决定了一些实践做法。无花果树的例子足以证明并构成繁殖树与养育树的完美典范。在这一点上，罗马人受到尊敬。无花果树让人联想到性满足。它的果实形状让人想到睾丸。根据安德莱·科沃尔的说法，从树干切口提取或者从树叶榨出的汁液的颜色与精液类似。[1] 这一切令无花果成为男性生殖器的象征。普里亚普斯（Priape）巨大的阴茎用无花果木雕刻，在庆祝狄俄尼索斯酒神节的游行队伍中所抬举的男性生殖器塑像也是一样。传说故事将这棵树与公山羊联系在一起。人们怀疑是它启发了对处女的罪恶欲望。

在漫长的中世纪，从树的表现而言，显然存在着雄树与雌树。为了更好地理解这种"区分性"，必须知道，当时树可远不只是树。每

---

[1] Andrée Corvol, *Éloge des arbres, op. cit.*, p. 109 et Angelo de Gubernatis, *La Mythologie des plantes, op. cit.*, p. 142.

个树种都会被定性，拥有自己的历史、传奇、特性和象征的力量。有雄树和雌树，就如同有贵族树、平民树、军人树、法官树、惩罚树和音乐树；吉祥的树和令人担忧的树。[1] 一个象征性情结调动着艺术家们画树时的布局，就像给树的工匠安排活计；后面会讲到这个象征。这样，在不知道木材将用来制作的东西是被哪个性别所使用之前，工匠绝不会开始动手。他不会用雌树的木材制作一个男人要用的东西。

树和其木材的这种有性表现揭示了情感的相似性、属于类人说的植物友情与憎恶。我们还会回来大谈相恋植物的相互纠缠；涉及葡萄和小榆树或者常春藤和橡树。但是植物之间爱的倾向是另一种表现形式。古人已经注意到，有的树相互连接或者找寻彼此。利姆诺斯的菲洛斯特拉托斯*（Philostrate de Lemnos）在《图画》中赞扬一位画家表现的两棵棕榈树。一棵为雄树，另一棵为雌树，前一棵"爱恋地俯过身来"，为了碰触到另一棵树而跨过一条河流，由此构成了"一种桥"[2]。后来，在18世纪，布歇在画中暗示了相互纠缠的树的这种魅力，以及由此而产生的风景的情色意味。

到了文艺复兴时期，树之间交配成为学者们拒绝接受的想法；基督教传统同样排斥这类表达。长久以来，基督教认为植物摆脱了肉欲，它体现了纯真、心平气和的纯洁和非兽性状态，被剥夺了欲念并被归为天国。在僧侣的花园中，人们长期种植去除了坏思想的牡荆或者穗花牡荆。为此，迪巴尔塔斯在《创世第六天》中描写"可耻的树"。它在天堂的阴暗角落里生长，似乎有灵魂和眼睛，它显现出担忧、痛苦，特别是它证明了道德的激情：羞耻；[3] 因此它躲避人类的

---

1 Michel Pastoureau, in Frank Horvat, *Figures romanes, op. cit.*, p. 88.
2 Cf. Alain Mérot, *Du paysage en peinture..., op. cit.*, p. 62.
3 上述内容，可参考的主要作品：Dominique Brancher, *La Fabrique équivoque de la pudeur (1390-1630)*, thèse, Genève, 2012, notamment p. 690-703.

接触。但是迪巴尔塔斯的植物幻想充满矛盾。在1584年出版的作品里表现了"痴缠在一起的棕榈树",雌树被欲念煎熬难当,弯下身来与丈夫会合。这就是说,它只献身于非交配的低等性行为。再有,这些"炽热的棕榈树"证明了无可否认的配偶之间的忠贞。[1]

19世纪中期,亨利·戴维·梭罗重新审视植物间的友谊。"我被深深打动,"他在《马萨诸塞州的自然史》中写道,"自然界里结成的愉快友谊和其间的和谐氛围,就像树上的地衣贴合着树叶的形状。"[2] 但是憎恶同样可以让树彼此远离,泰奥弗拉斯特已经强调过了。照此看来,葡萄的蔓枝发现了香气并喜欢与芬芳植物比邻而居;它绕开难闻的植物,"就像其气味令它嫌恶"[3]。

这些旨在提醒我们树具有性的序曲之后,我们来看看女性与树的联盟的原型吧。在《创世记》里,将诱惑者夏娃与树连在一起,严重影响了西方女性的表现。在这组关系中,女性显得既诱人又可怕。《圣经》中巨大的原始场景中,赤裸的夏娃站在知善恶的智慧树下,听蛇的诱惑或者是靠近它,摘取禁果递给既贪吃又担心的亚当。场景暗示了无边的原罪,植物、动物和人类同时参与其中,就是说,树、蛇和女性。

从基督教创世至中世纪,夏娃代表了巨大的罪恶,比她的诱惑更恐怖。她的美就是魔鬼的美。夏娃代表了堕落的工具,她是主要罪犯;每个女性都保留了她身上的一点儿罪恶。这个不幸的女人的肉体显得美丽、光洁、诱人和优雅,但她依然是有害的。《创世记》的场景将树、果实、赤裸的夏娃与淫荡、背叛和女性的谎言连在一起。第

---

1 上述内容,可参考的主要作品:Dominique Brancher, *La Fabrique équivoque de la pudeur (1390-1630)*, thèse, Genève, 2012, notamment p. 690-703。

2 Henry David Thoreau, *Essai*, «Histoire naturelle du Massachusetts», *op. cit.*, p. 55.

3 Théophraste, *Recherches sur les plantes, op. cit.*, p. 118.

一位女性体现了堕落、邪恶、不幸与不和。

至于苹果树,自 5 世纪开始,它的果实就被认为是堕落的,也是不祥的。毒苹果是女性的礼物。

整个中世纪过程中,诱惑者夏娃的表现是多重的。在欧坦的圣拉扎尔大教堂北边正门的门楣上,赤裸、修长的夏娃站在树林中,摆出性感和淫荡的姿势。[1] 在米歇尔·巴斯图罗创作的系列雕塑作品中,就有巴黎圣母院的门像柱,兰布(Limbourg)兄弟在《贝利公爵极其富有的时代》中表现夏娃被驱逐出乐园。中世纪系列因 1592 年科内利斯·范·哈莱姆(Cornelis Van Haarlem)的《人的堕落》而延长。后来,这个主题也一直没有枯竭,比如哲罗姆·博施的《树下的诱惑者夏娃》。19 世纪依然如此,在一个象征主义狂热地表现美得恐怖的不祥女人——通常与树在一起或者雪白的胴体盘曲在树叶的地毯上——的时代,苏珊娜·瓦拉东(SuzanneValadon)和海关员卢梭(即亨利·朱利安·费利克斯·卢梭)重提诱惑者夏娃。利维·杜默(Lévy Dhurmer)的可怕的夏娃,被放置在树的旁边,以自己的方式将古老的联想与有害和不祥的女人联系在一起。但是,这次,艺术家把树精直接与诱惑者夏娃联系起来。

比夏娃更古老的是来自美索不达米亚文明的树女神,有着巨大的胸部和不成比例的髋部。学者们努力指出整个地中海盆地内的传承关系。这超出了我们的话题。我们注意只谈论与主题相关并有助于弄明白树的情色影响的重要内容,这就是树精。它象征着女性与植物以及与之相连的情欲的融合。

山林仙女的外形是多种多样的,既可以是一群安顿或者嵌在树林中的女人,也可以是单独生活在树里面或者变形为树枝的仙女、永

---

[1] Michel Pastoureau, in Frank Horvat, *Figures romanes, op. cit*., p. 100-101, 180.

远或者暂时变形为树的女人，以及其他树生下的孩子或者来自树的女人。当然，变形为树的女人连续地构成了支配树精历史的主要过程。

奥维德表现过一系列仙女、变成树的少女或妇人。现在我们只举一种情况。达芙妮的变形对西方想象力影响最大。奥维德详述了仙女为躲避阿波罗的欲望所做的变形。被爱之箭射中，神立即爱上了达芙妮，后者被驱逐爱的箭投中，跑遍寂静的森林。在神发狂地追逐少女时，当阿波罗的气息轻轻吹拂过达芙妮颈上浓密的长发，后者求助她的父亲勒伯内（Pénée），河水漫过坦佩山谷，他要她变形。

《变形记》的作者建议了一个不断被采用的文本范例："她（达芙妮）几乎刚祈祷完，沉重的麻木感就占领了她的四肢；一层薄薄的树皮覆盖了她娇嫩的胸部；她的长发变成了树叶；胳膊变成树枝；她的脚曾经如此敏捷，却被树根附着在土地上一动不能动；树梢为她戴上冠冕；她全部的魅力只剩下鲜明。"阿波罗，欲念还没熄灭，还能感觉到新生树皮下达芙妮的心跳，"用双臂抱住代替仙女四肢的树枝，他热吻着树身"。他对她宣布："你是我的树。哦月桂树，从此你只能装饰我的头发、我的西塔拉琴、我的箭筒。"月桂树向阿波罗弯下它的新枝、摇动树梢示意它听懂了神的话。[1]这篇文字在文学上建立了构成我们对树的欲念与爱抚的主题。

奥维德以很多专题详细讲述了在其他情况下女人变形为树时的印象、激情和情感。有时，文章也会提到女观众的目瞪口呆、痛苦万状以及同情。

其他古代作者也曾表现过女性与树的联合。萨莫萨塔的琉善（Lucien de Samosate）在《真实的历史》中建议了另一幅画面，同样浸润了想象力。文艺复兴时期，作家们以新的关注再度转向古人。他

---

1　Ovide, *Les Métamorphoses, op. cit.*, p. 61, 62.

描绘了没有廉耻的女人——葡萄藤的形象。嫁接在巨大的葡萄藤上,从上方看,她们是美丽的女性,手指和头的末端是葡萄藤和葡萄。她们渴望男性的陪伴;她们也向过路的希腊旅人致意,说他们的语言。她们亲吻他们的嘴让他们陶醉。有两个不幸的人,因为生殖器被绑住,也变成了葡萄藤。[1]

树精画面的吸引力从未停止过;这只是为了确定方位,如果持续列举这种关注就会令篇幅过长。在13世纪,当人们称之为道德楷模的奥维德的作品到处传播时,拉丁诗人的变形被重读、改编为基督教信息,成为道德训诫。12世纪末,无疑来自东方的《花少女的故事》已经搞乱了模式。大部分树历史的专家热衷于亚历山大小说的插曲,开始重读中世纪的树精。

希腊征服者在森林中建造宿营地。极美丽的女子,"白里透红的肤色,满含笑意而有神的眼睛,画一般的嘴唇和鼻子,苗条的身材,柔弱的胸部,好看的髋部"[2],每棵树下站着一位。这些美人在树下度夏。"冬天她们回去,回到树根里去。滋养其血液的是她们渴望的、能使她们多产的精液。"她们身上的有机汁液令她们渴望从植物过渡到人。[3] 希腊战士们在树下嬉戏了四天,在逃离这快乐的迷恋之前,把主动权留给女孩子们。多米尼克·布泰(Dominique Boutet)将《亚历山大小说》的这段插曲解释为人间乐园的意向与古代异教神话的合体。在这里,美妙之所,它的树、泉水,它的花少女,似乎站在魔鬼的标记下。树及其欺骗性诱惑是个陷阱,与《创世记》中的蛇

---

1 上述内容可参考 Dominique Brancher, *La Fabrique équivoque de la pudeur...*, thèse citée, p. 649-650。
2 Alice Planche, «La Belle était sous l'arbre», *Cahier du Léopard d'or*, n°2, *op. cit.*, p. 94.
3 Ibid., p. 95-96.

异曲同工。[1]

在塔索的《被解放的耶路撒冷》的第十八歌，雷诺发现自己被困在一片神秘森林的中央，他将看到树林中上演当时舞台上曾上演的一幕：

> 一棵腹部肥厚的冬青槲，
> 自发地打开，诞出
> （哦，多么神奇！）一位成年仙女
> 身穿奇异的服饰走来；
> 随后他看见一百棵植物
> 从肥厚的腹部同时生出一百个仙女。
>
> 穿着轻薄的衣裙，双臂赤裸，
> 脚穿漂亮的长筒靴，发辫松散，
> 虚构的造物就这样出现，
> 从野生树皮下诞生。[2]

树精聚成花环形状，淫荡地舞蹈，后来变成可怕的独眼巨人，在阿尔米德变成"神奇的香桃木"后，她严格地抵御了雷诺的攻击。在主人公打败了覆盖和保护着香桃木的胡桃树之后，神奇的一幕消失了。这段插曲将树精的存在与邪恶的妖怪和魔法师的虚构结合起来，增强了女性的威胁感，当时树精被认为与树密不可分。树精在同一时期龙萨的作品里也循环出现，试举几例：

---

[1] Dominique Boutet, «L'arbre et l'Orient, entre mythe et réalité: des sources livresques aux récits des voyageurs», in *L'Arbre au Moyen Âge, op. cit.*, p. 56.

[2] Le Tasse, *La Jérusalem délivrée, op. cit.*, p. 959.

> 你们山林仙女，你们这些仙女们……
> 谁是从树皮下诞生的
> 在灌木的树身里：
> 装点着常春藤的书。[1]

诗人就这样向树精致意，联合了所有神话中的女性形象，缪斯、美惠三女神、仙女，并把第十八歌献给她们。

诗人名为《桧叶灌木》的一组诗玩的是一种简易的变形游戏，将恋人的名字与树的名字糅合在一起。这样，龙萨要求栖在树上的夜莺歌唱桧叶灌木，他的情人：

> 你在夜间站在桧叶灌木上歌唱，
> 在树皮下住着一位少女，
> 爱情、恐惧和冒险
> 令她变了颜色改了性情。[2]

桧叶灌木在原山羊面前逃跑了。"绿树成荫的狄安娜"要求变成树；龙萨用长长的充满爱意的篇幅详细描述她变形为桧叶灌木的过程[3]；这无疑是达芙妮这个人物在法国文学中最明确的遗产。

在题为《冬青》的赞歌中，同样受奥维德的大胆启发，龙萨描写了仙女经历变形时体验到的激情。她祈求狄安娜保护她不受潘的追逐：

---

1　Pierre de Ronsard, *Œuvres complétes, op. cit.*, t. I, 4ᵉ livre des odes, ode XVIII, p. 821.
2　Ibid., t. II, p. 740.
3　Ibid.

她起身发现

我拉紧了它的枝蔓

新的根缓慢地……

整层树皮

爬上她的髋部

沿着雪白的胸脯：

她看着自己的双臂

延伸成两根树枝，

她的手指化作浓郁的树荫，

她的长发变成绿色的树叶，

因为担心潘的触碰，

尖尖的刺

在她的根部周围

竖立一整圈。[1]

我们过快下结论说文艺复兴时期的诗人受神话启发只看到对文体冷冰冰的模仿，教会不允许他们有别的方式。也可以说植物生命的感受萦回在龙萨的作品里，他将情色的感情紧密地结合到自己身上。

很久以后，奈瓦尔很遗憾地表示19世纪神话的面孔完全失去了力量，但它们并没有销声匿迹，而是以参照的名义刺激着想象力。济慈（Keats）在《夜莺之歌》中，将夜莺与"长翅膀的仙女——林中精灵"相比。[2] 乔治·艾略特的小说《弗罗斯河畔的磨坊》中的人物菲利普，在画玛姬的户外肖像时，温情脉脉地对她宣布："您将非常像

---

1 Pierre de Ronsard, *Œuvres complètes, op. cit.*, t. I, 4ᵉ livre des odes, ode XVIII, t. II, p. 790.
2 John Keats, *Ode à un rossignol et autres poèmes*, La Délirante, 2009, p. 35.

树精,褐色的头发,健壮、高贵,刚从一棵松树里出来,树身将影子投在午后的草丛中。"[1]

拉斐尔前派的画家不断反复创作树精这一主题。神秘的女性,诱人而无法抵御,与植物紧密结合,诱惑和威胁着树荫下的骑士,仿佛她们就是从那里出来的。

20世纪初,在詹姆斯·乔伊斯(James Joyce)的《尤利西斯》中,大量篇幅提到树精这一难以置信的存在,被联想、《圣经》或者神话记忆的浪涛裹挟的文化残迹。在提到关于墓地紫杉中的树精的争论时,乔伊斯打造了无疑令人想起象征主义绘画的场面,尤其是令人想到记忆中布鲁姆童年的色情场景。在一系列幻想中,"亲吻的呢喃声掠过整个树林。在树洞和树叶之间,树精的脸在窥伺……"[2]布鲁姆回忆小亚麻色头发的洛蒂·克拉克如何以年轻奔放的野性使他激动:"她爬上那些著名而扭曲的树,而我……没有圣人住在里面。我被魔鬼占据了。"[3]与植物紧密联结在一起的神话中女性的面孔和诱惑者夏娃这个魔鬼造物的面孔以一种灵巧的方式建立了关联。

我们还会回来谈论置身于树林间的女性的话题,在伊塔洛·卡尔维诺(Italo Calvino)的小说《树上的男爵》里依然有她们的身影;我们还是停留在保罗·加代纳的《史罗亚》中阿丽亚娜的面孔上吧。当达芙妮遭遇变形,作者告诉我们,在她的肉身中长出阴郁的树根。女人—树,大地繁衍的结果:"阿丽亚娜从地里笔直地生长,就像一棵年轻的树亭亭玉立。遍布全身的血管应该吸取了大地乳房分泌的初乳,因此她与自然的所有物体和谐相处。"[4]当西蒙——叙述者,得知

---

1 George Eliot, *Le Moulin sur la Floss, op. cit*., p. 439.
2 James Joyce, *Ulysse*, Paris, Gallimard, 1948, trad. Valery Larbaud, p. 501.
3 Ibid., p. 502.
4 Paul Gadenne, *Siloé, op. cit*., p. 271.

阿丽亚娜已经死去，他意识到恋人身上深厚的属于大自然的内容；这是一种获得安慰的方式。从此，"她温柔的身体会滋养林木，春天将会鲜花盛开"[1]。

同一时期，摄影师们专注于女性裸体与树的结合或者说融合。安妮·布里格曼（Ann Brigman，1869—1950）住在内华达山脉，在自然景色中工作，20世纪之初，她敢于在露天拍摄女性裸体，强调模特儿与自然的相通。她的作品《松树的精神》摄于1911年，观者不能不思考树精模式的长久完整感。[2]

在中世纪，女性在树下以及女性群体在树林中成为反复出现的主题；想想克鲁尼博物馆保存和展出的14、15世纪那些美妙的挂毯吧。这些场景既没有直接表现诱惑者夏娃也没有表现树精。

《神曲·炼狱》第三十二篇中，在树旁睡着的诗人，被他的领路人"虔敬的女士"唤醒。他问她贝阿特丽丝在哪里。"看，"对方回答，"她在新生的树叶下，坐在树根上。""她独自一人坐在真实的土地上。"[3] 这一幕让我们想到西方文学中女性的出现经常与树联系在一起。

在中世纪，有其他植物与人类结合、女性与树紧密相关的文学范例。在雷蒂安·德·特罗亚名为《埃里克》的小说里，待在埃及无花果树下的银榻上（躺卧？入睡？）的少女构成了这一关联的绝佳范例。前基督教时期的欧洲仙女，改头换面为处女或者圣女，与树（尤其是与特别受喜爱的几个树种）紧密地结合在一起，比如松树和山楂树。还要补充一点，在专家们看来，仙女的魔棒代表了缩小的树。一位美妙的女性，有时是赤裸入浴的状态，出现在迷路的或者至少是单独待在树林的年轻人面前。她爱慕他，对他许以爱意、快乐和幸运以

---

1 Paul Gadenne, *Siloé, op. cit.*, p. 549.
2 Cf. George Eastman House, *Histoire de la philosophie de 1839 à nos jours*, Taschen, 2000, p. 212.
3 Dante, *op. cit., Le Purgatoire*, p. 299.

换取一个通常他不会遵守的誓言。

但树下也有其他没那么令人赞叹的女性形象。山楂树下的少女则与年轻人的记忆和早熟的兴奋有关。在大量的牧羊女作品中，少女将秘密藏在松树或者埃及无花果树下；牧羊女在树下休息或入睡，而少年人走向近前。在 14 世纪的《箴言故事》里，女性与树的结合相当丰富。[1]

女性在树下的模式在之后的故事中也永续流传。于是可以这样解读《睡美人》：见证了公主睡在其间的植物交错生长。伊冯娜·威尔迪埃（Yvonne Verdier）提到故事的另外一个版本，少女只是在树下入睡，没有人敢接近。[2]

种五月树的民间传说参与到这股将少女与树相结合的力量中来。这个月的第一天，人们在将要出嫁的少女家门前种树，使这些少女都成了林中睡美人。实际上，她们要在至少一个月内躲避爱情，因为人们不会在五月份结婚。及笄少女就这样被安置在五月的树下。她们就这样被魔力"固定在五月了"。她们的优点和缺点被年轻人选的树种所指定。在这个重返野性的时刻，从森林深处移来的树，在法律、自由和独立之外讲述着爱情。[3]

在中世纪，我们再回过头来，关于女性—树枝或者女性—果实的本体论、畸胎学和景色的联想非常丰富。这属于地理奇迹和自然范畴，其中《印度奇迹》（*Mirabilia Indiae*）构成绝佳范例。雅克·勒高夫写道："印度洋是一条心理的地平线，是中世纪西方的异国情调、

---

1 Cf. Alice Planche, «La Belle...», *op. cit., passim*, notamment p. 100.
2 Yvonne Verdier, «Chemins dans la forêt. Les contes», in *Société et forêts, numéro spécial de la Revue forestière française*, 1980, p. 349.
3 参见大量关于五月树、"集体五月树和孤独五月树"的文档，Arnold Van Gennep, manuel cité, t. IV, vol. II, p. 1519-1569. 主旨在于将仪式与对教区年轻姑娘的"情感宣言"联系在一起。

第十三章 树与情色幻想

梦想之境与宣泄途径。"当时，中世纪的地图将人间天国放在世界的最东端，"美妙的世界在东边"[1]。这完全失去理性。在这个岛国居于其间的亦真亦幻的地平线上，出现了被放置在阿拉伯伊斯兰世界外围的种族。在这块叠加和混合的土地上，生活着"吠叫的狒狒"、单足个体、由块和片构成的动物。他们进化着，经常是赤裸的，成为一个天真的、肉体的和性自由的世界。在旅行者看来，那里上演着印度人间天堂的神话，那里树叶常青。中世纪将"树—太阳"、"树—月亮"定位在印度，同时还不要忘记能传达神谕的"会说话的树"。

在这个奇迹系列的内部，人们拒绝听位于瓦克瓦克岛的树—女性发出的声音和智慧话语。人们保证说，航海者都熟知她们，其存在被水手们口口相传。这些女性有着杂交树的外形；这与西方的树精原型不符。半植物半人的树内，年轻的美丽女性就像果实一样在风中日渐成熟，当这些杂交植物成熟时，发出"瓦克瓦克"的叫声。在某些专家看来，这些瓦克瓦克女性又回到我们对祖母、对有着丰满胸部和髋部的树女神的崇拜——我曾经在前边提到过，这是强调她们哺育角色的方式。[2]

树精、诱惑者夏娃、树下的女人和女性—树不是唯一影响着西方植物情欲的模式。不应该忘记，在这个问题上，有某种东西将树纳入16世纪、17世纪田园牧歌中充满情欲的大自然。当然，这种文学来自古代。仙女、林神和牧羊人颂扬宇宙的力量，属于源自忒奥克里托斯和维吉尔的田园牧歌传统。他们同样革新了这些表现。

---

[1] Jacques Le Goff, *Un autre Moyen Âge, op. cit.*, «L'Occident médiéval et l'Océan Indien : un horizon onirique», p. 279. 这就是说，在多米尼克·布泰（在 *L'Arbre au Moyen Âge* 中若干处引用）看来，在古典的、书本的来源与百科全书派和旅行日记的说法之间存在差异。

[2] 上述内容，参见：Anna Caiozzo, «Les monstres dans les cosmographies illustrées de l'Orient médiéval», article cité, notamment p. 56-57, in Anna Caiozzo et Anne-Emmanuelle Demartini (dir.), *Monstre et imaginaire social*, Paris, Créaphis, 2008, *passim*.

这里，爱情插曲都沐浴在弥漫着的性感气息中，与明确的田野背景相连，后者成形于 15 世纪的佛罗伦萨、16 世纪的费雷罗和威尼斯以及 17 世纪的西班牙、法国。[1] 三部标志性作品说明了这个精神世界：桑那扎罗的《阿卡迪亚》、蒙特马约尔（Montemayor）*的《狄亚娜》和于尔费的《阿斯特蕾》。有时，树与泉水似乎从丰满的仙女赤裸的身体中喷涌而出。一种转移，或多或少是迁移，发生在被渴望的身体中——这大自然无罪而神奇的造物，朝向失去了天堂的自然。这个过程，在普桑的画中，在带有情色意味的大自然怀抱里，将抵达身体与树之间"显而易见"的韵律效果。[2]

　　自 1502 年，桑那扎罗的《阿卡迪亚》成为典范。书中一个经常被引用的林中景色的片段，对更好地理解之前所述很有帮助。作者描述一座神庙内部呈现的我在前面提到的韵律效果："我们过来在大门上画极其精美的树木和山丘，长满茂盛的树和盛开的百花。"

　　"没什么比几位赤裸的仙女半遮半露地从栗树后探出身来更能吸引我的目光：她对着公羊微笑，公羊沉浸在噬咬落在眼前的橡树冠的热望中，忘记了吃周边的青草。这时来了四位林神……悄悄穿过黄连木树丛，慢慢地，慢慢地，想抓住年轻的女子们。"[3] 于是，通过灵巧的移动，女性的裸体、林木茂密的环境与公羊和林神的欲望结合在一起。

　　在以爱情行为和感情为特征的田园牧歌的扩张中，树也作为密友被关联。在此类文学中，这构成了共同点：牧羊人对树倾诉爱情与失望。他把这些写在树身上。[4]

　　就如同诱惑者夏娃、树精和"树下女子"的面孔，西方文学和

---

1　Cf. Alain Mérot, *Du paysage en peinture...*, *op. cit.*, notamment p. 193-214.

2　Ibid., p. 210.

3　Cité par Kenneth Clark, *L'Art du paysage (Landscape into Art), op. cit.*, p. 66.

4　Cf. *supra*, p. 22 *sq.*

造型艺术不断重复仙女的出现与嬉戏。多亏了交错的树叶和植物的间隙，使得眼睛可以擅自闯入，从而看到和捕捉到裸体女子出浴的细节。在龙萨的作品里，出浴的女子慵懒地躺在树下、泉水边，被"啁啾的"鸟儿注视……还有诗人。[1]

17世纪中，类似的老生常谈为贵族故事提供了素材。这样，奥努瓦夫人的故事揭示了女性与树结成的紧密关系。这些故事中，很多女主人公待在树下或者藏在树荫里。她们得到植物的救助（《春天》、《蓝鸟》），对植物的痛苦报以同情，聆听树的话语，在树身上写字。在奥努瓦夫人的故事里，对绿色和青翠的坚持浸透了女性想象的素材和色彩。总之，在这里，树提供了对幻想有益的植物空间。它们为女性提供了内在保护，常与未被侵犯的小岛相协调。对照来看，男人——这里指王子——与灌木的关系却总是消极的。[2]

女性出现在自然中，在树下或者树旁，众所周知，构成了浪漫文学的母题。很少的例子足以说明。1797年，夜晚在树下祈祷的少女引发了柯勒律治的灵感。

> 多么美妙，静观（跪在月光下的）
> 高贵的克丽丝特贝尔，当她
> 在橡树下祈祷
> 在圆形雉堞状的树荫里
> 长满苔藓没有树叶的枝干。[3]

---

[1] Pierre de Ronsard, *Œuvres complètes, op. cit.*, ode XIII, t. I, p. 893.
[2] Cf. l'introduction de Nadine Jasmin, *in* Mme d'Aulnoye, *Contes de fées, op. cit.*, notamment p. 47-68.
[3] Samuel Taylor Coleridge, «Christabel», (1797), in *La Ballade du vieux marin et autres textes, op. cit.*, p. 285.

1807 年，带着对田园牧歌画面的记忆，司汤达回忆道："我（两年前在马赛），曾有幸看到我身材极优美的情人在大树掩映下的尤沃纳温泉出浴。"[1] 之后很久，马蒂斯在树丛间捕捉到裸体浴女的出现。他承认一看到树就会想到女性的身体，从而关闭了这种将女性与植物连接的交错模式的联想。[2]

树的情色不只局限于女性的裸体或者忧郁，它与两者和产生拥抱欲望的东西有关。让我们从历数把树与女性连在一起的东西开始，而女性则在尽力逃避男性。逃走、避难、进入树身的女了——就是我们描述过的达芙妮的历险——多少世纪以来纠缠着西方的想象。

在从文艺复兴到 19 世纪的众多神话中，其中三个神话与众不同；首先是 1475—1480 年波拉尤奥洛（Pollaiuolo）的《阿波罗和达芙妮》，后来启发了不少艺术家。17 世纪，据说每位到罗马的旅行者都要去欣赏奇迹，就是说贝佳斯画廊收藏的贝尼尼（Bernin）的《阿波罗与达芙妮》雕像。仙女极度性感的侧影、引人触碰的像果肉一般的身体、金黄色的头发、使得变形愈加性感的素材的整体效果——似乎是"泉水流动般"的变形、阿波罗的欲望——他放慢脚步试图用左臂搂抱美呆了的达芙妮，这一切引发了观众的热情。[3]

之后不久，普桑提供了相当不同的解读。卢浮宫的《阿波罗与达芙妮》完成于 1664 年，经常被作为画家的登峰造极之作。画家重新使用他熟悉的田野风景。当着众仙女的面，阿波罗坐在橡树下；其中一位仙女停留在树的中央，在炫耀自己神秘的裸体。相反方向，达芙妮躲在她的父亲勒伯内背后，变形就要开始了。要点在于神充满欲望的目光和仙女厌恶的目光的交流。阿波罗虽然在爱情上不幸，但依旧

---

1　Stendhal, *Vie de Henry Brulard, op. cit.*, p. 689.
2　*Matiss et l'arbre, op.cit.*
3　Cf. Charles Avery, *Bernin, le génie du baroque*, Paris, Gallimard, 1998, p. 58-65.

保持着造物主的从容。[1]

这就是普桑的作品中女性与树的情欲的对照表现。《春天》中的夏娃，站在主要由树构成的伊甸园中央，开启了四季的循环。知善恶树不再是背景树，就像人们在普桑的风景中常看到的那样。它矗立在郁郁葱葱的阿卡迪亚中央，沐浴着第一天清晨的光。伊甸园就在那里，茂密葱郁，鸟儿群集，接受刚刚醒来的第一对夫妻的崇拜。它表现了一个纯洁的世界，那里植物繁茂，很快，夏娃的错误将使其消失不见。[2]

之后很久，新艺术的象征主义者和艺术家们，不断重复着被献祭的女子裸体盘曲在草坪或者枯树叶上的景象，引发了观众对伊甸园的回忆，在那里，欲望与无辜相连；几乎就是这里，我们知道，引向不幸的诱惑者夏娃的出现介入这种美妙之中。在19世纪末的艺术家中，树与女性的结合，找回了被长期抹去的生命力，赋予这一结合以植物生长要素的地位。因此，表现手法远离自然主义类型的写实动机。它采取飞跃的姿势，求助于与创造相关联的上升模式；女性与树的比照就如同与"消失的宝藏"比照。皮埃尔·施内德（Pierre Schneider）不无道理地认为，这是一种向古代神话更加真诚的回归，比文艺复兴时期更不流于表面。[3]

与达芙妮相反，帕希法厄（Pasiphaé）成为女性欲望的代表，其热情与植物相连。马蒂斯的帕希法厄系列用画面表现了发情的女性如何拥抱树，这个动作先于树发生效力和牛满足帕希法厄的欲望而出现。

让我们准确地勾勒对自然场景的回顾，其间将树与爱的感情结合，略过超出范畴的色情森林的话题，强调另一个与树的爱情相关的

---

1 Cf. Alain Mérot, *Poussin*, Paris, Hazan, 1990 et 1994, p. 228-237.

2 Ibid., p. 243.

3 Pierre Schneider, «Matisse et daphné», *Matisse et l'arbre, op.cit*., p. 148.

景色：阿卡迪亚的田园牧歌，其中的植物，它们自己注定就是为爱而生。这样，在《阿斯特蕾》上千页的文字中，利尼翁不是唯一出现在叙述中的。同样，树也对专注的读者产生影响。这种植物情结，在我看来，造就了这部伟大的小说——幸运的是，最近出版了一个出色的注释版本——与我们尤其相关，而且素材是如此丰富。但很遗憾，本书不是在这个角度下进行分析。我们曾经提到，以后也还会遇到。

在西方文学中，将树置于阿卡迪亚田园牧歌的中心位置的传统，是真正意义上的田园牧歌枯竭之后很久出现的。在夏多布里昂的《阿达拉》中，陪伴着被囚的夏克达的女子们询问他的童年；她们问他神秘谷的树是否对他"讲述过恋爱"。仅就种树而言，对《选择性亲和》的爱德华来说就意味着爱情宿命的赌注。年轻人在家族文档中开心地发现，他种下了"欧迪尔出生日和出生年"的树。[1] 在对西方名树的长期寻找过程中，乔治·菲特曼举出好几例种树具有爱情色彩的证明。

在奈瓦尔看来，植物是"爱的过客"。因此，恋人用两根树枝编成装饰戴在阿丽亚娜头上。西蒙——保罗·加代纳的《史罗亚》的人物，感受到孤独的痛苦，请求树接受他的爱并捎给阿丽亚娜。两个恋人在他们的松树下相聚。"它用枝干把我们抱在怀里，您和我（西蒙低语），我们因为它的保守秘密而团聚。"[2] 我们看到，多少世纪以来，树以什么样的频率成为爱情写作的载体。另外，它们用筑巢在树冠中的鸟儿的歌喉歌唱爱情。回想一下，这构成了龙萨作诗的一个共同点。我们在西哈诺·德·贝热拉克的"太阳帝国"的描述中发现了同样的母题。再有，这些早期的作者中，树和他们的"秘密树荫"，可以根据需要成为治疗爱情折磨的良医。

---

1 Goethe, *Les Affinités électives*, in *Romans, op. cit.*, p. 213.
2 Paul Gadenne, *Siloé, op.cit.*, p. 367, 454.

不同的树以自己的方式象征着爱情。它提供了一种灵巧的语言，根据地区的不同而变换，人种学家可以无穷尽地收集和比较。树参与到婚礼仪式和忠贞仪式，发生在几乎所有地区，就如阿诺德·范·盖内普的长期调查显示的一样。

现在回到虚构的范畴，索莱尔在《弗朗西庸的滑稽故事》（1623年第一版）中，将树表现为性力量的保障，就这样，与古代的信仰和奉行连在一起。

树因为结实而成为恒定、爱情耐力的象征。龙萨反复使用这个意象，尤其是在题为《献给海伦》的十四行诗的第二十二节中吐露了这个秘密。在《法朗西亚德》中，诗人将弗朗库斯和伊安特在爱情上的相遇和迷失与两棵岸边迎击劲风的松树相比较。

> 一个接着一个呢喃着丢掉一朵又一朵花／一起啵啵作响：
> 这样该它们嘀嘀咕咕了
> 两个沐浴爱之风的恋人。

在刺柏的主题作品中，诗人和树分享着同一个情人：

> ……（树）从未将我留下
> 而不介绍我们美丽的情人：
> 我们的，因为她是我的也是你的：随后／我相信
> 你渴望她就像我一样。[1]

将角色颠倒，卢梭回忆他"亲爱的妈妈赋予夏迈特的树以灵魂"。

---

[1] Pierre de Ronsard, *La Franciade*, in *Œuvres complètes, op. cit.*, t. I, p. 1116 et t. II, p. 327.

因为牢靠，树成为爱情约会以及重逢的地点。根据《创世记》，正是在知善恶树下，亚当和夏娃拥抱在一起。夜晚，恋人在树下约会，树记录下皮剌摩斯（Pyrame）与提斯柏（Thisbé）悲伤的爱情故事。特里斯当和伊瑟在松树下重逢，而国王马克就藏在树上窥伺。很久之后，贝尔纳丹·德·圣皮埃尔认为，因为爱情的轰轰烈烈，恋人贡献了他们在下面相拥的树荫；保罗和维吉妮的树一直存留在读者的记忆中。1864年库尔贝画的"巨大的橡树"为恋人提供了坚实和善意的支持，就像它代替了贝尔纳丹·德·圣皮埃尔的树。[1]

在阅读通信时，人们发现，恋人，艾梅·居伊·菲内科斯和阿黛尔·顺克在"他们亲爱的树"下相逢，他们把自己的感情与"具有受难高度的树"[2]联系在一起。乔治·桑在写给米歇尔·德·布尔日（Michel de Bourges）的信中说出了"在我们的合欢树下"把他抱在怀里的欲望。

树不只是恋人约会的地方，它也是爱情的摇篮。它掩藏爱情。卢克莱修已经提到过最初的人类是如何在"树叶堆"上结合的。围绕着卡吕普索岩洞和喀耳刻宫殿的树掩护着尤利西斯的恋人们。在中世纪，森林中央用树枝搭成的窝棚迎接恋人。中世纪恋人窝棚的角色被雅克·勒高夫所强调。在弥尔顿的《失乐园》中掩护了亚当和夏娃的树叶摇篮继续长久地萦绕在诗人心头。夏多布里昂在《基督教真谛》中重提旧事。[3]

在《伤风败俗的故事》中的一则，德利涅王子让一对恋人在树洞里面重逢。[4] 在洛埃塞尔·德·特雷加特（Loaisel de Tréogate）的小

---

1　Linda Nochlin, «Le chêne de Flagey», p. 24.
2　Cf. *supra*, p. 24.
3　Chateaubriand, *Génie du christianisme, op. cit.*, p. 656.
4　Prince de Ligne, *Contes immoraux*, Paris, Lattès, 1980, p. 77, 78.

说《多尔布罗斯》中,在阳光无法穿透的树之华盖下——构成枝蔓交缠的巨大百合,爱恋至极的夫妻在黄昏中重逢。在其他场合,他们在椴树下嬉戏,"树枝弯向地面,用浓密的枝叶将他们包裹起来"[1]。简言之,树因其为恋人营造了遮庇所而提供了最色情的房间。维克多·雨果提到过在那里"亲吻令他们的灵魂融合在一起/忘记了天和地"!

对联系树与爱情的文学作品只需稍加关注,就可以看到植物交缠的隐喻是多么频繁。无疑在这个领域,这是最常见的手法。植物间结下的关联同时暗示着男人和女人之间的结合、和谐、忠贞。它提供了榜样;所有这些感情与夫妻间的坚持相关。

从维吉尔到20世纪诗人的作品,特别是葡萄与榆树的结合,还有棕榈树与香桃木、忍冬和榛树的结合,同时不要忘记孪生树,都为爱情提供了足够多的强烈和坚定的隐喻。

在老普林尼看来,榆树与葡萄藤的结合证明了树对围绕它的植物的天然"善意"。在科鲁迈拉看来,鼓励这种结合是上佳的园艺艺术。他建议,当榆树达到三十六个月,必须塑形,"以便接纳葡萄",在第六个年头它要与之"结合"[2]。在《朱丽与曼利尤斯喜歌》中,卡图卢斯认为这种结合是忠诚的预兆。[3]

很多世纪以后,法兰西的玛丽在她的一块最著名的林地里,赞美忍冬和榛树的交缠。她用它来表达特里斯当和伊瑟的相互爱恋,山茱萸之后:"是它们,前者保证,就像忍冬缠绕着榛树:一旦它缠绕住它,它就盘住树干,如果说它们一直结合着,就可以很好地活下去,但如果随后有人想分开它们,榛树立刻会死去,忍冬也同样。""好朋

---

[1] Cité par Daniel Mornet, *Le Sentiment de la nature en France, op. cit.*, p. 317.
[2] Columelle, *Les Arbres*, Paris, Les Belles Lettres, 2002, p. 65.
[3] V. 106-107.

友,这就是我们:没有你就没有我,没有我也就没有你。"[1]

植物的交缠象征着恋人死后永恒的结合。在艾尔哈特·冯·奥伯格(Eilhart von Oberg)的小说中,特里斯当和伊瑟合葬在一起。国王马克让人在伊瑟的这边种下蔷薇,在特里斯当那边种上葡萄藤。两种植物纠缠得如此紧密,作者说:"几乎不可能把它们分开,否则就会摧毁、消散。"至于乌尔利希·冯·图尔海姆(Ulrich von Türheim),他评价这件事:"伊瑟和特里斯当在死后依然继续相爱,直到他们进入坟墓。"在这种情况下,植物甚至从根部就开始缠绕在一起。[2] "蔷薇和葡萄藤同时将根部深深插入两个恋人的心脏。"[3]

文艺复兴时期,最常见的是阿里奥斯托和龙萨的诗的影响,他们两人加强了情色的含量。阿里奥斯托描写罗歇和阿尔西娜的拥抱,宣布"常春藤缠绕树的紧密程度也赶不上两个恋人互相搂抱得紧……他们的嘴里经常有不止一个舌头"[4];这是交缠的其他表现。

春天,大自然的爱情场景勾起了拥抱的欲望。这样,在《致美丽的玛丽庸》中,龙萨仍携着情色幻想徜徉:

> 似乎在梦中,现在你
> 似乎醒来,然后你亲吻我,
> 用胳膊压住我的脖子,于是

---

[1] *Les Lais de Marie de France, op. cit.*, p. 135.

[2] Stoyan Atanassov, «Arbres complices dans les récits de Tristan et Iseut», in *L'Arbre au Moyen Âge, op. cit.*, p. 118-119.

[3] Selon Heinrich de Freiberg, ibid., p. 120. Voir aussi de Pierre Gallais, «Les arbres entrelacés dans les ‹romans› de Tristan et le mythe de l'arbre androgyne primordial», in *Mélanges P. Le Gentil*, Paris, Sedes, 1973, p. 295-310.

[4] L'Arioste, *Roland furieux, op. cit.*, t. I, p. 161.

> 一棵榆树被强壮的葡萄藤缠绕。[1]

提到丹蒂娜和夏尔洛（查理九世）的床，在他们的婚礼上，诗人祝愿新人

> 如此紧密缠绕着榆树的葡萄藤
> 就像你的新娘缠绕着你的脖子。[2]

在致乌鲁的哀歌中，诗人建议他取法春天，在他描绘的大自然爱情场景中，植物爱情的位置远大于对动物爱情的描绘。

> 你没看到这些纠缠在一起的葡萄藤
> 勒紧巨大榆树的枝条？
> 看看这块绿地，再看那边
> 常春藤修长歪斜的手臂爬上
> 这棵枝干挺拔的橡树，**努力地亲吻**。[3]

这方面，龙萨特别钟情女性情色，多次在他的《颂歌》中提到，并承认受卡图卢斯的启发。在《献给海伦》中：

> 比葡萄藤缠榆树更紧地融合
> 有力而灵活的手臂，
> 你的手，情人，我祈求

---

1　Pierre de Ronsard, *Œuvres complètes, op. cit.*, t. II, p. 177.
2　Ibid., p. 1362.
3　Ibid., p. 341.

放开我的身体。¹

布朗多姆（Brantôme）反复使用这个隐喻：

就像缠绕榆树的葡萄藤
是绿色田野的装饰，
这样交缠的菲利普和伊萨玻
是法国和西班牙的装饰。²

在 18 世纪，缠绕以不太直接的方式象征着男人和女人之间的情色姿态与和谐，再加上兄弟、姐妹的感情，友谊，尤其还强调夫妻之爱。贝尔纳丹·德·圣皮埃尔在兄弟般的植物章节中给爱情的交缠以一席之地：橡树和栗树，冷杉和桦树，柳树和桤树，当然还有榆树和葡萄藤。特别是，他在树的和谐中发现了夫妻的和谐画面。

"夫妻和谐是难以形容的快乐源泉，当我们看到他们在大自然里和谐……在草地上……榆树和柳树……"在树林深处，"常春藤和榉树"³。

夫妻之间"印度茅屋式"的缠绕模仿了植物。天意将一个好女人交给屋主人。然而，"这不过是两丛矮灌木绞缠在一起抵御雷雨"⁴。

在夏多布里昂的作品里，植物交缠的隐喻是循环的，直至厌倦。但是，这里对夫妻的映射得到加强，藤本植物代替了葡萄。《阿达拉》

---

1 Pierre de Ronsard, *Amours*, Paris, Garnier-Flammarion, 1981, p. 281.
2 Brantôme, *Recueil des dames, poésies et tombeaux*, Paris, Gallimard, coll. «Bibliothèque de la Pléiade», 1991, p. 890.
3 Bernardin de Saint-Pierre, *Harmonies de la nature, op. cit.*, p. 324.
4 Bernardin de Saint-Pierre, *La Chaumière indienne, op. cit.*, p. 324.

的作者提到"长长的拥抱将藤和橡树结合在一起"[1];《基督教真谛》用了一整页,并且整本书中不断出现这个隐喻,夏多布里昂这样描写夫妻:"女人在他身上挂满盛开的花朵,就像森林中的藤用芬芳的花环装饰了橡树树身。"[2] 另外,作者歌颂连接在枫香上的多须的藤的独特爱情。他将它看作"只拥抱一个对象的真正爱情"的象征。[3] 实际上,紧密的拥抱排除了逃跑和游移。

几十年内,这种配偶结合的自然和决定性的植物颂歌平庸化了。动物界可以提供的例证更多见起来。这就是说,参照不总是关涉到夫妻关系。1858年9月28日,阿尔弗雷德·德·维尼在一封写给奥古斯塔·布瓦尔(Augusta Bouvard)的信中宣布:"我给你写信……用的是你给我的笔。它代表了一棵大橡树,在它周围常春藤缠绕着它、依恋着它……我非常喜欢它,只用它给你写信,我可怜的小天使。"[4] 1914年前后,埃莱娜·富歇(Hélène Fouchet),荣誉勋章女子学院的学生,梦想遇到真爱。为了表达自己的感情,她提前在日记中对他宣布:"就像常春藤缠绕树干,我的爱依恋着你。"[5]

马塞尔·普鲁斯特在《让·桑特伊》中描写自公证人产业的栅栏起插入的一条小道:"人们发现一棵巨大的粉红色山楂树越墙而出,与邻居神父先生花园里高高的丁香友好相处。相互交缠的树枝似乎在交换各自的花朵。"[6]

树的交缠与接触,配偶结合的象征,引发了对费莱蒙(Philémon)和鲍西丝(Baucis)寓言的联想。奥维德写过,丘比特

---

1 Chateaubriand, *Atala, op. cit.*, p. 52.
2 Chateaubriand, *Génie du christianisme, op. cit.*, p. 510.
3 Ibid., p. 1312.
4 Jean-Pierre Lassalle, *Alfred de Vigny*, Paris, Fayard, 2010, p. 399.
5 Rebecca Rogers, *Les Demoiselles de la Légion d'honneur...*, Paris, Plon, 1992.
6 Marcel Proust, *Jean Santeuil, op. cit.*, p. 215.

造访两位老人的陋室，询问他们的愿望。两人言明希望成为他的神庙的祭司和守卫从而结束共同生活。他们的愿望被满足了。到了死亡时刻，神把他们变成了树。

拉封丹在长篇寓言中战胜了神话，从而忠实于奥维德的描写。诗篇变成配偶之爱的颂歌。来听听最终的结局：

> 她（鲍西丝）变成了树，向他伸出手臂；
> 他也想向她伸出自己的臂膀，但是做不到。
> 他想说话，树皮压住了他的舌头。
> 彼此互相在意念里道别：
> 身体瞬间超越了树叶和树身……
> 鲍西丝变成椴树，费莱蒙变成了橡树。[1]

我们关注的要点是，在拉封丹看来，两棵树从此成为爱情的朝圣地。四面八方的人涌来送上贡品。人们把他们尊为配偶之神。

> 即使为了庇护下面的夫妻，
> 他们相爱到永远，经年。

最后一句显露了笼罩这片树林的黄昏的忧郁，专门颂扬配偶的爱情。

与婚礼仪式和忠贞仪式相结合的树几乎遍布所有地区，如同阿诺德·范·盖内普指导的长期调查所显示的那样。[2]

---

1　La Fontaine, «Philémon et Baucis», *Fables, op. cit.*, p. 760.
2　Cf. Arnold Van Gennep, *Manuel..., op. cit.*, t. II, vol. III. 关于婚礼，参见：p. 426 *sq*。

因此，出现大量颂扬恋人相依为命或者配偶永不磨灭的结合的例子，都与植物的交缠相映射。拉马丁颂扬约瑟兰和罗朗丝：

> 好像有一个结连接这两棵孪生榉树，
> 日复一日有力交缠，
> 交颈而立，树肤相连。[1]

安德烈·布勒东讲过关于维克多·雨果和朱丽叶特·德鲁埃一段扣人心弦的逸事，其真实性已得到专家的证实。多少年来，在同样的乘坐四轮马车散步的过程中，无数次重复，两位恋人经过两道门，一座大门，一座小门。为了指称第一座门给朱丽叶特，维克多·雨果对她说："骑马门，夫人。"她则指着小门回答："步行门，先生。"然后，再远一点，在两棵交缠的树前，轮到维克多·雨果回答了，他对他的情妇说："费莱蒙和鲍西丝。""要知道朱丽叶特就此不会回答"。[2] 这两句话，经年重复，是对连接了恋人的不可磨灭的爱情的承认。它扫除了一切区别，甚至两道门的命名参照的区别。安德烈·布勒东总结说：通过神话的隐语，"雨果明确地对朱丽叶特说出死亡也不能将他们分开；这一保证只能唤起朱丽叶特的沉默"。[3]

还需要几个树旁、树下、树内性结合的场景；并明确植物的这种表现带来的是嬉戏的味道。香桃木，象征性地，成为与交配密切相关的树。[4]

---

1 Lamartine, *Jocelyn, op. cit.*, p. 633.
2 André Breton, *Nadja*, in *Œuvres complètes*, Paris, Gallimard, coll. «Bibliothèque de la Pléiade», 1988, t. I, p. 648.
3 Ibid., p. 1524.
4 Cf. Angelo de Gubernatis, *La Mythologie des plantes, op. cit.*, p. 242.

不需要回忆《创世记》提到的亚当和夏娃在智慧树下的性结合。轮到在伊萨卡，尤利西斯和闻名的帕涅罗佩，坚持寻找、重建他们第一次婚姻的婚床，因为这张床是一棵树，至少它的轴是橄榄木。这是夫妻结合得长久和配偶忠诚的保证。只需要回到这张床上，就可以重温行为和情感。

卢克莱修回忆，最初，就是在树木旁，维纳斯令男人和女人交配。我们看到，在树叶掩映的窝棚里交缠的情人构成了中世纪小说的母题：特里斯当和伊瑟也不能免俗，这前后，贝卢尔的小说里，他们的行为几近贞洁。树下情人的交缠在《愤怒的罗朗》的字里行间不断出现。树观察和庇护着《被解放的耶路撒冷》中雷诺和阿尔米德的爱情。在奥诺瓦夫人的小说里，明了地提到树下经常进行的交配。

在贝尔纳丹·德·圣皮埃尔看来，一个世纪后，动物做出榜样，选择它们的树种。这样，他宣称，欧石楠的公鸡通常在松树下交配。[1]

并非虚构的是，后来很久，维克多·雨果在《奥林匹欧的悲哀》中提到朱丽叶特和他 1835 年 9 月 24 日在树下躲避难忘的暴风雨：整整一个半小时，"朱丽叶特一直心醉神迷"[2]。

据说，像人和动物一样，树有时也会交合。这一幻觉甚至到了表现树与大地交媾的地步，17 世纪西哈诺·德·贝热拉克在《太阳国家和帝国》中就曾长时间反复描写。橡树对作者解释树交媾的长篇说辞，就像人类一样，尤其是在春天。[3] 当"太阳让我们的树皮充满丰沛的元气，我们伸出自己的枝干，把果实累累的枝条伸向我们热恋的大地怀抱。大地敞开同样热情的胸怀……我们的枝条，满载快乐，在它

---

1 Bernardin de Saint-Pierre, *Harmonies de la nature, op. cit.*, p. 325.
2 Victor Hugo, *Les rayons et les ombres, op. cit.*, «Tristesse d'Olympio», p. 316 et note de Pierre Albouy, p. 431.
3 Cf. *supra*, p. 170.

的腹地卸下它渴望接受的种子"。后来,"它的丈夫"树,害怕冬天会影响它的孕期,用落叶的大衣覆盖大地。[1]

两个世纪后,左拉在经常是反复深思的篇章里,生出树会交媾和恋人在植物最强有力的启发下进行性交合的联想。阿萍和塞尔日最终在伊甸园里完成的原罪进行了长时间的酝酿,一系列的场景中树充当了主动者的角色。时而是撩人的阿萍,半裸地挂在树枝上的蛇;时而是恋人们在树叶摇篮里贞洁地拥抱。随后的神人同形同性得到证明。树,"粗壮有力",代表了"大地的雄壮"[2],成为榜样。它成为阿萍和塞尔日的良师。交媾的激情首先来自强大的植物,是它发出痉挛和尖叫,其行为令树在阿萍眼里成为"她一直遵从的"对象,代表了淳朴的大自然,使她不知何为有罪。相反,塞尔日可怕的原罪感引发了羞耻和懊悔的需要。总之,对他和对可怕的代表禁止返回人间天堂的大天使一样,在树下重新上演的《创世记》的场景引起了罪恶感。树,对他而言从此代表了有威胁的大自然;小说在穆莱神父被幻想淹没时达到高潮;神父以为看到一棵巨怪的花楸树侵入他可怜的教堂建筑。

在19世纪的最后三分之一期间,退化和衰退的恐惧占了上风。原始森林中的树纠缠着想象。它们与原始、野蛮和可能是倒退的世界相联。为此儒勒·凡尔纳贡献了一部小说——至今仍未出版——《空中村庄》,其中的黑人在树下生活和往来,崇拜一个荷兰老商人,十足的退化。

然而,几年之后,埃德加·赖斯·巴勒斯(Edgar Rice Burroughs),在泰山系列中——显然,在这些受小说启发的电影里——向西方读者揭示了奇异的媾和,满身肌肉和敏捷的森林男子,充满善意和敏感的

---

1 Cyrano de Bergerac, *Les États et Empires du Soleil, op. cit.*, p. 1063.
2 Émile Zola, *La Faute de l'abbé Mouret, op. cit*., p. 1404. Cf. *supra*, p. 171.

动物性，与被这种原始性迷惑的年轻迷人的贵族女子雅娜[1]，既然泰山出身于贵族家庭，这就只是一种倒退。雅娜一直尽力在树林和藤条中营造一间英式家庭般舒适的植物小屋。这里，树和藤属于他们要更新的古典模式。在闺房文学中，没有比这些为电影提供更多迷人联想的了，到处是动人的浴场，在当时尚未被开发的大自然的怀抱里，一夫一妻的家庭期待着多育。

模式并未丢失。杰克·伦敦想象史前的场景时，热衷于男主人公和维洛丝的嬉戏，后者在树枝间的敏捷使其被假定为泰山的史前祖先。[2] 在20世纪中期，伊塔洛·卡尔维诺在保罗·加代纳之后，敢于有力地提及树的情色——我们一直对保罗·加代纳倾注热情。他的主人公，启蒙时期的意大利贵族，决定离开城堡，他住在里面只是为了在树上摆一个悬垂的姿势。这让他能更好地判断世界、沉思，过一种有教养的隐修生活，尤其是倾听和分享树世界的节奏。这并不会阻碍他不时地介入这个时代。

他找到他在孩提时代如此着迷的年轻女子，他们曾在树叶的旋涡中嬉戏，痴迷于因树枝网络更加便利的爱情体操，以及无疑超出那个时代想象力的支撑，这个片段成为情色文学的经典。在"空中闺阁"里，恋人热衷于"最终中止于拥抱的杂技般的蜿蜒曲折。他们喜欢悬在半空，被树枝支撑和紧紧抓住枝干；她几乎是飞过去抱住他"[3]。今天的乡村旅舍和度假宾馆、俱乐部提供的树上小屋，小说已经为它们预示了巨大的成功。

在植物交媾方面，人种学没有被落下。我想到——这只是个例子，因为借助这条路我们就走得太远了——克劳德·列维-斯特劳

---

1　Edgar Rice Burroughs, *Tarzan*..., 1912. 1926年Fayard出版社出版法文版。
2　Jack London, *Avant Adam*, Paris, Phébus, 2002.
3　Italo Calvino, *Le Baron perché*, Paris, Seuil, coll. «Points», 2001, p. 240.

斯关于利洛埃特神话的这段话:"从前有个独自住在半地下窝棚的男人……他很想娶个妻子,但不知道到哪里去找。最后,他决定用树枝做个女人。后来的几天,他从东跑到西,攀折树枝直到他发现一根合适的:在树上打洞把她从树上解救下来。男人把她带回家像对妻子一样对她。他对她自然地说话,然后装作女子的声音来回答自己。他睡在她身旁,当他出门时把她藏在被子下,给她吃给她喝。"[1]

我们停留在情色价值、引发性欲的树,但是树叶同样出现在大量爱情的怨恨、性的粗鲁和失败上。就此出现了柳树的象征。这种树与香桃树相反,象征着贞洁。它是"既连接又阻止的"树。[2] 它是忧伤的女性恋爱之树,被黛丝德蒙娜歌唱,也是如歌德所说的离别情侣的树。它与抓住绝望的维特的孤独战栗相连,维特对他曾与夏洛特在下面休息的柳树充满感激。[3] 瑟拉多在柳树屋里时,想到了背叛他的阿斯特蕾。但是柳树也是治愈爱情痛苦或者保持往昔爱情回忆的树,龙萨反复说。歌德的作品中柳树的暗示比比皆是,多次提到柳树的这种品质。在爱人的墓前种一棵柳树成为惯常做法。在洛埃塞尔·德·特雷加特的《多尔布罗斯》中,就如同在很多其他作品中,柳树被作为感情朝圣之树。忧伤的情人想着恋人未来的墓地。他将它定位在"柳树和杨树中"。他幻想着,在那里,无法安慰的恋人将去寻找艾尔芒斯意象的幻觉。[4]

---

[1] Claude Lévis-Strauss, *Histoire de lynx*, in *Œuvres*, Paris, Gallimard, coll. «Bibliothèque de la Pléiade», 2008, p. 1382-1394.
[2] Angelo de Gubernatis, *La Mythologie des plantes, op. cit.*, 2ᵉ partie, p. 341.
[3] Goethe, *Les Souffrances du jeune Werther, op. cit.*, p. 96.
[4] Cité par Daniel Mornet, *Le Sentiment de la nature…, op. cit.*, p. 317.

第十四章

# 树荫下的习俗汇编

赫希俄德被蝉的叫声迷住了,在公元前7世纪的《工作与日子》中写道:"我可以……躺在树荫下,对自己的命运心满意足,面向微风的吹拂。"[1] 在《斐德尔》的序幕中,柏拉图提到苏格拉底和学生们在雅典城外伊利索斯河边的一次散步。"啊!以赫拉的名义,"大师写道,"美丽的所在就是为了休憩。这棵悬铃木真的覆盖住它矗立的地方。这棵牡荆,它是多么高大、荫浓,又是多么华丽!在它就像现在一样繁花盛开的时候,没有比现在更芬芳的了!还有悬铃木下流淌的无与伦比的可爱泉水。"苏格拉底赞扬美好的空气、蝉的鸣叫。"但是最令人心醉的,"在他看来,"是这片草

---

1 Hésiode, *Théogonie, Les Travaux et les jours, Le Bouclier*, Paris, Les Belles Lettres-Guillaume Budé, 1967, p.107-108.

坪，它自然的坡度可以令躺在上面的人头部极为舒适。"[1]后来，十四行诗诗人赞美因为树与泉水的结合而更为精妙的地方，比如坦佩山谷，那里流淌着勒伯内河。

这些快乐被作家们不断述说着，在罗马共和国晚期还有帝国的初期，树荫的声望达到顶点，在树下休憩不断被赞美，美妙之所的画面明确起来，将影响到两千年以来的想象与举止。

有关这一主题，应该很好地理解"美妙的所在"，它远大于水流、植物、泉水的简单组合，是一种涵盖地点经验、个人希望与感性世界建立关联的梦想的精神表现。诗人的联想，自忒奥克里托斯以来，就不是地球某一确切地点真实存在的东西。当诗人提到山谷、浓荫的树林、鲜花、鸟儿的歌唱、小溪或者泉水，伊夫·伯纳富瓦写道，这是抹去了粗粝现实、失序世界的简单化表现。树和泉水一样存在于言辞的层面。古典主义不承认真实存在的地方。那么物体不再是东西，而是存在。[2]

在这个想象中，作为保护者的树荫，用于休息、坐卧。站立，不言而喻，不属于美妙之所，于是被摒弃了。这个地方是静止幸福的空间，与《埃涅阿斯纪》的扩张空间截然相反。对美妙之所的描述，与其说是主动的，不如说是沉思的。[3]

无论如何，坐在树下，在树下畅饮，睡在树下，在那里接待朋友，在贺拉斯的时代是所有人都赞美的快乐。这种快乐，以其简洁，与不久前成为奇迹的阿尔辛诺阿的花园和波斯人的天堂分道扬镳。

在贺拉斯看来，树善解人意的阴凉和带来的谨慎的满足邀请智慧驻足和休憩。他觉得奥林匹斯山是一个绿树成荫的地方，混合了水流

---

[1] Platon, *Phèdre*, 230$^b$ 和 230$^c$. 即是说，苏格拉底明确指出田野与树什么都不愿教给他。
[2] Yves Bonnefoy, *L'Inachevable*, Paris, Gallimard, 2010, p.164.
[3] Pierre Gallais, Joël Thomas, *L'Arbre et la forêt*, *op. cit.* p.76.

与枝叶的性感的快乐。[1] 他的作品里到处是对树荫的赞美。他的花园被一棵献给狄安娜的巨大松树遮蔽。[2]"躺在野草莓树下"[3]，对他而言是一种快乐。这样的态度属于古代的放松（otium），这种有教养的悠闲其内核是对自然的爱，与浸润了文化与文学世界的快乐联系在一起。在树下休息，在树荫里接待朋友和畅饮具有"简单幸福的深度"、"审慎的快感"，且属于快乐的"即刻兑现"[4]。为了带来树荫的快乐，贺拉斯建议将树种结合起来，比如巨大的松树与白杨树，悬铃木与冬青檞。

在这**美妙之所**，地方守护神逐渐现身。人们隐约发现，女神狄安娜、酒神巴克斯和牧神潘若隐若现。维吉尔在《农事诗》里强调天神的战栗，令景色在人与植物间维持的关系中更加迷人。在第一首牧歌中，人物被安置在树下。蒂蒂尔这个意大利人"惬意地待在榉树下"。鸽子在美利贝的榆树上做窝。蒂尔希斯（Thyrsis）"躺在绿荫"里歌唱美好的树，梅纳尔克建议莫普斯坐在"榆树间的绿草"上。[5] 在这些诗中，就像在贺拉斯的诗中一样，浓荫引人昏昏欲睡。

卢克莱修长久地想象原始人的简单快乐，认为是伊壁鸠鲁式幸福的顶峰："那么，与密友躺在小溪旁的温柔的草丛间，**在大树的阴影中**，不费事就做了有益身体的事。"[6] 卢克莱修逐一列举带有此处特点的对话、游戏、诙谐的快乐，在后面又描绘了"朋友们在草地上午餐"的场景。老普林尼承认喜欢在草地上睡觉，他赞美来自东方的悬铃木，因为它提供了浓郁的树荫。马提雅尔（Martial）赞扬花园中"悬铃木倾泻到晚餐者身上的树荫"。

---

1 Horace, par exemple, *Odes*, *op. cit.* t. III, p.268.
2 Ibid., *Odes*, 3, 22, p. 337.
3 Ibid., *Odes*, I,1, V,21,p.39.
4 À ce propos, Claude-Andre Tabart, préface de l'ouvrage cité, p.11, *sq*, notamment p.13-14.
5 Virgile, *Bucoliques. Géorgique*, *op. cit.* p. 51, 55, 57, 85.
6 Lucrèce, *De la nature des choses*, *op. cit.* p. 579.

尼禄统治晚期出现了对自然的这种感受的丧失和对在树下安逸的相对忽略。皮埃尔·格利马尔强调，[1] 在花园里，建筑与植物同样重要。建筑物被覆盖，随后，**美妙之所**的影响不再是线性的了。在古远的中世纪，田园诗被遗忘了，农民从文学中消失不见。[2] 后来，在12世纪和14世纪之间，在树下休息、吃饭、睡觉——通常是在森林或者树篱前——再度成为小说的老生常谈。举个例子，比如雷蒂安·德·特罗亚的《埃里克》。在美妙之所始终存在的情况下，它成为仙女喜欢出没的地方；一个确定的地方，有泉水、树和草地，再扩大些范围，还有盆地、池塘、牧场和山谷。这必须是天然的地方，与阿拉伯文学中的果园和花园相去甚远。[3]

在现代阿卡迪亚人那里，得到调整的**美妙之所**的模式有力回归，将乡村作为一个迷人的别处，其间仙女重新降临，似乎是从树林和泉水中走出来的。这里产生的是身体与景色欲望的融合。我曾提到[4] 桑那扎罗的《阿卡迪亚》和《阿斯特蕾》，还有很多属于田园牧歌的有影响的作品。然而，史诗同样为守护神的再度降临出了力；作为证明，比如阿里奥斯托的《愤怒的罗朗》中阿尔希纳岛的景色。当雷诺到达岸边，树用"全部肥厚的枝叶搭成遮阳伞"[5]，创造了抵御夏日炎热的壁垒。他们享受到泉水的清凉。在这个意义上，塔索描写的阿尔米德花园里树的角色很有分量。最后，龙萨"躺在绿色的树荫里"歌唱加斯提拿森林。

17世纪，**美妙之所**远没有消失；这样，自第一个十年起，在马

---

1 Pierre Grimal, *Les Jardins romaines*, op. cit. p. 433-434.
2 Jacques Le Goff, *Un autre Moyen Âge*, op. cit. «Les paysants et le monde rural dans la littérature du haut des choses (V$^e$-VI$^e$ siècle)», p. 131-132.
3 Cf. Pierre Gallais, Joël Thomas, *L'Arbre et la forêt*, op. cit.
4 Ibid., p.239-240.
5 L'Arioste, *Roland furieux*, op. cit. t. I, p. 144.

莱伯的作品里就有明确的参照；例如在他献给美人的诗《鲜草》中：

> 天很热但是浓荫低垂
> 远离喧嚣，为我们提供阴凉，
> 我们在紫堇丛中
> 蔑视琥珀和它的香炉。
> 我们附近的枝叶
> 金雀花，冬青，荆棘上，
> 夜莺展开歌喉
> 直到岩石伸出了耳朵……[1]

但还是要提到塞万提斯对牧歌、田园诗及树的嘲笑。作为证明，在冒险家和侍从还没有经历与猪的著名奇遇之前，堂吉诃德对桑丘·潘恰的长篇言辞构成了对阿卡迪亚式快乐的讽刺画。主人公建议他的同伴模仿"想重建一个新的阿卡迪亚"的高贵的牧羊人和可爱的牧羊女。他说："我会买几只羊。英国栎将慷慨地为我们提供美味的果实——就是栎实，绿色橡树则提供树身消除我们的疲乏；柳树为我们提供树荫……阿波罗启发我们诗兴大发。"[2]

这就是说，树带来的快乐，在17世纪，与其说是属于田园的，不如说是属于农事的。种植、照料、嫁接、"培养"树，把它们作为宅邸的身份、美学意义和兴旺的象征，这就是果园首先要满足的东西。在这里，果树引发了塔兰托园丁的快乐，维吉尔如是说。

树在拉封丹的作品中频繁出现，它们经常用于装点带来和平、幸

---

1 Malherbe, *Œuvres, op. cit.* p. 105.
2 Cervanès, *Don Quichotte de la Manche*, Paris, Le Seuil, 1997, t. 2, p. 541.

福、灵魂宁静的大自然。耕耘的智慧园丁在静观宇宙秩序时找到了幸福；作为证明，有一篇明显是专门献给塔兰托老人的寓言，他在自己的园子里感受到幸福。种植、培育树木，就像所有倾注到这个园子的心血，在世界的神秘秩序内，是信德行为的结果，属于有节制的伊壁鸠鲁主义。树荫产生的舒适被纳入明智之乐的范畴。

同一时期，浓荫构成奥诺瓦夫人小说的固定表达。在这里，阿卡迪亚神话融合了文化和文本影响的复杂游戏。故事线索的主要动机中，出现了浓荫的草地、平静的河流、芬芳的羊群、树屋。这样的田园牧歌氛围的描写结合了民俗的灵感。在题为《狡猾的灰姑娘》的故事中，女主人公种下一棵橡树并照料其生长，"只想着它能变成所有橡树里最美丽的一棵"[1]。

18世纪一切都变了，树带来的快乐散布开来。当然，古代美妙之所的快乐继续得到称颂。18世纪的旅行者赞美植物的树荫和凉爽。亨德尔（Haendel）颂扬悬铃木有益的树荫。[2] 海顿在《创世记》中，提到弯曲的树林和"绿色的凉爽"。作家们坚定地讲述树林的魅力。[3] 1798年，巴多罗买（Barthélemy）神父在年轻人安纳卡西斯的旅行叙述中尽力描绘坦佩山谷和勒伯内河。但这不是主要的，从此以后，重要的是激情层面的精细考究以及英式花园（后来是罗曼派花园）中"美妙之所"的改造，树起到极其重要的作用。在这些地方，古代的参照、文艺复兴时期的田园牧歌为了崭新的快乐被重新解读。

四个决定性因素决定了这一改造：1）首先，一种面对呼吸、空气流通、逃离城市废气、远离城市聚居区"浓重雾霾"的新关注。就这个问题，树这个天然的巨大风扇起到重要作用。2）近几十年来

---

1 Mme d'Aulnoye, *Contes de fées, op. cit.* p. 470.
2 Cf. le largo de Serse : «Ombra mai fu».
3 令人想起《新爱洛伊丝》中圣勇士开始诱惑朱丽的那片森林。

日益增长的对个人要求——即让个人行为适应自然——的需要。今后这种需要成为保持健康的真正方式。世纪末大量致塞缪尔·蒂索（Samuel Tissot）博士的通信表明了这一日益增长的需求。从这个角度来看，绿化的空间更有优势。3）洛克（Locke）和孔狄亚克（Condillac）的影响更具有决定意义；就是说将发送和接收感官信息变为主要的感觉主义的飞跃。4）敏感灵魂的骚动，行为的某些道德表现以及对幸福的新面孔的强调，友谊的影响、"爱情生活"[1]的发生，这一切有助于以崭新的方式欣赏树荫、凉爽、植物装饰和树下休闲。

赞美肯辛顿花园——肯特的杰作——同样成为**动机**。重要的是，对我们而言，在这里，人们把自由生长的权利还给树。从此以后，瓦特雷写道，它们"毫无顾忌地伸展自己的枝条"[2]；从人延伸到树的伦理价值盛况空前。

为了更好地理解启蒙的花园，或者更确切地说，理解世纪末人们定义的浪漫，让我们跟随这位作者。有个人刚刚"摆脱了劳役"，用他自己的说法。古代悠闲的直接参照，尤其侵入到格鲁吉亚的英式花园。园艺爱好者寻找允许自己避免激情的挑衅、无节制的爱、摧毁性的动荡不安的东西。花园的功用在于避开虚荣、野心、嫉妒、贪婪的爱好者。在那里，他将可以以一种确实有点儿自欺欺人的方式，享受田野的宁静，体验乡村的休闲。与伊壁鸠鲁传统做比照，花园提供的是宁静的快乐。来到花园的都是来寻找与自然的"最初关系"的人。这里，幸福与友谊相联。花园以自己的方式提请我们殷勤好客。它赞

---

1 Cf. Robert Mauzi, *L'Idée du bonheur dans la literature et la pensée française au XVIII<sup>e</sup> siècle*, Paris, Albin-Michel, 1994 ; Horce Walpole, *Essai sur les jardins*, Paris, Mercure de France, 2002, p. 39, Maurice Daumas, *Le Ménage amoureux. Histoire du lien conjugal sous l'Ancien Régime*, 2004.

2 Henry Watelet, *Essai sur les jardins*, op. cit. p. 4. 后面的部分受瓦特雷的启发 p. 3-5。

美家庭温情；暗示了树与植物摇篮的温柔的交缠。在这个地方，与消遣有着同样形式的欲望表现得很有节制。

在占统治地位的耽于声色的影响下，人选择和优化自己的感觉变得比从前更加困难。那个从此安顿在花园里的人，感觉渴望安顿在一首诗里。这里，肉欲必须以让-马利·莫莱尔（Jean-Marie Morel）在《园艺理论》中定义为"情感的"自然为借口。花园从此揭示的是灵魂的科学。设计者应该建立起外部事物、散发出来的感觉信息以及由急于尽善尽美地感受所有感官快乐的个体接收之间的完美关系。另外，花园的物品应该根据灵魂的状态起作用。这一情感战略关涉视觉、听觉，而且还有嗅觉。[1]

为了成功地激起和引发情感，花园的设计师尤其喜欢运用树。一旦种下，他必须**预见**其针对感官和灵魂的**效果**。这就是为什么可以说"情感栽植"。随后，树的行为应该服从于对激情的追寻。这正是线条之王对伯勒伊的领域所强调的。"用简单的树荫，"他写道，"就可以将安宁的树林与灵魂、快感、懒惰、俏皮、无所谓、嫉妒相结合。"这样，在伯勒伊，有忧郁的树，有为"悲伤的幻想者"准备的幽暗的散步小路。[2] 无论如何，应该避免过度、夸张甚至卢梭和赫尔巴哈（Holbach）提到过的在法国设计的英式园林的滑稽可笑。[3]

很多理论家——其中就有赫什菲尔德（Hirschfeld）、莫莱尔（Morel）、卢歇（Roucher）、吉拉尔丹（Girardin）——曾经探讨过"情感园林"的树。他们指出在山坡上使白色的桦树与红黑的松树相协调的方式、引入异国情调的新颜色树的方式；不要忘记，种树的人

---

1 Cf. Alain Corbin, *Le Miasme et la jonquille, l'odorat et l'imaginaire social*, Aubier, 1982, Flammarion, coll. «Champs», 1986.

2 Prince de Ligne, cité par Daniel Mornet, *Le Sentiment de la nature en France*, op. cit. p. 238, 241.

3 Daniel Mornet, *Le Sentiment de la nature en France*, op. cit. p. 250-252.

应该预见到未来树身和树皮的缤纷色彩。花园设计者应该知道如何将浅绿的枝叶、淡红色和银光闪闪的树叶集中或者交替；还要考虑到不仅每个树种拥有独特的色彩，而且"它会逐渐演变为不同的色调；从淡绿和浅黄色直到最暗的褐色和最浓烈、最深的绛红色"[1]。参观者和描绘花园的人一样，应该理解，在这里"没有很多树而只有某种树"。因此他必须永远寻找个体的细节。

花园设计者用植物的组合造成浓荫或者运用日光造成淡淡的树荫。人们赞叹肯特在肯辛顿运用"斑驳光"或者"拖长的树荫"的方式。[2] 还应该考虑到树或多或少是有香气的、好客的、"对鸟儿的幸福有益"。从此，人们应该避免旧式园林的模式；就是这些园林，经常令散步枯燥乏味。驱逐烦恼是王道，应该避免千篇一律、重复以及直线种植带来的厌倦感。相反，设计者尽力描绘一个铺陈情感色彩的现代园艺。如果是画家，他将运用绿色创造情感的和谐和连贯。

实际上，在感受宏伟、激情、垂直的壮丽、高贵、快感以及诸如严肃、悲伤、可怕和比如杨树所产生的安宁、悬铃木表现出来的快乐时，植物起到决定性作用。设计师懂得利用树叶的安静和抖动，根据需要将野生树和家种树混在一起。他应该像偶然种植一样种下一片，但不需要对称，再重复一遍，因为必须还树以形态的自由。根据需要，他还必须尊重和保护遗产树林令人肃然起敬的昏暗。

这些起规范作用的文献作者，为首的就是《新爱洛伊丝》写给朱丽的花园的文字；之前，有阿尔希纳岛的树、阿尔米德花园的树、桑那扎罗的阿卡迪亚的树，在法国更有于尔费的《阿斯特蕾》的树。另外不要忘记，大量文化参照证明，园艺词汇中有沙漠、隐居地、隐

---

1 Jean-Marie Morel, cité par Daniel Mornet, *Le Sentiment de la nature en France*, *op. cit.* p. 376.
2 Cf. Horace Walpole, *Essai sur l'art des jardins*, *op. cit.* p. 39.

修、芳草地、农舍、疯狂——即"叶饰"。花园内部树的运用，超越了激情，但同样融入了感情。在不同情况下，它们让人联想到力量、丰沛、财富、美……

一个特例很引人注目，花园附近的"被装饰的农庄"[1]。通过一条路或者曲折的小径可以到达农庄，最好路边种下能遮阳的树，"似乎——它们也——是偶然种下的"。另外，应该制造"一组树的浓荫，下面是一层草坪和一眼泉水"以便利休憩；农庄的主要入口由"不太对称的几棵巨树"为标志，大致构成半圆。它们将为工人提供树荫。还可以安放几只凳子给客人休息。

在"被装饰的农庄"里，人们发现远处有"外部小径"，路边是开满花的灌木丛以及一系列修剪好的树，比如，一连串间杂的柳树和意大利杨树。这些植物呈现出"人们不应该遗漏的多变的风景"。沿着这些小径，间杂的树和长长的葡萄藤愉悦了眼睛、在散步者的灵魂里安放了欲望。

在所有这些地方，必须尽量让有益的动物感到快乐，让树自由生长。在此意图下，曲折蜿蜒大行其道，赞美曲线则变得平庸。此前种植的树因为简单、随意，并且因为偶然而消失。人们不再让树列队，更随意地修剪。人们专注于使树身和树叶在接触和观看时同样明显。

在18世纪和19世纪之交，不同于浪漫主义花园提供的激情，一系列的激情以远足时对树的评价为特点。在不被操控的自然中，快乐源于来自系列场景的惊讶、迥异的自然景观。这样，随威廉·吉尔平走在瓦伊河边和在曲折转弯处，"捕捉"和"惊愕"只关系到远处的花园；这正是引路人所写："大自然形成的景观来自另一个模子"[2]；

---

1 随后部分及其引文，参见：Henry Watelet, *Essai sur les jardins*, op. cit. p. 39。
2 William Gilpin, *Observation sur la Wye*, op. cit. p. 141.

它们引发不同的情感,吉尔平定义为"审美痛苦"的那种。它源自树的缺乏或者虽然是自然的,却是在错误位置(ill placed)出现的树。[1] 这就是说,与我们提到的 19 世纪的新审美标准不同的是,威廉·吉尔平继承了园艺爱好者的感性,宣称"不愉快的野性"(unpleasant wildness)[2],不讨人喜欢的野蛮。在广阔的空间里给予树以完整的自由,这种做法不总是会给旅行者带来愉悦。

19 世纪,关于树的快乐,就像其他许多领域,折中主义独领风骚。古老的模式在文献和行为中继续存在,就像是出于惯性。歌德过来坐在自己种下的树的阴凉里。他享受着树荫的凉爽,认为与每天走在轻雾弥漫的桦树林里的人相比,"那个一生被高大阴森的橡树包围的人不得不成为另外一个人"[3]。在六周假期里,莫里斯·德盖兰什么都没做,只是"躺在一棵树下",在他看来,休息的象征就是"睡在树荫下、新鲜草地上"[4]。1833 年 3 月 28 日,他写道:"今天我觉到这奇异的力量——感受灵魂与大自然的协调,躺在榉树林里,呼吸着春天的熏风。"[5] 人们一直会列举夏多布里昂在《殉难者》中写下联想到美妙之所的快乐。他以维吉尔的视角在《基督教真谛》中描写夜晚在庭院杨树下晚餐的神父的忧虑。维克多·雨果多次提到《农事诗》,他在《维吉尔颂歌》中赞美"树荫清爽的庇护"。直到世纪末,血脉一直未断。1854 年,埃德蒙·阿布(Edmond About)致力于长篇描写拉东河畔的树。"这里是,"他写道,"凉爽和平静的所在。将安顿在拉东河边的孤独者,在波浪声中、在美丽的悬铃木下挨着牧羊人睡

---

1　William Gilpin, *Observation sur la Wye, op. cit.* p. 53.

2　Ibid., p. 83.

3　Cf. *Conversations de Goethe avec Eckermann, op. cit.* jeudi 2 avril 1829, p. 288.

4　Maurice de Guerin, *Le cahier vert, op. cit.* p. 107.

5　Ibid., p. 52.

去,我理解他的幻想。"¹1896 年,年轻的穆拉斯回到这些快乐上来。"色菲斯那边,"他写道,"他经常找到一丛山楂或者桃金娘,它们提出懒洋洋沉思的明智建议。我躺在它们的脚下,看着纯净的天穹里星星明亮的光芒在闪耀。"²

无论如何,树引起的激情——一般都是因为在乡间停留而产生——获得新生。塞南古写夏里埃的短篇文章——借奥伯曼之口说出,作为理想的小住之所——抓住了关键。在这里,读者不再面对浪漫主义花园的树以及被威廉·吉尔平系统描述的远足时看到的树。"一所还说得过去的房子,一个木头仓库,一座被溪流包围的菜园,两眼水质很好的泉水,几块岩石,湍流之声……**有生命的篱笆**,丰富的植物,从榉树、栗树直到山脚下的松树那里,是一片完整的草坪,这就是夏里埃。"栗园在贫瘠的土地上提供了"最美的树荫和最孤独的角落……一切都是野生的、荒芜的。人们甚至还没有清理这块被岩石围绕的地方,被风吹倒、已枯竭的树截住了淤泥……桤树和榛树在这里生根,使这块地方无法进入。"³

再重复一遍,这里没有任何提到启蒙花园的快乐或者沿瓦伊河顺流而下的快乐。相反,奥伯曼的享受来自孤独、野趣、荒废以及在重获自由之后变得无法接近的自然。就这个话题,在 19 世纪可以有一整部作品专门写沼泽、野外洼地、植物混杂之所,树不可能完全自由的假设被打破了。

世纪末,艾里塞·雷克吕在一本书中描写他在溪流中沐浴的奇

---

1 Edmond About, *La Grèce contemporaine*, cité par Hervé Duchêne, *Le Voyage en Grèce*, Paris, Robert Lafont, «Bouquins», 2003, p. 697.

2 Charles Maurras, *Anthinéa, d'Athènes à Florence*, 1901, cité par Hervé Duchêne, *Le Voyage en Grèce, op. cit.* p. 863.

3 Senancour, *Oberman, op. cit.* p. 87, 88.

遇。这里，水和植物创造了回归自然的感觉。雷克吕急忙"在一棵树后"脱去衣服，然后跳进水里。于是，他写道："我以一种陌生的眼光注视着——垂到水面上的树，透过树的枝叶看到蓝天上的云隙……"雷克吕告诉我们，一时间，就这样遗忘了重返"自然状态的"工具、书和方法，想象着石器时代和铜器时代。在这次沐浴过程中，他回到"最初降临世界的"孩提状态。[1]这本书中表现出的激情色彩引出了这个世纪末萌芽的自然主义。

在这里，我们应该提到另一个故事，更为动态，就是散步小路旁边树的位置的故事。散步小路在纪元初年的罗马已经很常见。那时候，精英们沿着两侧种着无法通过的树丛的小路在悬铃木的树荫下**散步**（ambulatio）[2]，小普林尼在托斯卡纳的居所就是被这样的小路穿过。

后来很久，普吕什神父认为，多亏"融合水和绿荫的艺术"，园艺首先在于"方便散步，提供遮蔽"[3]。在树下散步的乐趣被18世纪英国的精英们广为实践。这里，它与对植物学、地质学和沿着步行道（path foot）步行——尤其是女性——的强烈兴趣协调一致。

下一个世纪，维克多·雨果定义自己是"浓荫树下思考的散步者"[4]。然而，在这个时期，散步小路往往与前一个世纪的设计不同。在他看来，最优越的地方是美妙之所的反命题；这是浓荫的树林、幽暗的山谷、"摇摇欲坠的岩石"、"倒塌的砂岩"[5]，再重复一遍，还有沼泽。同一时期，夏多布里昂说喜欢随意乱走，迎风靠在桦树上看月亮"穿过树叶脱落的林梢"[6]。

---

1 Elisée Reclus, *Le Ruisseau*, op. cit. p. 132, 133, 137, 138.
2 关于这一主题，参见：Pierre Grimal, *Les Jardins romains*, op. cit. t. II, p. 251q。
3 Père Pluche, *Le Spectacle de la nature*, op. cit. t. II, p. 93.
4 Victor Hugo, *Les Rayons et les ombres*, op. cit. «Dans le cimetière de …», p. 278.
5 Senancour, *Oberman*, op. cit. p. 103.
6 Chateaubriand, *Mémoires d'outre-tombe*, op. cit. p. 147.

大西洋彼岸，树下的散步小径集中于对**露天**的赞美。"我待在户外，"亨利·戴维·梭罗说，"为了我身上的动物、植物和矿物。"[1] 他认为应该"以文学来表述……树林中的树引发的情感"。[2]

　　对树的迷恋衍生出更加不固定的做法：拜访它，甚至把它变成宗教背景之外的朝圣场所。歌德提到他的意大利回忆，叙述在弗拉斯卡蒂的阿尔多布拉蒂尼花园里，"可以看到完全不同的树集合成一个整体"。它们是"所有艺术家和艺术的朋友散步的目的地"。随后歌德历数"这个模范集体"的树种。[3] 有柏树、海岸松树、无花果树和一棵橡树。

　　半个世纪之后，亨利·戴维·梭罗觉得他到沃楚西特山的远足类似朝圣。在他看来，一旦对树发生好感，就应该去拜访这棵树。[4] 他自己就对树产生了好感。因此他经常"拜访它们"，观察、欣赏它们，产生了与它们合而为一的愿望。

　　约翰·缪尔几十年后拜访了红杉树，认为这是在长长的散步小径上"唯一在所有季节都必须前往聆听"的树。

　　我们已经知道，每天都要去荣军院广场拜访悬铃木的泰纳一直挂在巴莱斯的《背井离乡者》的心里。阿德里安·希克斯特（Adrien Sixte），在保罗·布尔热的《门徒》里出场的哲学家模仿这个行为。这一重复的行为在他看来只是唤起了康德每天沿着椴树小路散步的回忆。拜访树也是保罗·加代纳的小说《史罗亚》的中心；我们曾说过

---

1　Henry David Thoreau, *Journal*, cité par Roland Tissot in Michel Granger (dir.), *Henry David Thoreau*, Cahiers de l'Herne, 1994, p. 229.

2　Walt Whitman, *Feuilles d'herbes*, *op. cit.* p. 21, 25.

3　Goethe, *Poésie. Du voyage en Italie jusqu'aux derniers poèmes*, *op. cit.* p. 771.

4　关于这一主题，参见：Michel Granger, «Le détour par le non-humain», in Michel Granger (dir.), *Henry David Thoreau*, Cahiers de l'Herne, p.239。关于约翰·缪尔，参见：*Célébration de la nature*, *op. cit.* p. 261。

海德格尔在家乡每天按时散步时，都会向"路边的树"致意。

有时会寻找更加细腻的感受，例如，可以将其定义为在漂泊的兴奋中对往昔定居生活的怀念。它可以通过树枝或者灌木丛获得，在漂泊甚至疯狂奔走之后，重新找回最初的静止。[1] 在迅速行走过程中植物的接触以及回归静止所引发的感觉，当然与阿波罗的追逐、达芙妮疯狂的逃逸有联系，直到她永远站住不动的那一刻。酒神的女祭司、半人半马，都如变形为月桂树的山林仙女一样，在浪漫的想象中，令人联想到树枝的摩擦引起的奇异感受的时刻。

莫里斯·德盖兰抓住了这段疯狂与安静并存的时间，品味"承载静止的运动"的突然中断。[2] 在这个角度上，他重新阐释达芙妮的神话和酒神祭司的人物。"生命在空间静止只是为了更好地体验运动，它暂时不动只是为了更好地了解时间。"[3] 他对半人半马给出这样的解释。"在最狂放的奔跑中，"莫里斯·德盖兰让它说话，"我有时会突然停下……这突然的静止令我感受到被我的激情鼓动的生命。曾经，我在奔跑中折断了头上的枝条，那是我亲手所种；奔跑的速度暂缓了树叶的运动，只让树叶微微抖动；但是只要片刻之后，风和躁动回到树枝上，树叶重新开始喃喃低语。"[4]

躺在树荫里、在树下站立或者散步，满足的经常只是舒适这个唯一目的。艺术家来到这里静思、观察、描绘树木。这个地方有助于思考。爱书者喜欢在这个舒适的地方读书；作家可以根据需要安顿在树荫下撰写诗篇；这是目前我们必须关注的。

---

[1] 关于这一主题，参见：Marie-Catherine Huet-Brichard, *Maurice de Guérin*, Paris, Champion, 1998, passim ainsi que Jean-Pierre Richard, *Maurice de Guérin* in NRF, 1969。

[2] Cf. Marie-Catherine Huet-Brichard, *Maurice de Guérin*, *op. cit.* p. 109.

[3] Maurice de Guérin, *Le Centaure*, commenté par Marie-Catherine Huet-Brichard, *Maurice de Guérin, op. cit.* p. 7.

[4] Maurice de Guérin, *Le Centaure, Oeuvres complètes, op. cit.* p. 330.

艺术家为了描绘树而观察的方式通常是固定的。绘画的方式所决定的教学法和实践的历史今天已经成形。一个事实被人们长期强调：涉及植物表现的高度的视觉精确，14世纪的艺术作品就已表现出来，那正是向观察具有感性的自然大力回归的时候。被称为"鹿"的房间，大约1340—1350年由西蒙·马丁尼俱乐部的某位匿名大师绘于亚维侬的教皇宫殿，包含了橘树、石榴树、悬铃木、松树、无花果、桂树的景致，一切都以工笔描绘。[1] 还可以举出很多同时期小彩画、挂毯的例子以说明我们的主题。在下一个世纪之初，在凡·艾克（Jan Van Eyck）1432年的《神秘羔羊的崇拜》的中心，可以数出不下三十多种树，以严格精确的植物学技术来表现。当时的教学没有被落下。琴尼诺·琴尼尼（Cennino Cennini）在题为《艺匠手册》的绘画课本中，指出应该如何画橡树。

对于艺术家而言，到大自然中进行研究或者实现更为宏大的意图，从15世纪末就已出现。随后，列奥纳多·达·芬奇、丢勒、西蒙·德·佛里耶日（Simon de Vlieger）曾在装饰图样中描绘树木。17世纪，雅各布·范勒伊斯达尔、洛兰（le Lorrain）、普桑和道格特（Dughet）到田野去工作。洛兰不仅画实物素描，还画油画。[2]

阅读教学书籍以及艺术家的谈话鼓励和揭示了这种户外实践。列奥纳多·达·芬奇建议："不要像某些人那样迷恋于所有种类的树……绿色的同一个层次。"在这个领域，"必须一直变化，因为大自然拥有无限的变化，并且不只局限于空间；可以在一棵树上看到不同的颜色，因为有些枝条上的树叶就是比其他树叶更美丽、更大"。列奥纳多大体上强调，是大自然的变化令树的形态更为丰富和令人愉

---

[1] Cf. Nils Büttner, *L'Art des Paysage*, Paris, Citadelles-Mazenod, 2007, p. 45.
[2] 不应该惊讶于这些世纪以来树身、树枝和枝杈表现的某些稳定性。

悦。这样,"在同一树种里,也看不到与另一棵非常相像的树"[1]。树枝、树叶、果实都是一样。列奥纳多还提到,在山里,越靠近山顶树越矮。

阿兰·梅洛(Alain Mérot)提到,在文艺复兴时期,因细微的视觉关注而产生的过度丰富的细节,这种明确的景物成分的变化具有卫道价值,它们有助于赞美神性并从此具有优雅的行为形式。

罗杰·德·皮勒(Roger de Piles)在他的《画法教程大纲》中肯定,"在(艺术家的)实践中,树是景物中最难的部分",因为它们是"最伟大的装饰物之一"。[2] 在他看来,艺术家应该抓住图案效果。然而,一旦涉及的是树,这就格外困难,因为它的外形和颜色变化莫测。罗杰·德·皮勒写道,首先需要区分空间以便观者能够第一眼就捕捉到它们。另外,艺术家应该表现出"细腻的真实"。这样,他必须令下述内容可辨:树皮的性质和"时间造成的缝隙",树枝、叶簇的布局,树叶之间相聚或分开的结构。他应该熟练地描绘景色。"所有树叶的底面,"罗杰·德·皮勒写道,"是比树叶表面更浅的绿色,并且几乎总是带有银色。这样,被狂风摇动的树叶应该通过这种颜色与其他树叶区分开来。但是,如果从下面看,当光线或者阳光穿透这些树叶,透明的绿色显得如此美丽、生动,比起其他绿色来更容易判断,没有任何东西能够接近。"

在古典文化盛行的时代,树的表现,与树的"培育"协调一致,是幸福而平静地注视的结果。假定树通常是笔直、健康的,有着美丽的树冠。再者,罗杰·德·皮勒提及的细节的诗意伴随着整体的诗意,以及所表现事物——树——的空间布局的观照,往往将其置于理

---

[1] Cf. Alain Mérot, *Du paysage en peinture...*, *op. cit.* p. 43-44;注释与评论。
[2] Roger de Pile, *Cours de peinture par principe*, préface de Jacques Thuillier, rééd. Paris, Gallimard, 1989, p. 114, 116, 117, 124.

想化的景色之中。¹ 这样，瓦朗谢讷（Valenciennes）后来（1800 年）写道，当普桑"画一棵树时，他把它画得高大、庄严、优美，在它扎根的地方很愉快，没有伤病、没有瘿瘤：树皮健康完整，见证着它的活力与力量；树根与大地连接的方式使它能够抗击狂风和暴风雨"²。

在 18 世纪，概括地说，树的油画，和树在花园中间的种植一样，成为灵魂驻留在花园的借口。它可以在画中为忧郁、悲伤、快乐和享受配上色彩。人们期待画家"情感的行为"。再有，成为景物中的场面的树服从于影响灵魂、引发欲望或遗憾的宇宙循环。在这里树表现一天的时间就像表现四季。顺便提一句，我们曾经说过，扭曲的树的出现增强了围绕树产生的快感的程度。

1800 年，瓦朗谢讷在一篇极为成功的文章中变革了有关树的表现的禁令。轮到他来提倡去室外绘画。他提出，对不同树种的研究和表现，应该根据一天的不同时间和季节。他也说过自己注重真实的细节，但是他的变革强调的是时间和瞬间的捕捉，尤其是强调回忆和他称之为"重回忆的研究"的编码。他写道："不要忘记做一些孤独的树和群落的树的**绘画研究**。专注于所有关于树皮、苔藓、树根、分枝、围绕和依附着树的常春藤的细节；尤其**做好选择**，研究树的品种、树皮和树叶，这是最最重要的。选择为你呈现出大面积明暗的最美的树丛。观察树叶是如何从一团黑暗中恢复明亮的。这些是必须依据实物描绘的研究，从而捕捉到艺术家们不太注重的真实……这些研究不能构成油画；但是人们会把它收在画夹里随时查看，一有机会就可以受益无穷。"³

---

1 关于这个主题，参见：Alain Mérot, *Du paysage ...*, *op. cit.* p.81-82。
2 Pierre Henry [de] Valenciennes, *Reflexions et conseils à un élève sur la peinture et particulièrement sur le genre du paysage*, La Rochelle, Rumeurs des Âges, p. 15.
3 Ibid., p. 35.

瓦朗谢讷很注意避免把树枝带到画室来画树。实际上，"一根树枝的形态与一整棵树的形态完全不同。树皮的结构与它所从属的机体结构迥异"[1]。再有，瓦朗谢讷叮嘱要注意风的效果，尤其是会给大自然带来闪电的雷雨，以及干枯的树叶在下过阵雨之后的颜色。

瓦朗谢讷忠实于当时占主流的情感内质，也叮嘱画家不要画出一幅冰冷的大自然的肖像。艺术家应该再现所有打动他的感觉。这样它将启发观者的灵魂以"恐惧或者忧郁，平静或者战栗，悲伤或者快乐，但一定充满赞美和热情"[2]。

几年之后，1818年，让-巴普蒂斯特·德培尔特（Jean-Baptiste Deperthes）出版了他的《景物论》，同样获得巨大成功。他也建议到户外去。他叮嘱画家要向自己看到和感受到的那样描绘大自然，专注地描绘风的效果，特别是光线，"渗入树的枝干，在树叶上闪耀，给树叶染上宝石般的绿色"[3]。

于是开启了风景画中树的伟大世纪，其间人类的面孔同时开始销声匿迹。根据诗意的换位方法，勒内·施耐德（René Schneider）写道："是树枝承袭了动作之美，树承担了人类的表达。"在风景画家眼里，"自然的中心人物就是树"[4]。

这一至高无上的地位与户外经验的完整美学和即时的情感几乎同存并举，画室则代表了文化、往昔范式的掌控、理想美学、想象力占

---

[1] Pierre Henry [de] Valenciennes, *Reflexions et conseils à un élève sur la peinture et particulièrement sur le genre du paysage*, La Rochelle, Rumeurs des Âges, p. 35.

[2] Ibid., p. 15.

[3] Jean-Baptiste Deperthes, Traité du paysage, p. 6, cité par Vincent Pomarède, « Songe à Barbizon, cette histoire est sublime », *L'École de Barbizon, peindre en plein air avant l'impressionnisme*, Paris, Réunion des musées nationaux, 2002, p. 44.

[4] Cité par Vincent Pomarède, « Songe à Barbizon, cette histoire est sublime », *L'École de Barbizon, peindre en plein air avant l'impressionnisme*, op. cit. p. 60. Rene Schneider, *Le Paysage romantique*, 1928, notamment p. 191-193.

主导地位的场所。

教我们观察树的方式以及由此产生激情的来源从此丰富起来。教材精确指出如何按照提倡的方式进行。在法国，一种非常明确的记录步骤在1800—1830年间成为主流。它首先将"大自然的装饰物"归档为一天的四个主要时刻，即"清晨、中午、傍晚、夜"。为此，根据一种称作"加法"的方法，艺术家第一时间对每个大自然的成分进行渐进的、累加的研究，在还原整个景色之前分别进行。这样，根据当时已广为传播的尼古拉·米歇尔·曼德瓦尔（Nicolas Michel Mandevare）1804年出版的名为《景物的理性原则——为法兰西帝国写生画法的学校和院系编写》一书，学生首先要研究树叶，就是说树枝上树叶的形态和分布。"在研究了单独的树叶之后……然后是一组连带树枝的树叶，再后来是树枝的整体和树身。"[1] 这种方法应用于景物整体，比如长有植物的岩石。从1810年开始，《树的肖像》成为所有风景画家都要进行的练习。

1818年，德培尔特在他的《论文》中，教人如何观察整体的树。他指出"尤其是，如何逼真地勾勒**树的形态**、树枝的方向、枝条的柔韧性、树叶簇的布局、光线透过这些树叶簇制造的光影效果；树叶的颜色和形状，根据它们是在上面还是在下面、正面还是反面，在掌握了所有这些细节之后，如何开始对每种树进行同样的工作"。[2] 实际上，每种树引发不同的情感；德培尔特总结道：树的研究，归根结底，就是"对人类的研究"。事实上遵循了枫丹白露森林画家的传统，他们是令人赞叹的树的肖像画家。先是遍及铅笔、墨笔、炭笔素描，就像

---

1 Cité par Vincent Pomarède, «Songe à Barbizon, cette histoire est sublime», *L'École de Barbizon, peindre en plein air avant l'impressionnisme, op. cit.* p. 50.

2 Cité par Deperthes, Vincent Pomarède, «Songe à Barbizon, cette histoire est sublime», *L'École de Barbizon, peindre en plein air avant l'impressionnisme*, p. 50.

后来在油画、水粉画和水彩画中的表现一样。

1817 年罗马历史风景画大奖设立。在第二次称为"树"的考核中，申请人要在既没有素材也没有实物的情况下凭记忆再现评委指定的一种树。只有这次艰难考核的通过者可以闯入决赛并进入单人画室实现历史风景画大奖的梦想。

称作"树"的考试要求两到三年在户外的绘画实践，枫丹白露森林成为一个丰富的素材库。大赛结束之后，在美好的季节，这里经常被选作工作和娱乐的场所。

1830 年之后，树作为绘画目标被改变了。投注在树身上的目光不再是根据"加法"完成树枝和树叶的片段研究，最终画出整体风景。从此以后，重要的是与自然的灵魂沟通、浸透情感、完成建立在拟人基础上的相互渗透，最终完成一幅真正的树的肖像。

让我们离开教学，做一次实践的快速演变的梳理。1776 年，让-乔治·维尔（Jean-Georges Wille）已经牵着背驮夜行袋和钱包的毛驴跑遍谢夫勒斯山谷，一路投宿乡村旅馆。[1] 在 18 世纪的最后几个十年里，画家布鲁昂代（Bruandet）躲进法兰西岛的森林里画祖先肖像，且享有巨大声誉。狩猎者国王路易十六，曾在树林中遇到他。他受荷兰传统影响，当时正在野外树林中工作。1791 年、1793 年和 1795 年，他把自己画的树送到沙龙展出。

从这个时期开始，特别是 1820 年，艺术家和学生们——未来的"树的考核"的竞争者，但同时还有业余爱好者、周末画家们，有时是钓鱼者，都会造访圣克鲁森林、墨顿森林、维耶-高特莱森林、谢夫勒斯山谷。在这个时期，艺术家们越来越倾向于安顿到枫

---

1 Cf. Philippe et France Schubert, *Les Peintres de la vallée de Chevreuse, vallée de la Bièvre, de l'Yvette et des Vaux de Cernay*, Éditions de l'Amateur, 2001, p. 16-17.

丹白露森林。他们的数量在 1850 年达到顶点。最初一批：米夏龙（Michallon）、比多（Bidault）、瓦朗谢讷和他们的学生被认为是新古典主义艺术家。他们的继承者那一代则被认作新荷兰画派，由极为知名的泰奥多尔·卢梭领导。

在这几十年中，户外绘画实践越来越精致。团队、技术都在改善。1795 年，孔泰（Comté）制作了一种铅笔，很快替代了彩色粉笔。对实物的描绘和在画室里继续完成作品的比例也改变了。习惯做法系统化了。柯罗这样描写艺术家的时间表："人们早早起身，清晨 3 点钟，在日出之前，**走过去坐在树脚下**，观察和等待。"[1] 在他看来，还是要回到画室再来一遍；这唤起了"户外主义"概念的双重含义。

1800—1820 年的英国，很多艺术家在大自然中工作。从这个时期开始，一些人在户外画油画，这与有精英色彩的植物趣味相吻合。人们认为，描绘树的形象与确定孩童、朋友甚至私家花园里仆人的面孔是一样的。在英国，要以管家相类似的视角记录下每条路、每片树林、每棵树。树就这样在可以称为英国水彩画的黄金世纪（1750—1850）里占据了一个显著位置。[2] 但是植物活力的焦点只与这种技法有关。这样，康斯太勃尔的作品在户外与画室油画之间往复，在 1824 年的沙龙对法国艺术家产生了巨大影响。

同样，在德国，户外绘画在歌德时期蓬勃发展。[3] 它有替代在研究室里画模特儿的趋势。但是，在这里，浪漫主义依旧盛行。从 1798 年开始，提克（Tieck）——与提倡参照克洛德的歌德相反——

---

1 Cité par Philippe et France Schubert, *Les Peintres de la vallée de Chevreuse, vallée de la Bièvre, de l'Yvette et des Vaux de Cernay, op. cit.*, p. 81.

2 Sur tous ces points, cf. Gérald Bauer, *Le Siècle d'or de l'aquarelle anglaise, 1750-1850*, Paris, Bibliothèque de l'image, 2001.

3 Cf. Hinrich Sieveking(dir.), *L'Âge d'or du romantisme allemand, op. cit., passim.*

写道，他不愿意"复制树木和山脉"，而是反映他灵魂的状态和表现他的情绪。一段时间之后，卡斯帕·大卫·弗里德里希写道："一幅画不应该是凭空创造出来的，应该是感觉到的。"艺术家尽力"描绘他在自己身上看到的"[1]。这样的指令与崇高紧密相连，引向形态的解体和不确定性。总之，当时居住在罗马的德国艺术家经常尽力客观和细腻地表现每棵树甚至每根树枝。[2]

这可以归结为19世纪典型的折中主义的概念和不同流派甚至每个画树的画家的目的。再有，不要忘记，地域不同，人们感受到的情感也是千变万化的。比如，美国艺术家受先验主义影响，在他们看来，树的表现回应了神学的和爱国的目的，需要在未经触碰的新鲜中捕捉到神性的创造。[3]

在法国，印象主义盛行时，并没有进入所有绘画领域。塞尚表现结构的杰作中，树的描绘表现了面对迅速枯萎的大自然对时间之崇高的追寻。后来，梵高以及马蒂斯为树着迷。[4]"柏树永远占据着我。"前者在1889年写信给弟弟，这样强调自己的强迫症。

躺在树荫里，处于自远古就被赞美的对惬意的不断追寻中，观察树、描绘树并不会垄断与之有关的实践。"不止一次，"贝尔纳丹·德·圣皮埃尔写道，"在这片无垠的森林（法兰西岛森林，即莫里斯岛）中，坐在树下，我陷入最温柔的沉思。"[5] 由树木邀请进行实践，构成19世纪自我写作中反复出现的话题。

维克多·雨果在写给妻子的信中讲述了凝视蒙特伊苏尔美尔的城

---

1 Nils Büttner, *L'Art des paysages*, op. cit. p. 260, 261.
2 Mémoires de Ludwig Richter, cités par Nils Büttner, *L'Art des paysages*, op. cit. p. 266.
3 Cf.supra, p.211.
4 Cf. Kenneth Clark, *L'Art du paysage*, op.cit.,p.143-145.
5 Bernardin de Saint-Pierre, *Harmonies de la nature*, op.cit., p. 78.

墙根引发的思考；尤其是靠近物体的情感、世界同一的感觉。在这些橡树下，一束光照亮了他。[1] 在树下沉思的幻想使亨利·戴维·梭罗采纳了他所追寻的植物生命的节奏。[2]

佛教有在树下冥想的实践传统，限于篇幅很难在这里思考它的影响。在榕树的遮蔽下佛陀释迦牟尼最初彻悟；他的门徒，在他之后，将树荫作为专门的冥想之地。赫尔曼·黑塞（Hermann Hesse）把这棵树作为小说《悉达多》的主要线索之一。[3]

马里奥·利格尼·斯特恩（Mario Rigoni Stern）在他献给这些树的书中回忆说，西格蒙德·弗洛伊德喜欢停下来在一棵拉瓦罗内的冷杉下沉思。[4] 总之，让我们和弗朗西斯·蓬热一起强调，有树木的空间不仅有利于沉思，而且会使沉思成为必然。这样，松林在他看来是为了让人在寂静中单独"追寻思考"，因为没有一片树叶会摇动。

夏多布里昂在《殉难者》中回忆，在树下，伊莱的杨树下，荷马曾吟唱他的诗篇。这个参照经常被提及，构成了标志性意象。大量作者在私人作品中记载他们来到树下读书。1789年或者1790年来费尔内时，卡拉姆津（Nicolaï Karamzine）坐在栗树的树荫里阅读拉阿尔普（La Harpe）的《伏尔泰颂》。借这个机会，他赞美"出于感激而奉献的"树，哲学家自己坐在这里，破产的耕作者前来"哭着"恳求他的帮助。[5]

1791年，被忧伤击垮的诗人威廉·古柏，来到亚德利的橡树下

---

1  Victor Hugo, *Correspondance familiale et écrits intimes*, op.cit. lettre à sa femme, 5-6 september 1837, p. 467-468.

2  Michel Granger, *Henry David Thoreau*, op.cit., le détour par le non-humain, p. 239.

3  Hermann Hesse, *Siddhartha*, Paris, Grasset, 1950 (1ᵉ éd. 1925); p. 25：悉达多说："亲爱的戈文达，和我一起到班亚树下，我们都来冥想。"悉达多经常坐在"树荫中冥想"(p. 23)。

4  Mario Rigoni Stern, *Arbre en liberté*, Lyon, La Fosse aux ours, 1998, p. 23.

5  Jean-Marie Goulemot *et alii*, *Le Voyage en France*, Paris, Robert Laffont, coll. «Bouquins», 1995, p. 883.

看书；这启发他写下了题为《亚德利的橡树》的诗篇。之后很久，艾里塞·雷克吕提到，他喜欢待在"柳树的树洞里自在地阅读小说或者用响亮的声音朗读诗句"[1]。

一些作家甚至准备在树荫下撰写作品。在费尔内，伏尔泰喜欢走遍花园，照顾他的植物。有时，他坐在一棵巨大古老的椴树下，非常茂密，既是他的"避难所"又是他的"办公室"。[2] 在圣普安，拉马丁有时带着便携式文具盒；1834年和1835年的夏天，在一棵邻近城堡的橡树下，他写下了《约瑟兰》的主要篇章。[3]

不需要建造窝棚，树本身就可以提供免费的避难所、藏身地，这还不算我们在前面列举情色价值的章节。爬树首先构成了孩子般的行为。马里奥·利格尼·斯特恩提到"他的落叶松"。当他还是个孩子的时候，他爬上去躲藏，坐在"一战"时炮弹炸出的分叉上，静静地待在那里。[4]

当敌人到来时，逃跑的人躲进树洞藏身。中世纪，人们经常提到6世纪末的多尔主教圣玛格卢瓦尔（Saint Magloire）。他遭异教徒追捕，躲进一棵苹果树的树洞。他在里面待了三天三夜，靠苹果维持生命。[5] 在莫尔比昂，康克莱的橡树一直活着。据说，在大革命时期，这棵树的树洞成为纪约旦（Guillotin）神父的藏身处——神父拒绝对教士公民组织法宣誓。传说中教士与蜘蛛结为同盟，蜘蛛

---

1　Elisée Reclus, Le Ruisseau, *op. cit.*, p. 31.
2　Roger Baury, «Les châtelains de lettres françaises, XVI$^e$-XX$^e$ siècle», in Anne-Marie Cocula et Michel Combet, *Châteaux, livres et manuscrits, IX$^e$-XXI$^e$ siècle*, Bordeau, Ausonius éditions, 2006, p. 95.
3　Ibid., p. 96.
4　Mario Rigoni Stern, *Arbre en liberté, op. cit.*, p. 17.
5　Michel Pastoureau, «"Bonum, Malum, Pomum." Une histoire symbolique de la pomme», in *L'Arbre... op. cit., Cahier du Léopard d'or*, n$^o$2, 1993, p. 164.

吐丝掩护了神父。[1] 在虚构领域，树作为避难所构成拉封丹《寓言》常见的桥段；比如，《猫和老鼠》中出现的"腐烂的老树"。避难所也可以变成监狱。在莎士比亚的《暴风雨》中，爱丽儿告诉普洛斯比罗遇难者"全部被关着……所有囚犯，先生，都关在您天气不好时躲藏的椴树洞里"[2]。

一旦暴风雨来临，树就成为避难所。在卢克莱修看来，这是原始人最初的庇护："当不得不躲避雨水或者狂风时，他们（原始人）在灌木丛中为脏兮兮的同伴找到遮蔽处。夜晚用树叶和枝丫包裹起他们赤裸的身体，期待阳光的来临。"[3]

无疑，让-雅克·卢梭第一个以极郑重的口气提到植物的庇护和树的避难所，回忆去罗柏拉那边采集植物标本。业余植物爱好者发现了一个"如此隐秘的隐蔽所"，那里看上去荒芜一片，"黑黢黢的冷杉间杂着高大的榉树，其中一些已经枯朽，堆叠着倒在一起，封闭成这个无法进入的隐蔽所。"让-雅克躺在内部观察并进入隐蔽所里面，多亏了"几个可以容纳的空间"。他忘记植物学，坐在石松和苔藓的温床上。他写道："我开始极为惬意地幻想，同时意识到我是在一个不为全宇宙所知的庇护所。"[4]

通常，让-雅克宣称在树下有被保护的感觉。"自由而宁静，"他还写道，"就像我不再有敌人，或者树的叶子会保护我不被损害，就

---

[1] Bourdu, *op. cit.*, p. 221.
[2] William Shakespeare, *La Tempête*, acte V, scène 1.
[3] Lucrèce, *De la nature des choses, op. cit.* p. 543. 在埃特纳的山坡上，一棵橡树对旅行者非常有吸引力，因为据说冉娜·达拉贡和她的护卫曾在这里躲避，当时她遇到一场真正的暴风雨 (Andrée Corvol, *Éloge des arbres, op. cit.* p. 65)。
[4] Jean-Jacques Rousseau, *Rêveries du promeneur solitaire*, Paris, Le Livre de poche classique, 2001, p. 145.

像它远离了我的记忆。"[1]

在天然树屋里隐居让人想到避难、退隐、藏猫猫;一看到"灌木学校"这个词,就能想到,这会是一棵有洞的树,或者更常见的,是保养很差的道路或树林深处的绿篱形成的天然隐蔽处;乡村和集镇的孩子有这么多可以选择的游戏空间,也可以是社交聚会的机会。这样,乔治·桑叙述和年轻的农村姑娘躲在一道沟和篱笆形成的天然隐蔽所里是多么快乐。"在榆树低垂的树枝和纵横的树莓下,我们其他孩子,"她写道,"我们可以在隐蔽处走来走去,那里有干硬和沙质的窟窿、长满青苔的背壁和潮湿的青草,在那里我们可以避风寒和雨水。这些隐蔽所令我出奇地愉快。"有时奥萝尔会一个人来。"我喜欢,"她补充说,"在绿篱的天然摇篮里不被察觉地溜进溜出,我觉得进入了土地爷的王国。"[2]

莫里斯·德盖兰自述被躲在无法进入的隐蔽处的欲望萦绕——并且认为所有人都是如此;因为树伸展的枝条,在他看来,和母亲的臂膀同样安全。[3] 艾里塞·雷克吕本人对躲在植物的庇护下同样敏感,认为"正是在这些最微小的隐蔽处,大自然显示出其伟大"[4]。

前面所说的一切都引向对树屋的着迷,还有树叶、绿篱或者棚架交织成的绿廊。贺拉斯喜欢棚架遮蔽下的私密。他会在开心的日子来到这里。普林尼到花园的窝棚里躲清静。[5] 公元1世纪的罗马人中,皮埃尔·格里马尔说"额外的绿色房间"融入了夏天的客厅

---

1  Jean-Jacques Rousseau, *Rêveries du promeneur solitaire*, Paris, Le Livre de poche classique, 2001, p.221.
2  George Sand, *Histoire de ma vie*, t. I. *op. cit*., p. 817, 818.
3  Marie-Catherine Huet-Brichard, *Maurice de Guérin, op. cit*., p. 66.
4  Élisée Reclus, *Le Ruisseau, op. cit*, p. 60.
5  Pline le Jeune, *Lettres*, Paris, Flammarion, 1933, Pline à Gallus, p. 57.

（triclinium）。[1]

若干世纪之后，树梢构成绿廊的林荫小径成为启蒙时期花园的重要元素。普吕什神父则提供了修造绿廊、植物小径和绿屋的方式，他嘱咐这里要使用忍冬、茉莉、鹅耳枥、椴树。他写道，过去，人们想种植所有这些树种；而且"这些隐蔽所厚实而阴郁"。他补充道："现在人们喜欢上面没有顶的窝棚，或者两边敞开的绿廊，像是柱廊或者由少量青翠的立柱支撑的穹顶。"[2] 那里人们呼吸着更加健康的空气。阳光更自由地照耀，还有植物的精元。树叶在低处同在高处一样生机勃勃。在这个地方，人们不会忍受过度阴暗的痛苦。瓦特雷极精确地描写了他在花园里的棚居。[3] 尚蒂伊村庄的树屋代表了这类植物建筑的成果。[4]

贝尔纳丹·德·圣皮埃尔在《印第安茅屋》中长篇描述的福地令人印象深刻。在看上去无法进入的树丛中央，构成一系列绿色洞穴，房屋位于无花果树浓密的树叶下，雨水、雷电、狂风都穿不透。它为住在这里的人和家庭提供了安静的日子。英国客人躲在茅屋里，对主人说："我只是在你的茅屋里才找到了真实的幸福。"

18世纪，空心树与好客相联。亨利·哈斯汀（Henry Hastings）因此在伍德兰德家庭居所里一间由橡树洞建成的客厅里招待客人。[5]

我们知道，弗朗西斯·蓬热，在1940年献给松树林的长篇诗中，觉得松林是抵抗狂风、烈日的庇护所，还能避免被发现；就像一间"界限清晰的自然房间"，通常是荒废的。他更进一步发现这

---

1　Pierre Grimal, *Les Jardins romains, op. cit.*, p. 200.
2　Abbé Pluche, *Le Spectacle de la nature, op. cit.*, t. II, p. 88.
3　Cf. *supra*, p. 19-20.
4　Cf. Sophie Le Ménahèze, *L'Invention du jardin romantique, op. cit.*, p. 84.
5　Cf. Simon Schama, *Le paysage et le mémoire, op. cit.*, p. 157.

个树林是不完全的、并不阴暗的隐蔽所，就像一个不故弄玄虚的、不斤斤计较的隐蔽所，一个"可以干净地躺着、没有怠惰却相对舒适的"高贵的隐蔽所。他的想象力膨胀，觉得松林像一座巨大的默祷教堂，如同一个音乐厅，一个"天然疗养院"，那里"一切……分寸合宜，让人自在"。[1]

在某种程度上，除了印第安茅屋，前面所说不完全属于为居住而独立建造的植物棚屋。这里，必须回到隐士的居所和它对西方想象力的影响。写于12世纪的《埃及的圣贝尔纳传》讲到，在埃及第二帝国的大量隐士中，一位叫皮埃尔的在树中生活。他用"树皮"搭了一座小房子。当贝尔纳和同伴找到他时，他正要剥榛子壳和野生树皮，他把收获放在篮子里。在一棵树洞里，他发现大批蜜蜂，收获了大量的蜂蜡和蜂蜜。[2]

后来，阿西西精神的影响被天主教改革所代替，保证了隐士在隐蔽所祈祷的模式保留下来。17世纪末，萨尔瓦托·罗莎（Salvatore Rosa）在一个长满可怕树木的战场表现隐修士；我们已经看到，在随后的世纪，大的庄园主为隐修士提供资金，而隐修士住在窝棚里纯属为了打动来访者。

建造窝棚满足的不仅是建一个祈祷之地和过苦修生活的愿望。从12世纪开始，在树下歇脚，在植物搭建的住所内躲避，是小说的惯用手法，这无疑反映了当时的做法。窝棚与有顶的房间相比，看上去更简陋。在贝卢尔（Béroul）的《特里斯当》中，可以读到男主人公自己在挥剑砍断树枝后用绿树枝叶搭建了窝棚。[3] 正是在这植物的窝

---

1 Francis Ponge, *La rage de l'expression*, «Le carnet du bois de pin», *op. cit.*, p. 105-106.

2 Cf. Jacques Le Goff, «Le désert-forêt dans l'Occident médiéval», in *Un autre Moyen Âge*, *op. cit.*, p. 502-503.

3 Béroul, *Le Roman de Tristan*, Paris, Champion, 1999, p. 74.

棚内国王马克手举武器闯入,遇到了这对情人。

在散步过程中发现用木头和树叶搭建的窝棚,这在19世纪很常见。我曾用很长的篇幅描述当时住在贝莱姆森林的制鞋工的窝棚。[1]在利姆赞周边的栗园,栗树条——用于制作木桶的桶箍——同样在树枝搭的窝棚上生长。他们在这片空间的中心形成一个群落,以至于历史学家认为这是该地区工人运动的实验田。在西方,居住在植物窝棚内的大部分是伐木工和煤矿工。亨利·戴维·梭罗叙述他在缅因州森林的开发时详细描写了这类建筑。这里,能感受到印第安传统的影响。窝棚藏在树林中,由木材和边角料搭成,散发着松脂的香味。窝棚里面,剖开的树干代替了凳子,床是侧柏的枝叶。这些原木、树皮和苔藓的住所对来访者而言似乎是熊住的树洞的变体。[2] 退居到瓦尔登湖的康科德的居民,强烈地感受到居所内植物扎根的需要。晴朗的日子里,他就把家具搬出来,以便家具享受户外的空气,家具的木头可以暂时回到大自然中。

这样的行为似乎可以成为我们必须谈及的在植物中逗留的序曲。就这一主题,艾里塞·雷克吕的做法可以作为过渡。地理学家提到树在乡间充当桥梁、"优雅的步行桥,全部装饰有常春藤的花叶,浸在水流中"的"幸福日子"。他喜欢走到小溪对面,站着,用双臂来保持平衡。他写道:"通过想象,可以看到最初人类诞生的时代。"也就是,当"野人"只会使用这种桥的时候。雷克吕描述从水流的岸边到另一边或者登上小岛的过程,就像一个"河流之上的空中旅行,可以看到水流从脚下迅速流走"。

这样的旅程带来特殊的快乐。但是还有另外一种冒险:几乎倒下

---

1 Alain Corbin, *Le Monde retrouvé de Louis-François Pinogot*, Paris, Aubier-Flammarion, 1998, et coll. «Champs», 2002, *passim*.

2 Henry David Thoreau, *Les forêt du Maine, op. cit*., p. 24, 136-137.

的树上，没有到达对岸，爬到"倾斜的、就像是生物"的树身上。艾里塞·雷克吕坦承，年轻时他经常坐在树杈上，两腿在空中摆荡。从这个"晃动的梵蒂冈观景楼"上，他看着水流，为在他看来象征着通往死亡的浪涛而着迷。但是，雷克吕以成熟的心智，逃过这一劫，他补充说："我从水流的诱惑中艰难地逃脱，抬眼看这枝繁叶茂为生命而悸动的树。"[1]

男人或女人在树前最简单的动作就是靠着树以减轻身体的重负。这个姿势非常简单，但很少有人认为值得记录，即便这很自在。莫里斯·德盖兰提到"整天靠着树，关注地看着大自然在呼吸的人的共同快感"[2]。夏多布里昂强调以这个姿势睡觉的快乐，他写道："我背靠着玉兰树的树干睡着了。"他在《墓畔回忆录》提到自己的青春，在前往冒险的途中："我倚着榉树的树干。"[3]

更具说服力的是没有伴随爱抚和亲吻地拥抱树。拥抱树是一个简单的动作，用双臂包围住树；这是身体在关系中的体现。拥抱意味着将自身的时间和树的时间交织在一起，有时甚至是嵌入树的时间。无疑是朱塞佩·佩诺内将这种拥抱的含义推向更远。将身体嵌入树身——但不是亲吻的问题——在他看来，这是在创造一份鲜活的记忆。这个针对树的作用，必然随着人体的印记而增长，成为过去时光的动人场景。

很少有拥抱树或提到虚构回忆的证据；但还是有。莫里斯·德盖兰提到，他住在巴黎期间，因为怀念"田野的纯净"，来到安茹-圣奥诺雷街的小花园散步。"我将双臂环住一棵丁香"，并且歌

---

[1] 所有前述引语，参见：Élisée Reclus, *Le Ruisseau, op. cit.*, p. 117, 118, 119, 120。
[2] Maurice de Guérin, *Le Cahier vert, op. cit.*, p. 105.
[3] Cf. *supra*, p. 272. Chateaubriand, *Mémoires d'outre-tombe, op. cit.*, p. 147.

唱。¹ 他补充道："啊！我的丁香，这一刻我紧拥着你，就像你是这世上可以支撑自然跟跄步伐的唯一生命，就像唯一能忍受我的拥抱、足够同情我、支撑我的不幸的人。"重要的是，对于我们，这个动作值得被记载。一个世纪后，在虚构领域内，保罗·加代纳在小说《史罗亚》中提到同样的拥抱。这里，复杂的拥抱——因为叙述者经常背靠着树，有时还会抚摸树——是西蒙对一棵巨大的胡桃树的拥抱，他想以此来理解它的激情。他逐渐觉得自己变成了树。后来，保罗·加代纳写道："他把双手放在树身上，用双臂拥抱住它……他紧紧贴在树上，背靠背，胸贴胸，直到他觉得鼓舞巨人的一些思想、力量过渡到他身上……他全身被树的枝丫包裹住。"² 说实话，寻找这种传递并不是第一次。我们将会看到，埃米尔·维尔哈伦曾经感受到同样的欲望。

在文字书写范畴内，对树的情色欲望和拥抱的极其美妙的叙述归于马蒂斯在为蒙泰朗的《帕希法埃》所作的系列插图。欲火焚身的女子，献身给公牛，一边抱着树干一边想象在拥抱公牛。

无论如何，有关这个动作最强烈的叙述属于莫里亚克。在小说《给麻风病人的吻》中他赋予叙述以全部意义。年轻美貌的女主人公诺埃米嫁给了相貌丑陋的丈夫，就像是得了当时尚未能解决的遗传病。在丈夫死去时，她自愿献身基督教，远离诱惑者，去模仿给麻风病人的吻，即用手臂拥抱朗德森林中她丈夫极其依恋的一棵树。场景转瞬即逝，但如果没有这个场景，小说就失去了所有意义：

"诺埃米这样跑过松林，直到沉重的木鞋再也跑不动，她抱着一棵矮小的橡树，它的棕色枯叶在火的气息里依然颤抖着——一棵像

---

1 Maurice de Guérin, *Le Cahier vert, op. cit.*, p. 97-98.
2 Paul Gadenne, *Siloé, op. cit.*, p. 317.

让·佩罗埃尔的黑色橡树。"[1]

也可以比照宗教空间和魔法空间，赋予拥抱树的动作以更平常的意义。有人告诉我们，拥抱树是佛教徒的常见姿势。在赫尔曼·黑塞的小说《悉达多》中，前面已经提到过，主人公靠着弯向他的椰树树干，他"一只肩膀抵着树，另一只臂膀抱着树，开始看脚下流动的绿色水面"[2]。

略显微不足道的另一个视角是瓦伦丁，索莱尔的小说《弗朗西庸的滑稽故事》的人物，新婚之夜担心被发现不举。不怀好意的人建议他求助魔法，他们暗示他做一个转移的动作，即用双臂拥抱树模拟交媾。瓦伦丁来到一棵榆树下，"用手臂抱着它"，然后说："我抱着自己的妻子是如此容易……就像抱着这棵榆树。"[3]

亲吻树是一个历史上经常提到的动作，但会随着时代不同具有不同的意义。不是在所有情况下都能回应同样的冲动。引发冲动的激情，在不同的时代有不同的感受，根据宗教信仰、情色编码、个人感性基础或者诗人的灵感而不同。我们尽力抓住这条线索，将其分为七个阶段，其间，亲吻这个初看上去非常简单的动作，承载着不同的含义。

1）读者，我们已经看到，指出亲吻树在奥维德的《变形记》中已经存在。这可以理解为植物是人的变形，或者更经常是女性的变形，关于变形的描述启发了建立在人种和树种假设的接近上。

德律俄珀的悲惨命运不幸地和孩子一起降临，采摘神的花朵尤其具有揭示性。她的姐妹被罚做目击者，失败地试图阻止变形的过程。她无法提供援助，忍受着失败的痛苦，亲吻不幸的人。逐渐地，她的吻变成对树的吻。"只要我的力量允许，"她说，"我就会努力用

---

1 François Mauriac, *Le Baiser au lépreux*, Paris, Le Livre de poche, 1991, p. 132.
2 Hermann Hesse, *Siddhartha, op. cit.*, p. 100.
3 Sorel, *Histoire comique de Francion, op. cit.*, p. 69.

亲吻推迟变成树身和树枝的过程。"德律俄珀的父亲和丈夫安德雷蒙（Andrémon）也来了。轮到他们了，"他们用亲吻覆盖了依然温热的木质，拜倒在这棵亲爱的树的脚下，他们把它抱在怀里"。一时只有脸还是人类的德律俄珀，哀求道："站起来到我这里来，接受我的亲吻，在还能接触嘴唇的时候。"这只持续了一瞬间。[1]

2）另一个亲吻植物的模型——亲吻木头而不是活着的树——属于表达基督之爱的宗教行为：信徒跪在他脚下亲吻十字架。这个清晰动作的情况有无数种，以至于在1861年版贝舍雷勒词典中，人们看到"亲吻十字架的树"构成一个常用的仪式和表达法。

3）到了文艺复兴时期，当神话中奥维德、贺拉斯、维吉尔的影响强力回潮，还有自然物与景色的快乐的回潮，亲吻树再度被诗人提起。在龙萨献给桧叶灌木的第二部哀歌中，树分享了他对"女士"的爱，诗人宣称他会亲吻、不停地亲吻树。为了使角色完善，他补充道："亲吻我，或者我亲吻你／略低下你的花序好让我把手臂插入你的枝丫，千百次／我亲吻你的表皮、亲吻你的内里。"[2]

在我们身边，情色替代的冲动与幻想在马塞尔·普鲁斯特的小说中显露出来。斯万家花园的白色篱笆上蔓生的丁香，我们已经看到，在《寻找》的叙述者那里，是年轻的仙女。"虽然，"他写道，"我极想抱住它们柔软的身子，把它们芬芳的星状花苞拉近我，我们还是不加停留地过去了。"[3]

4）节选自瓦伦丁·杰雷米-杜瓦尔（Valentin Jamerey-Duval）《回忆录》的插曲——参照了他的青春初期，就是说18世纪初——非常孤立，也不怎么神秘。在这个时期，亲吻树还是虚构的诗的一种做

---

1 Série de citations dans Ovide, *Les Métamorphoses, op. cit.*, p. 301, 302.
2 Ronsard, *Œuvres, op. cit.*, t. II, p. 326.
3 Marcel Proust, *Du côté de chez Swann, op. cit.*, p. 135-136.

法。瓦伦丁因开玩笑被判有罪,并被他的导师驱逐,他觉得难以离开这里。照他的说法,他去对着草地和溪流无声地道别。他补充道:"我还去和树丛、林中的兔子和周围所有的小树林告别。我对有些树有着类似友谊的奇特依恋。我不知道它们是否能回报我,但是**我记得非常清楚,我多次亲吻它们**,我的泪水打湿了树身。"[1] 瓦伦丁·杰雷米-杜瓦尔思考这种建立在自然基础上的感情,其实是一个谜。

让-马里·古勒莫(Jean-Marie Goulemot)建议读者不要相信排成铅字的回忆录。当作者描述其中提到的插曲时,已经过去很多年了。无论如何,杰雷米-杜瓦尔明确说"我记得非常清楚",他令人相信他亲吻树是真实的;特别是这个行为在他看来是奇怪的,这是真实性的保证。他思考建立在自然基础上的情感的可能性无疑属于他的年代。在我而言,我强调瓦伦丁既没提到爱情,也没提到性冲动,而是友谊。要知道,这种感情在那个世纪极具重要性。

5)当浪漫主义大行其道时,亲吻树被归为孩子气、重逢、对故乡的朝圣、对原籍的怀念。这正是拉马丁多次表达的。离开家乡的约瑟兰回忆:"我从一棵树走到另一棵树,我亲吻它们。"他觉得"一颗朋友的心在树皮下跳动"[2],当他母亲快要死去,想触碰所有果园里的树,她希望它们"在目睹种下它们的目光"中颤动。拉马丁诗中的修辞,比起瓦伦丁·杰雷米-杜瓦尔的见证来,在做法方面无疑不那么令人信服。但是,考虑到诗人巨大的成功,人们可以认为他传播了与原籍回忆相连的树的亲吻。

6)其他与推动亨利·戴维·梭罗做这个动作的同样的激情。在他身上,亲吻树表达的是与植物相连的亲属关系和相近的感情。这就

---

[1] Valentin Jamerey-Duval, *Mémoires*, Paris, Minerve, 2011, présentés par Jean-Marie Goulemot, p. 100.

[2] Alphonse de Lamartine, *Jocelyn, op. cit.*, p. 588, 712.

是他所作《矮橡树赞》要表达的，后者是他的暮年标志。"我喜欢，"他在《日记》中写道，"能够拥抱这丛穿着薄薄叶衣的灌木，透雪而出，对我喃喃低语，吐露与夕阳和所有的德行相近的冬季思想。"[1]

7）与众不同的是启发埃米尔·维尔哈伦的冲动，即1906年他题为《树》的诗。诗人在提到亲吻时引入了能量转移的主题，与友谊、怀念故土或者亲缘关系的主题有所不同。通过手的接触，通过拥抱、亲吻，维尔哈伦希望感觉植物生长的力量和节奏转移到自己身上，植物以"它巨大和威严的生命"和"多彩的光辉"俯视周围的平原。

> 我触摸它，用我的指头、我的手，
> 我感觉它移到大地的深处
> 一种巨大而超越人类的运动；
> 我将粗暴的胸膛靠在上面，
> 以这样的爱、这样的热忱，
> 它深处的节奏和全部力量
> 转移到我身上直抵心脏。
> 我亲吻多节的树身，忘情地……[2]

与龙萨对桧叶灌木的感觉不同，保罗·瓦雷里的《树的对话》因为赋予一种感性价值而达到亲吻树的文字的顶峰。对哀歌的作者而言，需要补偿的是他的女士的缺席并亲吻这个替代者。在瓦雷里异教的文字中则是其他问题。蒂蒂尔在宣布他对树的爱时，对植物庄严倾诉他的激情，远比他面对花朵和女性时强烈。"我爱你，"他宣称，

---

[1] Henry David Thoreau, *Journal, 1837-1861, op. cit.*, p.166.
[2] Émile Verhaeren, «L'arbre», in *La Multiple Splendeur*, 1906.

"巨大的树，为你的肢体而骄傲。"他补充道，"你非常清楚，我的树，天一亮我就来亲吻你。我用双唇亲吻你苦涩光滑的树皮，我觉得我们是同一块土地的孩子。"[1]

瓦雷里重新阐释的蒂蒂尔，与阿尔塔薛西斯的行为以及后来1世纪帝国的罗马人联系在一起，他们热爱树到了拥抱它们并每天早晨用酒浇灌的地步。

爬树则是一项同样拥有自己历史的做法，受紧急情况或者多重欲望的活力支配。根据情况，树可以是庇护所、窝穴的门厅、允许目光穿越的观察哨，甚至是偷窥所。爬到树枝上是一件蔑视危险、检验勇气的上升性行为。住在树下带来在植物间寻找和与下面的世界垂直的刺激印象。这一姿势可以根据需要满足对原始林栖生活的怀念。我们必须检视的是这一接替欲望的情结。

考虑到中世纪的肖像画，树似乎首先是抵御威胁的避难所，尤其是野生动物的威胁。这样，加斯东·菲布斯的狩猎书中好几个人物爬到树上躲避熊的下颌或者野猪的利齿。在《十日谈》（1349—1353）第五天讲的故事中，两个年轻恋人逃出家门在林中迷了路，在树下过夜；当危险来临，桑丘·潘恰爬上高高的树枝；拉封丹在《寓言》中经常提到爬树的现象。让我们离开虚构故事，在贝里的乡间，孩子们爬树以避开猪的威胁，乔治·桑声称她也这样做过。

在这项运动中，树成为瞭望哨。欧里庇得斯带来扮成狄俄尼索斯倾慕者的彭透斯（Penthée），爬到松树高处，窥探歌舞的酒神女祭司们。不幸降临到他身上，因为女祭司们亲手拔起树根，用树追打不幸的人。国王马克，被贝卢尔提醒，爬到松树梢上，看到了特里斯当和伊瑟在对话。他虽知其无辜，仍缺乏怜悯。树作为观察哨的主题后来

---

1　Paul Valéry, *Dialogue de l'arbre, op. cit.*, p. 176.

继续成为巴洛克小说的**母题**。后来很久，人们在大仲马的《三个火枪手》中发现：达达尼昂是在树梢上窥探到劫走波纳西约夫人那伙人的动向的。

如果虚构小说被爬树占据，那是因为树作为观察哨出现在大量谨慎的行为中。罗贝尔·曼德鲁（Robert Mandrou）强调，在现代法国，穿过森林的商人，一旦来到森林边缘，就会爬树确认他们准备穿越的平原是否有强盗。在19世纪，亨利·戴维·梭罗提到，缅因州森林里的勘探者同样爬树。

在偷窥方面，树的枝梢只能延伸透过植物缝隙的期待的目光，比如裸体沐浴的女子，这是现代诗的另一个**母题**。

平行展开的是一项民间做法：爬树掏鸟窝。加斯东·巴什拉曾这样强调，树既是鸟儿快乐的家，也是鸟窝的门厅。"掏鸟窝者"是一个具画面感的主题，1340年在亚威农主教的宫殿里已经出现了。先是老布鲁盖尔（Bruegel），后来是戈雅（Goya）都引用这个主题。

这种儿童和青少年的做法在民间深深扎根，18世纪末似乎在社会上传播开来。先是夏多布里昂，后来是维克多·雨果都称自己掏过鸟窝。亨利·戴维·梭罗说自己为鸟窝着迷。1856年，他细细地分析鸟窝用到的植物，以便在饲养区域筑巢。在他看来，这是"在大宇宙中阅读小宇宙"的方式。[1]

这就是说，到19世纪，夺走鸟儿的巢成为被抨击的目标，无论是学院派还是在乡间。老师们要求不要将他们组织的猎杀有害动物与掏鸟蛋的可恶做法混为一谈。据夏多布里昂说，掏鸟窝在多尔的寄宿学校是被禁止的。

爬树摘果子而不是用杆子打是一种做法，与掏鸟窝比，当然更是

---

[1] Alain Suberchicot, artide cité, p. 95.

无害的。18世纪这一习俗似乎在社会上迅速以自然的感情传播开来；尤其是当涉及的是一棵"善行的"树，人们会尽力摘下所有果实。卢梭曾描写过他笨拙地摘苹果的经历："在树高处的一个袋子里，我装满果实。"[1] 在虚构领域，歌德让维特来到夏洛特的果园打高处的梨，让夏洛特接住。

18世纪末，爬树与日益增长的在植物间获得庇护的愿望，与棚架、绿色小屋和绿荫遮蔽的走道的趣味相协调；尤其是，在贝尔纳丹·德·圣皮埃尔看来，是天意赋予树以人类能够轻易攀爬的结构。[2]

前面所述与简单的攀爬行为带来的乐趣不同，在于以挑战的心态攀上突出的位置，在于显示力量和灵巧。与这一冒险行为相连的快乐曾在《墓畔回忆录》的开篇获得详尽描述。在这种情况下，为了竞争的乐趣而攀爬与民间节庆的夺彩杆仪式相类似。

当浪漫主义胜出，爬树具有的奇特乐趣，在成人中间与敏感兴奋的灵魂和自然的感情相协调。藏身于植物间、树梢的摇动，靠近鸟窝、在高处产生的孤独感，隐退凡世至被动和静思的空间有利于"栖息的幻想"。这样，在让-保罗的《泰坦》中，主人公待在苹果树梢，享受这高空凉亭里的摇晃感觉，放大了因风带来的平衡感；同样多的感受引发"想象的植物素食主义"[3]。年轻的夏多布里昂站在一棵柳树前就像在鸟窝里，在梦中女精灵的陪伴下，花几个小时听不同的声音。[4] 骑在树枝上静思很寻常。在这个摇篮里，可以根据需要，或者阅读，或者朗读，同时倾听树的话语。

亨利·戴维·梭罗哀叹道："我们搂紧大地，但是我们很少征服

---

1　Jean-Jacques Rousseau, *Rêveries d'un promeneur solitaire, op. cit.*, p. 109.
2　Bernardin de Saint-Pierre, *Harmonies de la nature, op. cit.*, p. 94.
3　Cf. Gaston Bachelard, *L'Air et les songes, op. cit.*, p. 271.
4　Chateaubriand, *Mémoires d'outre-tombe,* livre I-XII, *op. cit.*, p. 144.

高度……有一次我爬上一棵树的顶部,找到我的想法。这是山坡上一棵高大的松树;攀爬非常艰难,但是我的付出还是得到报偿,因为我在地平线发现了新的山脉……一片更为广阔的土地和天空出现在我的视野。在六十多年中,我曾确定地从这棵树开始步行,却从没看到这些。"[1]梭罗在树梢上发现小花,一直以来"在人的头顶上,但他们却从未注意过"。

1874年内华达山脉的一场暴风雨可以作证,约翰·缪尔登上一座高高的山脊,然后决定爬上一棵针叶树,他写道:"去近处倾听最高处针叶在风中的乐音。"他找一棵可以爬的、结实的树,树干的宽度允许用手臂和双腿轻易地爬上去。他选中一棵三十米高的道格拉斯松树,树梢柔韧而茂密,"狂热迷醉地"摇摇摆摆。

多年从事植物研究生涯以来,约翰·缪尔习惯于攀爬树木,很容易爬上树顶。他保证说:"我从没体验过这种移动的兴奋。"树枝拍打,"而我在攀爬,所有的肌肉紧绷"。在高处,约翰·缪尔却觉得非常安全、自由,他补充说,在风中摇晃,在"最壮丽的观景台"享受森林的乐趣。

他几个小时地停留在他仍然称之为"栖息处"的地方,专注于声音画面的强烈对比的成分:"树叶彼此摩擦的机械的声音","树枝和光秃树干深沉的低音",松针发出的尖锐哨音或者"丝绸的低语"。约翰·缪尔经常闭上双眼以专注倾听这种音乐或者"静静品味不时飘过的美妙味道",因为来自大海的风"携带着最振奋的香气"。

在栖息处静观"围绕每棵树的水流、瀑布、落水和激流",他从未在今天这样的暴风雨中保持平衡,约翰·缪尔发现树做了无数次的旅行,无论路程是多么短。

---

1 Henry David Thoreau, «Marcher», in *Essais, op. cit.*, p. 213-214.

在暴风雨中，在最令人振奋的风的作用下，可以想象，树有自己的表达方式、自己的动作和"激情的运动"。树自己"触动所有的心弦"，充满"乐趣和激动"。在约翰·缪尔看来，一切证明了不可战胜的"既远离狂喜又远离恐惧的"喜悦之情。在他眼里，树从未显得"如此快乐和永恒"。

在这种简单中，有一种青春的、不那么广阔的、没那么精妙的计算，合并了冲动与快乐。艾里塞·雷克吕提到那些聚居在浓荫遮蔽的神秘道路中、随后"住在大树上的鸟窝里"的人。"几次跳跃后，"他写道，"我们来到橡树浓荫下自己的小岛，橡树树皮因为经常攀爬而磨损。"此处综合了回旋与垂直，"风车、树、溪流、瀑布、老墙以最可爱的方式呈现出来"[1]。

1898年，王后——罗马尼亚的玛丽——找人建造一个树上的栖息之所，以便在希望的时候来这里躲避。她只是为设计师勒孔特·迪·努伊（Lecomte du Nouy）提出了方向。这个树屋的构思设计精妙，被保留下来。显然，这个建筑成为今天旅行树屋的先声。

在这个世纪末，与当时的人类学相匹配，人在树林中出现的想象也更新了。衰退的幻想占了上风，与对异国情调的迷恋并驾齐驱。进化理论启示了人类的起源，进而助长了人类与树共处的私密愿望。赤道非洲探险者对华盖的描述，史前的进步增强了原始性的声望。

四部小说大获成功，表明以对垂直和冲动的追寻——比以往任何时期都更加清晰——以及与树木环境融为一体为目标的行为的魅力。儒勒·凡尔纳的《空中村庄》描写一种安置在树林中的"野人"共同体的生活。埃德加·赖斯·巴勒斯创造的泰山这个人物，结合了空中

---

1 John Muir, *Célébration de la nature, op. cit.*, p. 198-203, Élisée Reclus, *Hiostoire d'un ruisseau, op. cit.*, p. 163.

旅行、冲动的快乐、与野生动物的温情关系，后者体现了"文明"。我们曾提到过，西方狩猎者在安顿于树林中的家庭中只看到了猎物和情色。

四分之一个世纪之后，在题为《亚当之前》的小说中，杰克·伦敦选择描写史前时期从树居生活到地面生活的过渡。作者认为安居在树上是过去空中飞行生物的返祖回忆，屈从于从一根树枝跳到另一根树枝的强烈欲望。

杰克·伦敦邀请读者安顿在与树的亲密关系中，感受与之相连的原始恐惧；重新体验树居祖先的感受和他们梦一般的堕落；感受树林中童年的兴奋，同时感受空中飞行的恐惧和体会向前冲的欲望。杰克·伦敦再现了从树居生活到地面生活的过渡，带有家族老树引发的怀乡色彩。[1]

1957年，伊塔洛·卡尔维诺在小说《树上的男爵》中，集中了直至当时还是分散的主题。他讲述一位有教养的贵族放弃地面生活，希望身处高处，住在高处，生活在悬突之处。[2] 如此的退隐生活，一切都富有激情，就是生活在一种拒绝、一种对社会的再发问中，就是对世界的重新解读。男爵试图与树居环境融合。他来到高处，感受过去从未有过的感觉：树的膨胀作用带来的感觉因发霉而更加强烈，围绕着他的是树脂的芳香、入睡鸟儿的悸动。男爵希望以这种方式获得崭新的灵魂，直至改换本质。伊塔洛·卡尔维诺描写这种融合带来的东西："持续接触树皮，羽毛、动物毛皮、贝壳的移动，森林里播散的所有色彩，在另一种绿色和流动的血液里的循环，与我们相去甚远的生命形态，就像树干，斑鸠的嘴。"[3]

---

1　Jack London, *Avant Adam, passim*.
2　*Supra*, p. 256.
3　Italo Calvino, *Le Baron perché*, Paris, Seuil, p. 120.

# 致 谢

我要感谢希尔薇·勒当泰克(Sylvie le Dantec)编制了手稿,伊丽莎白·德纽(Élisabeth Deniaux)通读了手稿。还要感谢布里斯·达尔迈达(Fabrice d'Almeida)、卡米耶·马尔硕-巴蒂(Camille Marchaut-Baty)和约瑟琳·里维埃拉(Josseline Rivière)协助完成了这本书。

# 重要人物译名表（*）

## （按外文字母顺序排列）

**安那克萨哥拉**（Anaxagore，前500—前428）、**德谟克利特**（Démocrite，前460—前370）、**恩培多克勒**（Empédocle，前490—前435）三位是公元前5世纪古希腊的诡辩家，相较于苏格拉底、柏拉图，其重要性从来不会被高估。恩培多克勒跳入埃特纳火山。

**约瑟夫·博伊斯**（Joseph Beuys，1921—1986）——德国艺术家。他在第二次世界大战期间作为先锋为德国空军战斗。在他的著作中，经常使用原始材料。与本书相关的，是他在卡塞尔种植的轰动一时的树林。

**卡利马科斯**（Callimaque，前315—前240）——亚历山大图书馆庞大书目的作者和诗人，尤其是哀歌。这些哀歌被卡图卢斯翻译，经常被拉丁诗人模仿。

**托马索·康帕内拉**（Tommaso Campanella，

1568—1639）——意大利学者，被宗教裁判所怀疑，获赦罪，随后因密谋被监禁二十七年。《太阳城》的作者，共产主义的忠实信徒；他的著作对17世纪的无神论者具有可观影响。历史学家让·德律莫（Jean Delumeau）提供了康帕内拉的重要传记。

**杞人忧天派**（Catastrophiste）极为重视地表灾难（尤其是大洪水和海水淹没）。太阳照常升起派赋予其他因素持续作用——尤其是侵蚀——以优先地位，在极为广阔的时间范畴于地质范围内缓慢发生作用，从而决定了这一侵蚀。

**琴尼诺·琴尼尼**（Cennino Cennini）——意大利画家，生于1370年。人们只保留了他写给画家的手稿，题为《艺匠手册》；14世纪艺术专家极为珍视。这本书包含了树的画法的演变。

**科鲁迈拉**（Columelle）——公元1世纪的拉丁诗人，农艺专家。他在树上发表作品。他撰写了一部详尽的农艺论文，题为《论乡村》。

**大马士革的圣约翰**（Jean Damascène）——生于7世纪末，卒于749年，这位希腊教会神父尤为专注于与圣像破坏运动斗争。

**迪奥斯科里迪斯**（Dioscoride）——公元1世纪的希腊医生，药草植物及其加工和药效的专家。

**迪巴尔塔斯**（Guillaume de Salluste Du Bartas，1544—1590）——胡格诺派，长期效力于亨利·那瓦尔，他因《创世第六天》而出名，后来写的《创世第二周》获得巨大成功。这是一部充满宗教诗意和科学诗意的作品。他的书最近由尚皮翁出版社再版。

**杜阿梅尔·杜蒙梭**（Henri Louis Duhamel du Monceau，1700—1781）——他既是工程师又是园艺家。他著作极丰，其中我们特别提出1758年出版的《树的形态》，他在书中描述了植物的生长法则。

**约阿金·德·弗罗尔**（Joachim de Flore，1130/1145—1202）——这位意大利神秘主义者，西都会教士，"德弗罗尔"隐修会的创立者，在

19 世纪产生巨大影响。他将人类历史分为三个阶段：父的时代，相当于《旧约》；子的时代，来自《新约》；后来的教会时代和神修时代。

**威廉·吉尔平**（William Gilpin, 1724—1804）——英国圣公会牧师，学校教师，业余艺术家。通过一系列开发英国土地、森林、河流（瓦伊河）的美学作品，他在河畔大力开发和传播了风景如画的概念。

**荷瑞斯·葛雷利**（Horace Greeley, 1811—1872）——美国纽约和旧金山之间的旅行者和冒险者。他是 1869 年首批发现巨杉的人之一。

**科内利斯·范·哈莱姆**（Cornelis Van Haarlem, 1562—1638）——画家，在哈莱姆出生，赴法国和安特卫普学习艺术之后又回到哈莱姆生活。他的绘画以《圣经》、神话和静物为题材。与本书相关的是《人的堕落》（1592），以现实主义手法精确地再现了实物绘画的技巧，尤其印证了堕落中树的表现。

**让·保罗**（Jean-Paul，本名 Johann Paul Friedrich Richter, 1763—1825）——德国小说家，受神学教育，他是重要的德国小说家之一，尤其着迷于梦幻世界。《提坦》是教育小说，出版于 19 世纪初（1800—1803）。

**卡拉姆津**（Nicolaï Karamzine, 1766—1826）——俄罗斯作家，也是诗人、小说家，特别是历史学家，里程碑式的《俄罗斯帝国史》的作者。他在俄罗斯现代文学的发展中起决定作用。

**里尔的阿兰**（Alain de Lille）——出生于 1115—1128 年，卒于 1203 年。曾任巴黎大学校长。这位神学家对让·德默恩（Jean de Meung）及其《玫瑰传奇》很有影响。

**吕西阿斯**（Lysias，前 440—前 380）——雅典演说家，和对手伊索克拉底一起名噪一时。在他大约两百篇演说中，有一篇是为了证明他侵犯圣树无罪。吕西阿斯是居住在雅典的外国侨民；特昂特的敌人，曾一度逃离雅典。

**蒙特马约尔**（Jorge de Montemayor，1520—1561）《狄亚娜七书》的作者，该书是获得巨大反响的田园小说，其对同类文学作品的影响只有《阿斯特蕾》可以相提并论。

**约翰·缪尔**（John Muir，1838—1914）——现代环境主义的奠基人之一。他专注于美国森林和他认为是伊甸园的西部景色的命运。约翰·缪尔在巨杉中看到了不朽的存在。他被看作约塞米蒂之父和守护者，他熟悉那里的每一条小路。缪尔认为印第安人与自然及动物和谐共处。

**艾尔哈特·冯·奥伯格**（Eilhart von Oberg）——《特里斯当和伊萨尔特》的作者，神最初的版本之一，今天在《特里斯当和伊瑟》中可见踪迹。参见：《最早的欧洲版本》（克里斯蒂安·马歇洛-尼其亚主编。伽利玛出版社出版，"七星丛书"，1995）。

**帕萨尼亚斯**（Pausanias，约公元2世纪）——旅行使他写下《希腊志》，尽管作者有轻信的名声，他的书还是成为当时希腊的珍贵见证。

**利姆诺斯的菲洛斯特拉托斯**（Philostrate de Lemnos）——公元3世纪的古希腊政治诡辩家。不要把他和其叔父诡辩家老菲洛斯特拉托斯混为一谈。

**老普林尼**（Pline l'Ancien，23—79）——担任西班牙行政长官期间，他撰写了庞大的百科全书《自然史》，其中几部谈到树。他死于维苏威火山喷发。

**小普林尼**（Pline le Jeune，61—114）——老普林尼的侄子，有才华的律师，据说他是十部《书信》的作者，讲述罗马贵族的生活，实践"休闲"，尤其是在图斯库鲁姆花园住宅。

**普罗佩提乌斯**（Properce，前47—前15）——奥古斯都时期的拉丁诗人，亚历山大体的模仿者，出生于翁布里亚，受梅塞纳斯（Mécène）保护。他在《哀歌》中歌唱自己对卿提娅（Cynthia）的爱，对文艺复兴时期的诗人产生巨大影响。

**列奥米尔**（René Antoine Ferchault de Réaumur，1683—1757）——他是法国最重要的物理学家和自然主义者。他创立了酒精温度计。他还对树的开发感兴趣。

**菲利普·奥托·朗格**（Philipp Otto Runge）——画家、诗人。1777年生于汉堡，是克莱斯特（Kleist）、提克（Tieck）和歌德（Goethe）的朋友。

**桑那扎罗**（Iacopo Sannazaro，1458—1530）——那不勒斯诗人。他的田园小说《阿卡迪亚》令其成名。他师从古代作家和彼得拉克。他在晚年写作的田园诗无疑是他作品中最成功的。

**塞南古**（Étienne Pivert de Senancour，1770—1846）——法国最重要的浪漫主义作家之一，《人类对原始自然的梦想》，尤其是自传体小说《奥伯曼》（1804）在1830年之后获得巨大成功。塞南古特别赞美忧伤之快感。

**泰奥弗拉斯特**（Théophraste，约前372—前287）——古希腊哲学家，先是柏拉图后来是亚里士多德的学生。他首先为植物学贡献了《植物史》，本书曾多次提及。

**乌尔利希·冯·图尔海姆**（Ulrich von Türheim）——《第一次延续》的作者；本书在提及奥伯格时引用过。

**瓦特雷**（Watelet，1718—1786）——诗人、画家、雕塑家和雕刻师，1760年他撰写了《绘画的艺术》。与我们相关的是，他在塞纳河畔发明了朱丽磨坊，成为法国的英式花园的住宅模式，其传播归功于他的《论园林》（1774）。

**海因里希·沃尔夫林**（Heinrich Wölfflin，1864—1945）——这位瑞士人首先是艺术史专家，专攻文艺复兴和巴洛克时期，对概念的确立和传播居功至伟。

# 人名译名表

（按外文字母顺序排列）

| | |
|---|---|
| About, Edmond | 埃德蒙·阿布 |
| Achilles | 阿喀琉斯 |
| Adamson, Michel | 米歇尔·亚当森 |
| Agamemnon | 阿伽门农 |
| Albert, Sophie | 索菲·阿尔贝 |
| Aldomen | 阿尔多芒 |
| Allouville | 阿鲁维尔 |
| Altdorfer | 阿尔特多费尔 |
| Anacharsis | 安纳卡西斯 |
| Anaxagore | 安那克萨哥拉 |
| Andersen | 安徒生 |
| Andrémon | 安德雷蒙 |
| Angelique | 安吉利卡 |
| Ann Brigman | 安妮·布里格曼 |
| Annibal | 汉尼拔 |
| Apulie | 阿普列尤斯 |

| | |
|---|---|
| Aquin, Thomas d' | 托马斯·阿奎那 |
| Arioste | 阿里奥斯托 |
| Aristote | 亚里士多德 |
| Armide | 阿尔米德 |
| Arminius | 阿明尼乌 |
| Artaxerxès | 阿尔塔薛西斯 |
| Asiaticus, Valérius | 瓦列里乌斯·阿西阿提库斯 |
| Astrée | 阿斯特蕾 |
| Atala | 阿达拉 |
| Attis | 阿提斯 |
| Aubry | 奥布里 |
| Auguste | 奥古斯都 |
| Augustin | 奥古斯丁 |
| Aulnoy | 奥诺瓦 |
| Aurevilly, Barbey d' | 巴尔贝·多尔维利 |
| Aurore | 奥萝尔 |
| Bachelard, Gaston | 加斯东·巴什拉 |
| Banville, Théodore de | 泰奥多尔·德·邦维尔 |
| Barbault-Royer, Paul-François | 保罗-弗朗索瓦·巴尔博-华耶 |
| Barrès, Maurice | 莫里斯·巴莱斯 |
| Bartas, Du | 迪巴尔塔斯 |
| Barthélemy | 巴多罗买 |
| Baselitz | 巴泽利茨 |
| Bataille | 巴塔耶 |
| Baucis | 鲍西丝 |
| Baudelaire | 波德莱尔 |

| | |
|---|---|
| Bazin, René | 勒内·巴赞 |
| Bechmann, Roland | 罗兰·贝希曼 |
| Bélénus | 贝雷努斯 |
| Bellay, Du | 杜·贝雷 |
| Bellini, Giovanni | 乔凡尼·贝利尼 |
| Bergerac, Cyrano de | 西哈诺·德·贝热拉克 |
| Bernin | 贝尼尼 |
| Béroul | 贝卢尔 |
| Beuys, Joseph | 约瑟夫·博伊斯 |
| Bidault | 比多 |
| Boezem, Marinus | 马里纳斯·博泽姆 |
| Bonnaud, Louis | 路易·波诺 |
| Bonnefoy, Yves | 伊夫·伯纳富瓦 |
| Bonnet, Charles | 夏尔·博内 |
| Borie, Jean | 让·柏立 |
| Bosch, Jérôme | 哲罗姆·博施 |
| Bossuet | 博絮埃 |
| Boucher | 布歇 |
| Bouillon, Godefroi de | 布永的戈弗雷 |
| Bouillon, Jean-Paul | 让-保罗·布庸 |
| Bourdu, Robert | 罗贝尔·布尔都 |
| Bourges, Michel de | 米歇尔·德·布尔日 |
| Bourget, Paul | 保罗·布尔热 |
| Boussenard | 布斯纳尔 |
| Boutet, Dominique | 多米尼克·布泰 |
| Bouvard, Augusta | 奥古斯塔·布瓦尔 |

人名译名表

| | |
|---|---|
| Brantôme | 布朗多姆 |
| Breton, André | 安德烈·布勒东 |
| Briarée | 布里亚柔斯 |
| Brinon | 布里农 |
| Brocéliande | 布劳赛良德 |
| Brosse, Jacques | 雅克·布罗斯 |
| Bruandet | 布鲁昂代 |
| Bruegel | 布鲁盖尔 |
| Bruneau, Sophie | 索菲·布鲁诺 |
| Buffon | 布丰 |
| Burroughs, Edgar Rice | 埃德加·赖斯·巴勒斯 |
| Caillois, Roger | 罗歇·卡约瓦 |
| Calderón | 卡尔德隆 |
| Callimaque | 卡利马科斯 |
| Callot, Jacques | 雅克·卡洛 |
| Calogrenant | 卡洛格雷南 |
| Calvino, Italo | 伊塔洛·卡尔维诺 |
| Cambyse | 刚比亚斯 |
| Campanella, Tommaso | 托马索·康帕内拉 |
| Campeau, Michel | 米歇尔·康波 |
| Candolle, Augustin de | 奥古斯丁·德·康多勒 |
| Capitole | 卡皮托利 |
| Carol, Christmas | 克里斯玛·卡罗尔 |
| Cassiodore | 卡西奥多鲁斯 |
| Cassirer, Ernst | 恩斯特·卡西尔 |
| Catherine | 圣凯瑟琳 |

| | |
|---|---|
| Caton | 加图 |
| Catulle | 卡图卢斯 |
| Cavendish, Margaret | 玛格丽特·卡文迪什 |
| Céladon | 瑟拉多 |
| Céline | 塞林纳 |
| Cennini, Cennino | 琴尼诺·琴尼尼 |
| Cérès | 克瑞斯 |
| Cervantès | 塞万提斯 |
| Chactas | 夏克达 |
| Chateaubriand | 夏多布里昂 |
| Chessel | 舍塞尔 |
| Chevallier, Raymond | 雷蒙·舍瓦利埃 |
| Clare, John | 约翰·克莱尔 |
| Claudel, Paul | 保罗·克洛岱尔 |
| Coleridge | 柯勒律治 |
| Columelle | 科鲁迈拉 |
| Comté | 孔泰 |
| Condillac | 孔狄亚克 |
| Conrad, Joseph | 约瑟夫·康拉德 |
| Constable | 康斯太勃尔 |
| Coriolis | 科里奥利 |
| Corot | 柯罗 |
| Corunda | 哥伦达 |
| Corvol, Andrée | 安德莱·科沃尔 |
| Courbet | 库尔贝 |
| Cowper, William | 威廉·考伯 |

| | |
|---|---|
| Crescens, Pierre de | 克雷森齐的皮耶罗 |
| Crispus, Passienus | 帕西安努斯·克里斯普斯 |
| Cyrène, Simon de | 古利奈人西门 |
| Cyrus | 居鲁士 |
| Damascène, Jean | 大马士革的圣约翰 |
| Daphné | 达芙妮 |
| Darwin | 达尔文 |
| Deleuze, Gilles | 吉尔·德勒兹 |
| Delille | 戴立林 |
| Démocrite | 德谟克利特 |
| Démophon | 德摩丰 |
| Denis, Maurice | 莫里斯·丹尼斯 |
| Dennecourt | 德奈固 |
| Deperthes, Jean-Baptiste | 让-巴普蒂斯特·德培尔特 |
| Descola, Philippe | 菲利普·德斯科拉 |
| Diderot | 狄德罗 |
| Didon | 狄多 |
| Dionysos | 狄俄尼索斯 |
| Dioscoride | 迪奥斯科里迪斯 |
| Dodone | 多多纳 |
| Don Quichotte | 堂吉诃德 |
| Doriac, Frank | 弗兰克·多利亚克 |
| Dryope | 德律俄珀 |
| Dughet | 道格特 |
| Dumas, Robert | 罗贝尔·杜马斯 |
| Dürer, Albrecht | 阿尔布雷希特·丢勒 |

| | |
|---|---|
| Eckermann | 爱克曼 |
| Eliot, George | 乔治·艾略特 |
| Emerson | 爱默生 |
| Empédocle | 恩培多克勒 |
| Énée | 埃涅阿斯 |
| Épire | 埃皮鲁斯 |
| Érechthéion | 厄瑞克忒翁 |
| Erice, Victor | 维克多·艾瑞克 |
| Ermengaud, Matfre | 马弗雷·埃芒戈德 |
| Eudore | 欧多拉 |
| Euripide | 欧里庇得斯 |
| Eurydice | 欧里狄克 |
| Evans | 伊文斯 |
| Ézéchiel | 以西结 |
| Fallet, René | 勒内·法莱 |
| Fecamp | 费康 |
| Fernex, Aimé Guyet de | 艾梅·居伊·德·菲内科斯 |
| Feterman, Georges | 乔治·菲特曼 |
| Finlay, Ian Hamilton | 伊恩·汉密尔顿·芬利 |
| Flagey | 维钦托利 |
| Flore, Joachim de | 约阿金·德·弗罗尔 |
| Fontanes | 丰塔内 |
| Fouchet, Hélène | 埃莱娜·富歇 |
| Franche-Comté | 弗朗什-孔泰 |
| Frazer | 弗雷泽 |
| Friedrich, Caspar David | 卡斯帕·大卫·弗里德里希 |

| | |
|---|---|
| Fromentin | 弗罗芒坦 |
| Fureix, Emmanuel | 艾玛努埃尔·弗雷克斯 |
| Gadenne, Paul | 保罗·加代纳 |
| Gallus | 加卢斯 |
| Garraud, Colette | 科莱特·加洛 |
| Gilpin, William | 威廉·吉尔平 |
| Girardin | 吉拉尔丹 |
| Goethe | 歌德 |
| Gog | 歌革 |
| Goldsworthy, Andy | 安迪·高兹沃斯 |
| Gortyne | 戈提那 |
| Goulemot, Jean-Marie | 让-马里·古勒莫 |
| Goya | 戈雅 |
| Gracq, Julien | 于连·格拉克 |
| Gray, Thomas | 托马斯·格雷 |
| Greeley, Horace | 荷瑞斯·葛雷利 |
| Grignan | 格里尼昂 |
| Grimal, Pierre | 皮埃尔·格里马尔 |
| Grimm | 格林 |
| Grunenwald | 格吕内瓦尔德 |
| Gubernatis, Angelo de | 安杰洛·德·古贝尔纳提斯 |
| Guérin, Maurice de | 莫里斯·德盖兰 |
| Guillevic | 吉尔维克 |
| Guillotin | 纪约旦 |
| Haendel | 亨德尔 |
| Hall, James | 詹姆斯·霍尔 |

| | |
|---|---|
| Harlem, Laurent Jean de | 洛朗·让·德哈莱姆 |
| Harvey | 哈维 |
| Hastings, Henry | 亨利·哈斯汀 |
| Hawthorne | 霍桑 |
| Haydn | 海顿 |
| Hazlitt, William | 威廉·哈兹里特 |
| Hécate | 赫卡忒 |
| Heidegger, Martin | 马丁·海德格尔 |
| Héraclès | 赫拉克利斯 |
| Hercules | 赫丘利斯 |
| Herder | 海德 |
| Herminie | 爱尔米妮 |
| Hérodote | 希罗多德 |
| Hesse, Hermann | 赫尔曼·黑塞 |
| Hésus | 埃苏斯 |
| Hirschfeld | 赫什菲尔德 |
| Hobbema | 霍贝玛 |
| Holbach | 赫尔巴哈 |
| Holberg, Ludvig | 路德维希·霍尔堡 |
| Hollan, Alexandre | 亚历山大·奥朗 |
| Homer | 荷马 |
| Horace | 贺拉斯 |
| Hortensius | 霍腾西乌斯 |
| Hugo, Victor | 维克多·雨果 |
| Humboldt, Alexandre de | 亚历山大·德·洪堡 |
| Hylé | 希雷 |

| | |
|---|---|
| Isaac | 以撒 |
| Isaïe | 以赛亚 |
| Isenheim | 伊森海姆 |
| Jamerey-Duval, Valentin | 瓦伦丁·杰雷米-杜瓦尔 |
| Jamot, Paul | 保罗·亚莫 |
| Janin, Jules | 儒勒·雅南 |
| Jean-Baptiste | 施洗者约翰 |
| Jonghe, Adrien de | 阿德里安·尤尼乌斯 |
| Joyce, James | 詹姆斯·乔伊斯 |
| Jupiter | 朱庇特 |
| Karamzine, Nicolaï | 卡拉姆津 |
| Kay, Sarah | 莎拉·凯 |
| Keats | 济慈 |
| Kent | 肯特 |
| King, Thomas Starr | 托马斯·斯塔尔·金 |
| Klapisch-Zuber, C. | C. 克拉泼斯切-朱伯 |
| Klopstock | 克洛普施托克 |
| Kolbe, Carl Wilhelm | 卡尔·威廉海姆·科尔贝 |
| Krageberg, Franz | 弗兰茨·克拉格博格 |
| Kurosawa | 黑泽清 |
| La Brosse, Guy de | 居伊·德·拉布罗斯 |
| La Fontaine | 拉封丹 |
| La Harpe | 拉阿尔普 |
| La Mettrie | 拉美特利 |
| Labre, Chantal | 尚塔尔·拉布尔 |
| Lacarrière, Jacques | 雅克·拉卡利埃 |

| | |
|---|---|
| Lafond, Jean | 让·拉丰 |
| Lamartine | 拉马丁 |
| Lambercier | 朗拜尔西埃 |
| Lancret | 朗克雷 |
| Lawrence, D.H. | D·H·劳伦斯 |
| Le Goff, Jacques | 雅克·勒高夫 |
| Le Lorrain | 洛兰 |
| Le Ménahèze, Sophie | 索菲·勒梅纳艾兹 |
| Le Tassi | 塔索 |
| Le Vayer, La Mothe | 拉摩特·勒瓦耶 |
| Lebrun, H.G.N. | 勒布兰 |
| Leibniz | 莱布尼茨 |
| Lemaître, Nicole | 妮可尔·勒迈特 |
| Lepida, Domitia | 蕾必妲 |
| Lévi-Strauss, Claude | 克劳德·列维-斯特劳斯 |
| Lévy-Dhurmer | 利维·杜默 |
| Lille, Alain de | 里尔的阿兰 |
| Limbourg | 兰布 |
| Lisle, Leconte de | 勒贡特·德·李勒 |
| Locke | 洛克 |
| London, Jack | 杰克·伦敦 |
| Lotto, Lorenzo | 洛伦佐·洛托 |
| Loyola, Ignace de | 罗耀拉的依纳爵 |
| Lucain | 卢坎 |
| Lucrèce | 卢克莱修 |
| Lupercal | 卢佩尔卡尔 |

| | |
|---|---|
| Lysias | 吕西阿斯 |
| Macrobe | 马克罗比乌斯 |
| Maggie | 玛姬 |
| Magog | 玛各 |
| Malherbe | 马莱伯 |
| Malpighi | 马耳皮基 |
| Mandevare, Nicolas Michel | 尼古拉·米歇尔·曼德瓦尔 |
| Mandrou, Robert | 罗贝尔·曼德鲁 |
| Mannhardt | 曼哈德特 |
| Mantegna | 曼特尼亚 |
| Marcel, Odile | 奥迪尔·马塞尔 |
| Martial | 马提雅尔 |
| Maryon, Thomas | 托马斯·马利荣 |
| Mason, William | 威廉·梅森 |
| Matisse | 马蒂斯 |
| Mauriac | 莫里亚克 |
| Maury, Alfred | 阿尔弗雷德·莫里 |
| Mauzi, Giuliano | 朱利亚诺·曼齐 |
| Méchain, Francis | 弗朗西斯·梅尚 |
| Medor | 美杜尔 |
| Ménalque | 梅纳尔克 |
| Ménélas | 墨涅拉俄斯 |
| Mercure | 墨丘利 |
| Mérot, Alain | 阿兰·梅洛 |
| Michallon | 米夏龙 |
| Michelet | 米什莱 |

| | |
|---|---|
| Midas | 弥达斯 |
| Miller, Henri | 亨利·米勒 |
| Minerve | 密涅瓦 |
| Mola, Pier Francesco | 皮尔·弗朗西斯科·莫拉 |
| Monceau, Duhamel du | 杜阿梅尔·杜蒙梭 |
| Mondrian | 蒙德里安 |
| Montaigne | 蒙田 |
| Montemayor | 蒙特马约尔 |
| Montherlant | 蒙泰朗 |
| Mopse | 莫普斯 |
| Moreau, Gustave | 居斯塔夫·莫罗 |
| Morel | 莫莱尔 |
| Morel, Jean-Marie | 让-马利·莫莱尔 |
| Mottet, Jean | 让·莫泰 |
| Mucha | 穆哈 |
| Muir, John | 约翰·缪尔 |
| Murger | 穆杰 |
| Musset | 缪塞 |
| Nash, David | 大卫·纳许 |
| Navarre, Marguerite de | 玛格丽特·德·那瓦尔 |
| Naziance, Grégoire de | 拿先斯的贵格利 |
| Néhou, Néel de | 内埃尔·德·内乌 |
| Nerval, Gérard de | 杰拉尔·德·奈瓦尔 |
| Nicodème | 尼哥底母 |
| Nochlin, Linda | 琳达·诺克兰 |
| Nohant | 诺昂 |

| | |
|---|---|
| Norge, Géo | 吉欧·诺尔日 |
| Nouy, Lecomte du | 勒孔特·迪·努伊 |
| Novalis | 诺瓦利斯 |
| Oberman | 奥伯曼 |
| Orotava | 奥罗塔瓦 |
| Orphée | 俄耳甫斯 |
| Osée | 何西阿 |
| Ossian | 莪相 |
| Paimpont | 潘蓬 |
| Palissy, Bernard | 贝纳·帕利西 |
| Pança, Sancho | 桑丘·潘恰 |
| Pasiphaé | 帕希法厄 |
| Pastoureau, Michel | 米歇尔·巴斯图罗 |
| Pausanias | 帕萨尼亚斯 |
| Péguy | 贝矶 |
| Pénée | 勒伯内 |
| Pénélope | 帕涅罗佩 |
| Penone, Giuseppe | 朱塞佩·佩诺内 |
| Penthée | 彭透斯 |
| Perec, Georges | 乔治·佩雷克 |
| Perrault, Charles | 夏尔·佩罗 |
| Phaeton | 法厄同 |
| Phébus, Gaston | 加斯东·菲布斯 |
| Phèdre | 费德尔 |
| Philémon | 费莱蒙 |
| Philostrate | 菲洛斯特拉托斯 |

| | |
|---|---|
| Phyllis | 菲莉丝 |
| Pidoux, Gil | 吉尔·皮杜 |
| Pierce, James | 詹姆斯·皮尔斯 |
| Piles, Roger de | 罗杰·德·皮勒 |
| Pline | 普林尼 |
| Pluche | 普吕什 |
| Plutarque | 普鲁塔克 |
| Pollaiuolo | 波拉尤奥洛 |
| Polton, Jean-Claude | 让-克洛德·波尔顿 |
| Ponge, Francis | 弗朗西斯·蓬热 |
| Potter, Paulus | 派勒斯·波特 |
| Poussin | 普桑 |
| Prado, Patrice | 帕特里斯·普拉多 |
| Prest, John | 约翰·普莱斯特 |
| Priape | 普里亚普斯 |
| Properce | 普罗佩提乌斯 |
| Proserpine | 珀耳塞福涅 |
| Proust, Marcel | 马塞尔·普鲁斯特 |
| Pyrame | 皮剌摩斯 |
| Pyrrus | 皮洛士 |
| Quellier, Florent | 弗洛朗斯·克利耶 |
| Racine, Michel | 米歇尔·拉辛 |
| Ragel, Philippe | 菲利普·拉耶尔 |
| Ramayana | 罗摩衍那 |
| Réaumur | 列奥米尔 |
| Reclus, Élisée | 艾里塞·雷克吕 |

| | |
|---|---|
| Remus | 雷穆斯 |
| Renard, Jules | 儒勒·雷纳尔 |
| Renoir, Jean | 让·雷诺阿 |
| Rig-Veda | 梨俱吠陀 |
| Rilke, Rainer Maria | 赖内·马利亚·里尔克 |
| Rimbaud | 兰波 |
| Robert, Hubert | 休伯特·罗贝尔 |
| Roger, Alain | 阿兰·罗杰 |
| Romulus | 罗慕路斯 |
| Ronsard | 龙萨 |
| Roquentin | 罗昆丁 |
| Rosa, Salvatore | 萨尔瓦托·罗莎 |
| Roucher | 卢歇 |
| Roudil, Marc-Antoine | 马克-安托万·卢蒂勒 |
| Rousseau, Théodore | 泰奥多尔·卢梭 |
| Rousseau, Jean-Jacques | 让-雅克·卢梭 |
| Runge, Philipp Otto | 菲利普·奥托·朗格 |
| Sacy, Le Maistre de | 勒迈斯特·德·萨西 |
| saint Avold | 圣阿沃尔德 |
| saint Bernard | 圣贝尔纳 |
| saint Colomban | 圣高隆邦 |
| saint Félix | 圣菲利克斯 |
| Saint John Perse | 圣琼·佩斯 |
| saint Michel | 圣米歇尔 |
| saint Valery | 圣瓦莱里 |
| sainte Marguerite | 圣玛格丽特 |

| | |
|---|---|
| Saint-Pierre, Bernardin de | 贝尔纳丹·德·圣皮埃尔 |
| Salomon | 所罗门 |
| Samosate, Lucien de | 萨莫萨塔的琉善 |
| Sand, George | 乔治·桑 |
| Sannazaro | 桑那扎罗 |
| Santeuil, Jean | 让·桑特依 |
| Sartre | 萨特 |
| Schama, Simon | 西蒙·沙玛 |
| Schéhérazade | 山鲁佐德 |
| Schelling | 谢林 |
| Schneider, Pierre | 皮埃尔·施内德 |
| Schneider, René | 勒内·施耐德 |
| Schopenhauer | 叔本华 |
| Schunck, Adèle | 阿黛尔·顺克 |
| Scott, Walter | 沃尔特·司各特 |
| Scudery | 斯居代里 |
| Sébillot, Paul | 保罗·塞比洛特 |
| Senancour | 塞南古 |
| Sénèque | 塞内加 |
| Séraphine | 塞拉菲娜 |
| Serceau, Daniel | 达尼埃尔·塞尔索 |
| Sévigné | 塞维涅 |
| Shelley | 雪莱 |
| Simon, Claude | 克洛德·西蒙 |
| Sithon, Thrace | 席统 |
| Siwa | 西洼 |

| | |
|---|---|
| Sixte, Adrien | 阿德里安·希克斯特 |
| Slive, Seymour | 西摩·斯利夫 |
| Sorel | 索莱尔 |
| Souza, Adélaïde de | 阿黛拉伊德·德·苏扎 |
| Stern, Mario Rigoni | 马里奥·利格尼·斯特恩 |
| Stevenson | 斯蒂文森 |
| Strabon | 斯特拉波 |
| Suberchicot, Alain | 阿兰·苏贝尔什科 |
| Supervielle | 苏佩维埃尔 |
| Tacite | 塔西佗 |
| Tadié, Yves | 伊夫·塔迪埃 |
| Taine, Hippolyte | 伊波利特·泰纳 |
| Tancrède | 汤克莱德 |
| Tellmarch | 泰尔马什 |
| Tennyson, Alfred | 阿尔弗雷德·丁尼生 |
| Teutatès | 泰乌塔特斯 |
| Tharamis | 塔拉米斯 |
| Thèbes | 底比斯 |
| Théocrite | 忒奥克里托斯 |
| Théophraste | 泰奥弗拉斯特 |
| Thésée | 忒修斯 |
| Thisbé | 提斯柏 |
| Thomas, Joël | 若埃尔·托马斯 |
| Thomas, Keith | 基思·托马斯 |
| Thoreau, Henry David | 亨利·戴维·梭罗 |
| Thyrsis | 蒂尔希斯 |

| | |
|---|---|
| Tieck | 提克 |
| Timocrate | 提摩克拉特 |
| Tissot, Samuel | 塞缪尔·蒂索 |
| Tityre | 蒂蒂尔 |
| Tréogate, Loaisel de | 洛埃塞尔·德·特雷加特 |
| Troyes, Chrétien de | 雷蒂安·德·特罗亚 |
| Tusculum | 图斯库鲁姆 |
| Udo, Nils | 尼尔斯·乌多 |
| Ulysse | 尤利西斯 |
| Urfé, d' | 于尔费 |
| Valadon, Suzanne | 苏珊娜·瓦拉东 |
| Valenciennes | 瓦朗谢讷 |
| Valéry, Paul | 保罗·瓦雷里 |
| Valsugana | 瓦尔苏加纳 |
| Van Coninxloo, Gillis | 吉利斯·范·柯宁克斯洛 |
| Van Dyck | 范·戴克 |
| Van Eyck, Jan | 凡·艾克 |
| Van Gennep, Arnold | 阿诺德·范·盖内普 |
| Van Haarlem, Cornelis | 科内利斯·范·哈莱姆 |
| Van Ruysdael, Jacob | 雅各布·范·勒伊斯达尔 |
| Varron | 瓦龙 |
| Vercingétorix | 韦尔森热托里克斯 |
| Verdier, Yvonne | 伊冯娜·威尔迪埃 |
| Verhaeren, Émile | 埃米尔·维尔哈伦 |
| Verlaine | 魏尔伦 |
| Vernier, Jean Pierre | 让·皮埃尔·维尔尼埃 |

| | |
|---|---|
| Vernois, Solange | 索朗日·韦尔努瓦 |
| Vigny, Alfred de | 阿尔弗雷德·德·维尼 |
| Villon | 维庸 |
| Vinci, Léonard de | 列奥纳多·达·芬奇 |
| Virgile | 维吉尔 |
| Vlieger, Simon de | 西蒙·德·佛里耶日 |
| von Oberg, Eilhart | 艾尔哈特·冯·奥伯格 |
| von Schlegel, Friedrich | 弗里德里希·冯·施莱格尔 |
| von Türheim, Ulrich | 乌尔利希·冯·图尔海姆 |
| Voragine, Jacques de | 弗拉津的雅各 |
| Walleechu | 瓦里楚 |
| Watelet | 瓦特雷 |
| Watteau | 华托 |
| Whitman | 惠特曼 |
| Wille, Jean-Georges | 让-乔治·维尔 |
| Wölfflin, Heinrich | 海因里希·沃尔夫林 |
| Xénophon | 色诺芬 |

**新知文库**

01 《证据:历史上最具争议的法医学案例》[美]科林·埃文斯 著 毕小青 译
02 《香料传奇:一部由诱惑衍生的历史》[澳]杰克·特纳 著 周子平 译
03 《查理曼大帝的桌布:一部开胃的宴会史》[英]尼科拉·弗莱彻 著 李响 译
04 《改变西方世界的26个字母》[英]约翰·曼 著 江正文 译
05 《破解古埃及:一场激烈的智力竞争》[英]莱斯利·亚京斯 著 黄中宪 译
06 《狗智慧:它们在想什么》[加]斯坦利·科伦 著 江天帆、马云霏 译
07 《狗故事:人类历史上狗的爪印》[加]斯坦利·科伦 著 江天帆 译
08 《血液的故事》[美]比尔·海斯 著 郎可华 译
09 《君主制的历史》[美]布伦达·拉尔夫·刘易斯 著 荣予、方力维 译
10 《人类基因的历史地图》[美]史蒂夫·奥尔森 著 霍达文 译
11 《隐疾:名人与人格障碍》[德]博尔温·班德洛 著 麦湛雄 译
12 《逼近的瘟疫》[美]劳里·加勒特 著 杨岐鸣、杨宁 译
13 《颜色的故事》[英]维多利亚·芬利 著 姚芸竹 译
14 《我不是杀人犯》[法]弗雷德里克·肖索依 著 孟晖 译
15 《说谎:揭穿商业、政治与婚姻中的骗局》[美]保罗·埃克曼 著 邓伯宸 译 徐国强 校
16 《蛛丝马迹:犯罪现场专家讲述的故事》[美]康妮·弗莱彻 著 毕小青 译
17 《战争的果实:军事冲突如何加速科技创新》[美]迈克尔·怀特 著 卢欣渝 译
18 《口述:最早发现北美洲的中国移民》[加]保罗·夏亚松 著 暴永宁 译
19 《私密的神话:梦之解析》[英]安东尼·史蒂文斯 著 薛绚 译
20 《生物武器:从国家赞助的研制计划到当代生物恐怖活动》[美]珍妮·吉耶曼 著 周子平 译
21 《疯狂实验史》[瑞士]雷托·U·施奈德 著 许阳 译
22 《智商测试:一段闪光的历史,一个失色的点子》[美]斯蒂芬·默多克 著 卢欣渝 译
23 《第三帝国的艺术博物馆:希特勒与"林茨特别任务"》[德]哈恩斯—克里斯蒂安·罗尔 著 孙书柱、刘英兰 译
24 《茶:嗜好、开拓与帝国》[英]罗伊·莫克塞姆 著 毕小青 译
25 《路西法效应:好人是如何变成恶魔的》[美]菲利普·津巴多 著 孙佩妏、陈雅馨 译
26 《阿司匹林传奇》[英]迪尔米德·杰弗里斯 著 暴永宁 译
27 《美味欺诈:食品造假与打假的历史》[英]比·威尔逊 著 周继岚 译
28 《英国人的言行潜规则》[英]凯特·福克斯 著 姚芸竹 译
29 《战争的文化》[美]马丁·范克勒韦尔德 著 李阳 译
30 《大背叛:科学中的欺诈》[美]霍勒斯·弗里兰·贾德森 著 张铁梅、徐国强 译

| 31 | 《多重宇宙：一个世界太少了？》[德]托比阿斯·胡阿特、马克斯·劳讷 著　车云 译 |
| 32 | 《现代医学的偶然发现》[美]默顿·迈耶斯 著　周子平 译 |
| 33 | 《咖啡机中的间谍：个人隐私的终结》[英]奥哈拉、沙德博尔特 著　毕小青 译 |
| 34 | 《洞穴奇案》[美]彼得·萨伯 著　陈福勇、张世泰 译 |
| 35 | 《权力的餐桌：从古希腊宴会到爱丽舍宫》[法]让—马克·阿尔贝 著　刘可有、刘惠杰 译 |
| 36 | 《致命元素：毒药的历史》[英]约翰·埃姆斯利 著　毕小青 译 |
| 37 | 《神祇、陵墓与学者：考古学传奇》[德]C.W.策拉姆 著　张芸、孟薇 译 |
| 38 | 《谋杀手段：用刑侦科学破解致命罪案》[德]马克·贝内克 著　李响 译 |
| 39 | 《为什么不杀光？种族大屠杀的反思》[法]丹尼尔·希罗、克拉克·麦考利 著　薛绚 译 |
| 40 | 《伊索尔德的魔汤：春药的文化史》[德]克劳迪娅·米勒—埃贝林、克里斯蒂安·拉奇 著　王泰智、沈惠珠 译 |
| 41 | 《错引耶稣：〈圣经〉传抄、更改的内幕》[美]巴特·埃尔曼 著　黄恩邻 译 |
| 42 | 《百变小红帽：一则童话中的性、道德及演变》[美]凯瑟琳·奥兰丝汀 著　杨淑智 译 |
| 43 | 《穆斯林发现欧洲：天下大国的视野转换》[美]伯纳德·刘易斯 著　李中文 译 |
| 44 | 《烟火撩人：香烟的历史》[法]迪迪埃·努里松 著　陈睿、李欣 译 |
| 45 | 《菜单中的秘密：爱丽舍宫的飨宴》[日]西川惠 著　尤可欣 译 |
| 46 | 《气候创造历史》[瑞士]许靖华 著　甘锡安 译 |
| 47 | 《特权：哈佛与统治阶层的教育》[美]罗斯·格雷戈里·多塞特 著　珍栎 译 |
| 48 | 《死亡晚餐派对：真实医学探案故事集》[美]乔纳森·埃德罗 著　江孟蓉 译 |
| 49 | 《重返人类演化现场》[美]奇普·沃尔特 著　蔡承志 译 |
| 50 | 《破窗效应：失序世界的关键影响力》[美]乔治·凯林、凯瑟琳·科尔斯 著　陈智文 译 |
| 51 | 《违童之愿：冷战时期美国儿童医学实验秘史》[美]艾伦·M·霍恩布鲁姆、朱迪斯·L·纽曼、格雷戈里·J·多贝尔 著　丁立松 译 |
| 52 | 《活着有多久：关于死亡的科学和哲学》[加]理查德·贝利沃、丹尼斯·金格拉斯 著　白紫阳 译 |
| 53 | 《疯狂实验史Ⅱ》[瑞士]雷托·U·施奈德 著　郭鑫、姚敏多 译 |
| 54 | 《猿形毕露：从猩猩看人类的权力、暴力、爱与性》[美]弗朗斯·德瓦尔 著　陈信宏 译 |
| 55 | 《正常的另一面：美貌、信任与养育的生物学》[美]乔丹·斯莫勒 著　郑嬿 译 |
| 56 | 《奇妙的尘埃》[美]汉娜·霍姆斯 著　陈芝仪 译 |
| 57 | 《卡路里与束身衣：跨越两千年的节食史》[英]路易丝·福克斯克罗夫特 著　王以勤 译 |
| 58 | 《哈希的故事：世界上最具暴利的毒品业内幕》[英]温斯利·克拉克森 著　珍栎 译 |
| 59 | 《黑色盛宴：嗜血动物的奇异生活》[美]比尔·舒特 著　帕特里曼·J·温 绘图　赵越 译 |
| 60 | 《城市的故事》[美]约翰·里斯 著　郝笑丛 译 |
| 61 | 《树荫的温柔：亘古人类激情之源》[法]阿兰·科尔班 著　苣蕾 译 |